U0688184

思维的乐趣

指向思维进阶的数学课堂

宋健泳 著

文汇出版社

序1　思考"思维"的乐趣

"数学是思维的体操。"

几乎所有的数学教师都以这句话来标榜自己所从教学科的重要性，或者以这句话来强调自己所从教学科的特殊性。但是，我们真的让数学成为思维的体操了吗？

我们人的身体做体操，是想用体操促进身体的健康。对这件事情，我们需要思考以下三个问题：

1.我们的身体是否有一套我们经常做的体操？

2.如果有，那么这套体操是否真的促进了身体的健康？

3.是否存在一套我们自以为有效，其实是在妨碍身体的健康的体操？

当我们把"身体的体操"中的"身体"替换为"思维"之后，以上三个问题便成了一个数学教师应该思考的问题了。宋健泳老师就是以思考这三个问题为乐的一位普普通通的数学教师。他把孩子的思维成长作为自己的思考对象，把数学教学过程作为一套体操来设计。体操的不断精进被描述为"思维的进阶"。

思维是有"乐"的，这个"乐"是孩子在思维过程中的获得感带来的。思维是有"趣"的，这个"趣"是孩子在思维过程中体验的丰富感带来的。"乐"与"趣"是思维给思维主体带来的两个体验性收获。

同时，对于以"思维乐趣"为思考对象的宋健泳老师而言，这个过程也是充满乐趣的。这份乐趣使他心甘情愿地在一节课又一节课、一个单元又一个单元、一个主题又一个主题的思考实践中乐此不疲。

在读这份书稿的过程中，我能感受到宋健泳老师的乐此不疲，在此对他的这份分享表达深深的敬意。

杜甫曾经有句"安得广厦千万间，大庇天下寒士俱欢颜"的千古大愿。宋健泳老师在这本书稿中，虽然没有说出他的大愿，但我能感受到他的心中有一个小小的、深深的心愿：愿我们的每一节数学课，都能成为促进孩子思维成长的体操，让孩子在乐趣中两眼放光，让我们的孩子都深深地爱上数学！

此为序。

2021年12月

序2　积累思维的经验

数学是思维的科学。指向思维进阶，体验思维进阶所带来的快乐是数学课堂的应然追求。但思维进阶是一个长期的、缓慢的、渐进的过程，需要我们通过一堂又一堂的数学课来慢慢实现。在这个过程中，尤其要关注思维经验的积累。

经验不同于知识。经验是原生态、不系统、碎片化的。知识则是通过经验的加工和改造得到的，是成体系、有结构的。因此，知识属于社会，经验属于个体。知识可以传递，经验只能感悟。经验也不同于能力。能力是一种相对稳定的个性心理特征，它可以分类，可以训练，也可以检测。而经验则是不稳定的，也更具综合性和内隐性。

思维经验作为思维活动中伴生的过程性体验，同样是无意识、碎片化的。正因为它的存在状态极不稳定，所以需要呵护、固化和积累。那么，教学中我们该如何帮助孩子积累思维经验？2013—2016年，我所带的第二期区"名师工作室"团队曾对此做了专题研究，宋健泳老师正是其中一位学员。透视这本书中一个个生动的教学案例，我们可以看到他对这个问题的思考和感悟。

重视过程的反思。你可以看到，健泳的课上问得最多的一句话是"你是怎么想的"。这不仅是为了让孩子回顾知识的形成过程，更是为了引导孩子展开思考的过程，暴露思考的起点。正是在这样的追问中，原生态的思维碎片得以保存并逐步积累起来。

重视经验的链接。你可以看到，在健泳的课上，无论是显性的知识点，还是隐性的思维经验都不会孤立呈现。他试图构建一条"思维链"，即把孩子已有的思维经验激活，用于当下的学习，进而生成新的思维经验。这对于思维经验的积累是非常有益的。

重视思维的结构化。你还可以看到，健泳的课上在不断地尝试联结不同的"思维链"，以期实现思维的结构化。如果说结构化是他课堂的主要特征，那么教学的结构化只是手段，其真正的目的在于思维的结构化。而结构化思维正是高阶思维的重要内涵。

由此可见，思维进阶的过程从本质上说就是思维经验积累的过程。也正是在这个过程中，孩子可以体会到数学本身的严谨和逻辑论证的严密，思维的乐趣恰恰蕴藏其中。这是数学教育的本源意义，也是这本书带给我们的启发与思考。

　　是为序。

2021年12月

前言

    曾读过王小波的一篇文章，题目就叫《思维的乐趣》。在王小波看来，思维的乐趣存在于学习和思考的过程中。他在文中写道："一个人倘若需要从思想中得到快乐，那么他的第一个欲望就是学习。"而现实中谈到学习，我们首先想到的却是"苦"，所谓"学海无涯苦作舟"嘛。那么，学习之苦，苦在哪里？思维之乐，又乐在何处？这是一个颇为有趣的话题。

    如果把学习看成是一个信息传递的过程，那么传递的信息就是人类对客观世界的认知和体验，其中包括了经验、知识和智慧。从下图中，或许我们可以了解这些信息从发射端传递到接收端的大致过程。

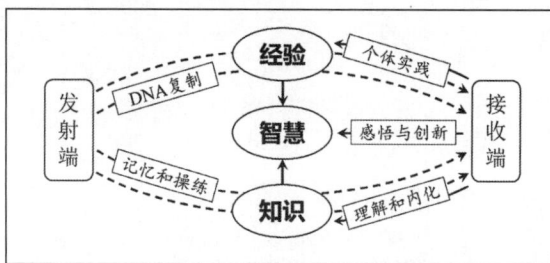

    经验的传递主要靠DNA的复制和个体的实践。DNA复制传递的是先天经验，这些经验通过进化保存在我们的基因里，所以也叫本能。但这样的信息传递方式是盲目性的、无方向的，不能说是教育。个体实践得到的则是后天经验，这种经验来不及进化，无法保存在基因里。但可以通过言传、身教，甚至意会传递下来，有着明显的方向性，可以看成是一种教育。"碎片化"的经验经过语言文字的加工就可以得到知识信息。语言的抽象和提炼、文字的记录和保存使得知识信息具有了社会性。也正是由于知识是以语言和文字为中介的，所以知识信息的获得既可以通过记忆和操练的方式，也可以通过理解和内化的方式。前者是学习者被动的复制，后者是学习者主动的建构。经验和知识都是人类对世界认知和体验的结果。结果性信息的传递必然伴生过程性信息，我们称为智慧。智慧是不可传递的，只能启迪，需

要学习者自身的领悟。值得注意的是，上述信息传递的过程中，无论是发射端还是接收端都是动态的。学习者在信息接收过程中的主观能动性，体现于经验信息的实践探索、知识信息的理解内化以及智慧信息的领悟创新等过程中。也正是在这样的过程中，学习者才有可能得到思维活动所带来的高峰体验。毕竟，思维是属于个体的，体验思维的乐趣是以学习者自身主动的、深度的思维介入为前提的。

现在，我们来谈谈数学。数学常被誉为"思维的体操"。这是因为数学虽源于现实世界，但它一旦形成了自己的基础结构，则表现出抽象性、严谨性和形式化，其学习和研究的过程离不开思维的深度介入。数学的学科特点决定了它的心智训练价值。按照前文的逻辑，数学学习也理应成为学生体验思维乐趣的良好载体。然而，现实中数学呈现在学生面前的却是一张冷冰冰的面孔。繁、难是很多孩子对数学的切身感受，甚至不少学生对数学的认识还停留在算术层面，即数学等同于枯燥乏味的计算。这就需要进行反思。

反思的关键当然在于理念。但吊诡的是，课堂上很多问题往往不是出在教学理念上，而是出在教学行为上。比如，很多教师认可"以学定教"的理念，但教学行为上却很少主动跟进。尤其在备课环节，教师缺少单元整体视角和对现实学情的关注，更缺乏主动驾驭教材的意识和动力。又如，很多教师尽管认可"学为中心"的理念，但重教轻学的教学习惯却很难转变。课堂上教师往往急于呈现结论，把知识压缩为"药丸子"灌下去（王小波语），把数学学习异化为简单的复制粘贴。再如，尽管教师认可"轻负高质"的理念，但"题海战术"却依然普遍存在。在现行评价机制下，教师关注的焦点是"双基"的落实，并通过大量的重复训练来达到记忆扎实、熟能生巧的目的。这样的教学行为非但不利于学生思维水平的提升，而且还极大地伤害了他们的数学学习情感。

由此可见，现实教学中从理念到行为还有很长一段距离。这可能是教学"惰性"使然，更深层次的原因则可能是过于乐观地估计了数学的思维训练价值，认为既然数学是思维的体操，那么无论教什么、怎么教，都可以促进思维的发展。显然，这样的理解会妨碍教师在教学层面做深度辩证思考。只有态度上趋于保守和谨慎，才会深度挖掘数学的教学意义。即以数学内容为载体，把数学认知的过程构造为思维进阶的途径，让学生在智力付出的同时体验思维活动所带来的乐趣，从而获得积极的情感体验。指向思维进阶的数学课堂正是基于这样的考量。问题在于，教学实践中我们如何体现这样的价值追求？

大背景与结构关联。结构是基于整体或者系统而定义的，它关注的是整体。结构主义认为，整体对于部分来说具有逻辑上优先的重要性。因为任何事物都是一个复杂的统一整体，局部的性质不可能被孤立，只有把它放在整体中与其他部分联系起来才能被理解。数学的学科特点决定了其学习过程必然强调整体性和结构性。因而，教学中将零散的知识点适度整合，通过教学内容和教学活动的结构化，让学生在更大的认知背景中感悟数学知识之间的内在联系，是实现思维进阶的有效途径。

大任务与主动建构。数学课堂的探究活动需要结构性的学习材料作为载体，但好的材料更需要富有挑战性的学习任务来驱动。在大任务驱动下，学生可以拥有更大的思考和探索的空间，充分调动他们的学习内驱力，使他们更主动地检索已有的知识和经验参与当下的学习活动，更积极地寻找材料之间的结构性关联。显然，这是学生自主关联、主动建构，并不断完善头脑中已有认知结构的过程。在这个过程中，需要学生在认知层面、思维层面及情感层面全方位地深度参与，从而满足他们的求知欲望和乐于挑战自我的美好天性。

大问题与深度思辨。结构性材料、大任务驱动和长时间思考增加了课堂"生成资源"的丰富性和随机性，需要整体性反馈、大问题引领和板块式推进。整体呈现典型性反馈材料可以形成"并联式"结构，从而体现材料之间的结构功能。在大问题背景下，学生的思维是开放的、发散的，孕育着创新的无限可能。同时，这样的思维状态又是无序的，需要进行适度收敛和定向聚焦。因而，教师应充分发挥主导作用，适时介入。通过有逻辑性的"问题串"层层递进，引导学生积极展开思维交锋，将思辨引向深入，并在深化理解和锤炼思维品质的同时获得积极的情感体验。

可见，指向思维进阶的数学课堂依托的是学习内容的结构性，强调的是学习过程的自主性，两者相辅相成。为此，我们一方面要深入解读教材内容的学科本质和知识逻辑，另一方面则要深入了解学生的认知起点和认知心理。基于学科逻辑和学生立场，才能打造有意义、有意思的课堂。这样的课堂不仅可以满足学生真实的学习需求，更利于感受思维活动所带来的乐趣，进而认识和体验数学学科的独特魅力。

2021年12月

目 录 / contents

上篇：解读教材

第一章　梳理教材逻辑

第二章　优化单元结构

第六章 培育学习情感

上篇

解读教材

　　教材是课程内容的文本形式。就小学数学而言，教材一方面要呈现数学知识体系本身的结构特点，另一方面也要遵循小学儿童认知发展的一般规律。但在课程实施的过程中，由于学生之间存在很大的个体差异，使得教材不可能完全做到因时、因地、因人制宜。故而，我们在解读教材的过程中，既要尊重教材，又要学会创造性地使用教材。尊重教材，就要整体性地把握教材的知识脉络，厘清教材的逻辑线索。创造性地使用教材，则是在尊重教材、准确把握教材意图的前提下，根据学生的实际情况对教材结构进行优化。教材结构的优化主要包括两个方面：一是优化教材的"逻辑结构"，即知识内容的编排逻辑更切合学生的已有认知水平；二是优化教材的"材料结构"，即学习材料的选择和呈现更具整体性和结构性，利于学生有效关联和主动建构，促进深度理解。

第一章
梳理教材逻辑

　　小学数学教材有其特殊性。其一，数学知识结构本身是一个严密的逻辑体系，但教材编写者由于视角不同，会出现不同的解读方式，加上人们对学习对象认知心理的了解和把握不一样，因此，按照什么样的逻辑线索进行知识编排，会体现出教材在"立序"上的差异。其二，数学知识高度抽象，而小学阶段儿童的思维特点却以具体形象为主，这就需要教材把抽象的内容以直观的形式呈现出来。同时，数学知识应用广泛，这使得学习材料（包括学习情境）的选择具有较大的自由度。学习材料直接影响学习效果，因而选择什么样的材料并以什么样的形式呈现出来，会体现出教材在"取材"上的差异。

　　因此，教材解读的视角非常重要。只有从俯瞰的高度审视教材，整体性地把握教材的编排体系和知识脉络，厘清教材的逻辑线索，才能准确定位课时内容乃至单元内容在整套教材中的地位和意义，从而有针对性地开展教学活动。

专题1 认识自然数的四个阶段

自然数是在人们的生产和生活实践中逐渐产生的，是人类历史上最早出现的数。正如柯朗尼克所说：上帝创造了自然数，其他一切都是人造的。因此，认识自然数是"数的认识"领域的基础。这块内容现行各版本教材的编排大同小异，下表呈现的是人教版教材（2012版）的编排序列。

序号	单元	课时划分	序号	单元	课时划分
1	一上第三单元	1. 1~5的认识 2. 0的认识	4	一下第四单元	7. 100以内数的认识
2	一上第五单元	3. 6、7的认识 4. 8、9的认识 5. 10的认识	5	二下第七单元	8. 1000以内数的认识 9. 10 000以内数的认识
3	一上第六单元	6. 11~20的认识	6	四上第一单元	10. 亿以内数的认识 11. 亿以上数的认识

从上表我们可以体会到教材螺旋上升的编排特点。这样的编排有利于减缓认知坡度，降低认知难度；弊端则是弱化了知识之间的联系，不利于学生感悟认知方式上的共性。在自然数的认识过程中有四个重要的认知节点，分别对应着四节关键课例。（如下表）

阶段	认知节点	关键课例
第一阶段	认识符号	"0~9数的认识"（一年级上册）
第二阶段	认识计数规则（满十进一）	"两位数的认识"（一年级上册）
第三阶段	计数规则的迁移和应用	"三位数、四位数的认识"（二年级下册）
第四阶段	认识计数习惯（数级）	"大数的认识"（四年级上册）

表示自然数的关键就在于"十个符号"和"数位"。在认识自然数的过程中，前两个阶段认识符号系统和计数规则是重点。教学中，有必要通过教材内容的适度整合实现目标。即把"0~9数的认识"整合为1课时，把百以内"两位数的认识"整合为1课时。这样的整合有三个依据：

其一，基于认知方式的转变。传统的教学理论立足于"还原论"。特点是强调分析，习惯于将一个整体分解、还原成各个部分，先认识它的各个部分，再把各部分的认知成果累加起来获得整体认知。20世纪，美籍奥地利理论生物学家贝塔朗菲提出了"系统论"。在他的理论体系中，"系统"被定义为由若干要素以一定结构形式联结构成的具有某种功能的有机整体。"系统论"的特点主要体现在更注重从整体上认识事物，尤其强调部分与部分之间的结构性，认为只要结构功能大于0，则整体功能就会大于各部分功能的叠加之和。由此可知，从"还原论"到"系统论"，认知的方式从局部走向整体，从孤立走向结构。

其二，基于数学本质的理解。数是对数量的抽象，这种抽象的本质是去掉数量所依赖的现实背景。如1头牛、1个苹果、1颗五角星……这些都是带有现实背景的数量，如果把这些背景去掉，就抽象出一个数——用符号"1"表示；同样，9个人、9支铅笔、9个三角形……都可以用符号"9"表示。抽象的结果是符号具有了一般性。反过来，很多学生都知道"5"这个符号，那么这个符号可以表示什么呢？孩子会举例：5朵花、5包饼干、5本书……尽管教学的路径不一样，表征的数量也不一样，但内在的思想方法和思维水平是一致的，即建立符号与数量之间的对应关系。这样，我们完全可以通过其中一个符号的认识切入，在同一节课内让学生用同样的方式去认识其他符号，这就是结构功能的体现。通常，我们把这样的学习方式称为"类化"。

从10开始，自然数的认识进入一个新的阶段。这是因为，我们不可能用无穷多的符号来表示无穷多的数量，必须引进"数位"的概念。"数位"是在"符号抽象"基础上的进一步抽象，其核心是同一个符号在不同的位置上表示不同的数量。这就需要给不同的数位赋值，明确符号在这个数位上表示的数量到底是多少，也就是平常所说的"位值"。理解"位值"的关键是建立"十"这个概念，在这个过程中"小棒"和"计数器"等学习材料的作用至关重要。而学生一旦理解了"十"这个计数单位，那两位数的表征就不成问题了。个位上可以一个一个地数，十位上当然也可以一十一十地数。这是另一种意义上的"类化"。

三位数和四位数的认识只是知识的拓展和方法的迁移。数量越来越多，"十"这个计数单位也不够用了，就要创造更大的计数单位。在这里，我们要让学生感悟：尽管计数单位各不相同，但是创造的规则却是相同的，即"满十进一"。显然，把几个不同的计数单位放在一起教学更能体现结构性，更利于学生深刻感悟这样的计数规则。大数认识的重点不在于认识更多的计数单位，而是数级的认识，因为这体现了人们的计数习惯。掌握了这样的计数习惯和规律，我们就可以表示更大的数。

其三，基于现实学情的考量。一个不可否认的事实是，随着信息技术的迅猛发展，学生获取知识的途径越来越多，以至于很多时候，在数学课堂上，学生学习的现实起点远远高于教材编排的逻辑起点。而这种现象在低段数学学习中表现得尤为突出。当前，学前教育越来越受到政府和家长的重视。在我国，学前教育已经基本得到普及。按照教育部2012年颁发的《3-6岁儿童学习与发展指南》，幼儿教育阶段的数学学习内容主要包括"10以内数的认识和加减法""简单的几何形体""位置与方向""找规律"等。这些教学要求基本能在幼儿数学教材中得以体现并在课堂上得到有效落实，因而大多数的孩子在数学方面的学前认知已经有了很好的基础。在这种情况下，数学课堂必然要根据学生的实际情况相应做出变革。从某种意义上说，小学低段（特别是一年级）的数学课程很大程度上是在对学前教育中零星的、点状的知识内容进行梳理和复习，使之结构化、条理化和系统化。

下面，我们通过两个具体的教学案例看一看课堂的实施过程。

案例1 0~9数的认识

一、教学分析

教材中"0~9数的认识"分为"1~5的认识""0的认识""6、7的认识""8、9的认识"和"10的认识"五个部分依次展开教学。每个部分的内容则包括了数的意义、数的书写、数的比较、基数和序数、数的组成及数的运算（加减法）六个方面。（如下表）

单元	课时划分	教学内容					
1~5的认识和加减法	1~5的认识	数的意义	数的书写				
	比多少			数的比较			
	几何第几				基数和序数		
	分与合					数的组成	
	加法和减法						数的运算
	0的认识	数的意义	数的书写				数的运算
6~10的认识和加减法	6、7的认识	数的意义	数的书写	数的比较	基数和序数	数的组成	
	解决问题						（数的运算）
	8、9的认识	数的意义	数的书写	数的比较	基数和序数	数的组成	
	解决问题						（数的运算）
	10的认识	数的意义	数的书写	数的比较		数的组成	
	连加、连减						数的运算
	加减混合						数的运算

实际教学中，可以把这部分内容做一个纵向连接。即把"0~9的认识"合为一个学习主题，分"数的意义""数的写法""比多少""几和第几""分与合"及

"加法和减法"六课时展开教学。原第五单元"10的认识"一课则放在"两位数的认识"中进行教学。因为从0~9重点是符号系统的认识，从10开始重点则是对位值原理的理解。（如下表）

课时	教学内容	具体目标
第1课时	数的意义	理解0~9各数的意义
第2课时	数的写法	通过活动式设计，对0~9十个数字进行书写技能训练
第3课时	比多少	用一一对应的方法比较0~9各数的大小
第4课时	几和第几	认识基数和序数
第5课时	分与合	认识数的分解与组合
第6课时	加法和减法	结合具体的情境理解加、减法的意义，能进行简单的加减运算

这六节课中，第1课时"数的意义"是关键所在。因为其他几节课虽然也有内容的整合，但跟原教材相比，只是丰富了学习素材，整体的框架并没有大的变化。但"数的意义"这堂课则需要对教学的框架结构进行重新设计。一方面，教学内容整合之后，课堂容量增加了（从5个符号到10个符号），目标上应有所取舍。我们的主要目标集中在认读0~9十个数字符号，以及建立符号与数量之间的对应关系上，让学生结合现实背景和直观表征理解数的意义。另一方面，在教学的推进过程中，强调突破一点，全面开花。即以理解5的意义为突破口，类化到其他符号。

二、课堂实践

（一）认读数字

1.黑板上有一些数字卡片（凌乱摆放），你认识这些数吗？谁来读一读？哪个数比较陌生？我们一起再来读一读。

2.这些数字卡片放得太乱了，谁来给它们排排队？

3.现在它们排得整整齐齐了，我们一起按顺序读一读。倒着读会吗？试一试。

【意图说明】数字的排序涉及数的大小比较，这并不是本节课的学习任务，但大多数学生都已经会数数，知道数字的排列顺序。

（二）表征"5"的意义

1.这些数中，你喜欢哪一个？说说为什么。

2.老师特别喜欢"5"这个数，"5"可以表示什么呢？请你想一想、画一画。

3.反馈，呈现学生的作品。

生1："5"可以表示5个小方块，所以我画了5个小方块。

生2：我画了5朵花，"5"可以表示5朵花。

生3："5"还可以表示5根手指，我画了一只手。

……

师：这些小朋友虽然画的东西都不一样，但有没有共同点呢？

生：他们画的都是5个。

师：是这样吗？我们再来数一数。

【意图说明】以数字5为切入点，让学生用画图的方式还原它的现实背景，建立抽象符号与具体数量之间的联系，从而理解数的意义；在比较的过程中感悟数的抽象过程。

（三）表征其他的数

1.请你再选一个自己喜欢的数，画一画它可以表示什么。

2.（反馈，大量呈现学生的作品）说一说你表示的是哪个数，你是怎么表示的。黑板上还有没有同学表示的数跟你是一样的？

3.这里有一位同学交了一张白纸，你知道他是什么意思吗？

生：他表示的是"0"这个数，因为"0"表示没有，所以什么都不用画。

【意图说明】通过表征其他的数，继续理解数的意义并进一步感悟数的抽象过程，即这些数字符号都是从具体数量中抽象出来的，实现"类化"。（"0"这个数是比较特殊的，要重点反馈。如果没有生成材料，教师可以介入。如出示一张白纸，问：老师要表示的数是几？）

（四）寻找生活中的数

师：刚才我们用画图的方法表示了这些数的意思，那么，在教室里你能不能找一找，哪些东西的数量也可以用这些数表示呢？

生1：我发现教室里的电风扇有4台。

生2：教室里的日光灯可以用"6"这个数表示。

生3：有2扇门、2块黑板——都可以用数字"2"表示。

……

【意图说明】回归现实生活，寻找现实背景，体验数学的温度。

案例2 两位数的认识

一、教学分析

两位数的认识，教材分两个阶段：一上第六单元先认识11~20各数，一下第四单元再认识100以内的数，共2课时。但从学生现实起点看，大部分学生对两位数的认识已经有了一定基础，如大多数学生能准确读、写、数两位数，且不少学生对两位数表征的具体数量（数的意义）也已有了一定的了解。因而，实际教学中可以尝试适度的整合。两节课整合之后，本节课的教学重点在于认识数位，建立"十"这个计数单位，因为两位数都是用两个数字符号表征一个数量，需要对符号所在的数位"赋值"，所以无论是认识20以内还是20以上的两位数，都会用到小棒和计数器，借助直观理解抽象。本节课教学目标定位如下：

第一，能认读两位数，并按照数的大小给这些数排序；

第二，通过直观操作认识计数单位"十"，能表征两位数的意义，知道数的组成；

第三，引导学生经历抽象过程，并在一定程度上发展思维的深刻性。

二、课堂实践

（一）复习引入，初步感知

师：（板书：10）认识这个数吗？它与以前学的有什么不一样？（由两个数字组成的数叫两位数。揭题：认识两位数）

师：你还知道哪些两位数，能把你知道的两位数写出来吗？试一试。

生1：（枚举，时间到了未完成）10、11、12、13、14、15、16、17、18、19……

师：你为什么没写完？

生1：太多了，写不完。

生2：（用省略号枚举）10、11、12……19，20、21……29，……91、92……99。

师：为什么可以用省略号代替中间那么多数？

生2：中间都一样的，都是1~9，就是前面的数字变一下。

生3：一个一个写到30多没写下去。

师：为什么不写了？

生3：10、11、12……数到19就变成20；20、21……数到29就变成30；后面都是这样，写到9，前面就加1。

师：是啊，个位逢9再加1就满十，得向十位进一变成一个新的整十数，所有的两位数都是这样的规律——像这样，个位满十向十位进一的规律，叫"满十进一"。

【意图说明】这一环节主要是让学生链接已有的知识和经验。实践表明，学生对百以内数的认识已经有了很高的学习起点。让学生写一写这些数，可以唤醒他们的已有认知，学生在学习起点上的差异也可以暴露出来。更重要的是，在写数的过程中可以认识和感悟两位数的读写规则。

（二）动手操作，比较探究

1.小棒图直观表征两位数。

（1）摆一摆：从11~20中任选一个两位数摆出来，并想一想，怎样摆才能让人一眼看出你摆的是哪个数。

（2）反馈1：（呈现下面的小棒图）说说他们摆的是哪个数，你是怎么看出来的。

图1

图2

图3

图4

师：图4表示15，你是怎么看出来的？

生：左边有1捆，是10根，右边有5根，合起来是15。

师：是这样吗？我们拆开来数一数。（10根）这种摆数的方法其实和哪幅图是一样的？

生：跟图3是一样的。不过图3没有扎起来，图4扎起来了。

师：扎起来好，还是不扎起来好？

生：扎起来好，看起来方便——图3还要数一数，图4就不用数了。

师：是的。没有扎起来的时候是10个"一"，10个"一"可以扎成一捆，叫作1个"十"。

师：图4左边有1个"十"，右边有5个"一"，合起来是15——你能用这样的方法表示其他的数吗？再试一试。

反馈2：（呈现其图例）说说图上表示的是几？它是怎么组成的？（重点反馈20）

2.计数器抽象表征两位数。

（1）选择一个两位数"15"，在计数器上拨出。提问：为什么个位上5颗珠子代表5，而十位上一颗珠子就可以代表10？

小结：在计数器上，个位一颗珠子代表1，十位上一颗珠子代表10。

（2）比较小棒图和计数器：都是15，有什么相同的地方？

（3）小结：都是由1个十和5个一组成。（板书）

（4）继续拨计数器（个位上一颗一颗加），生齐声数。数到19再添一颗，问：现在是多少，为什么？

（5）为什么2颗珠子可以代表20？20是怎样组成的？（板书：20是由2个十组成的）

（6）看十位（十位上增加一颗珠子），问：现在是多少，为什么？（十位一颗一颗拨，一直拨到90）

（7）（继续在个位上一颗一颗拨到99）说说99的组成。问：两位数还有吗？为

9

什么没了？

小结：99是最大的两位数。

（8）讨论：为什么0~9这10个数字可以表示这么多数？（强调位值原则）

小结：0~9在个位上代表几个一，在十位上代表几个十——简单地说，在不同的位置上可以代表不同的意思。

【意图说明】这节课虽然把认知的背景放大到了两位数的认识，但在理解数的意义过程中，重点依然是在11~20各数。这里以"15"这个数为切入点，让学生理解计数单位"十"的构建过程，进而理解两位数的组成。位值原理比较抽象，需要直观的支撑。这里借助了两个载体：一是小棒；二是计数器。相比较而言，小棒更为直观，放在第一阶段，着重让学生理解满10根就要扎成一捆，一捆就是10根。计数器则着重让学生理解尽管两颗珠子是一样的，但珠子所在的位置不同，其代表的意义就不一样：个位上对应的是一根小棒，十位上对应的是一捆小棒（10根）。这样，两种载体就建立了联系，从而更好地让学生理解了"十"这个计数单位。

（三）灵活运用，沟通延伸

1.出示任务。（图5）

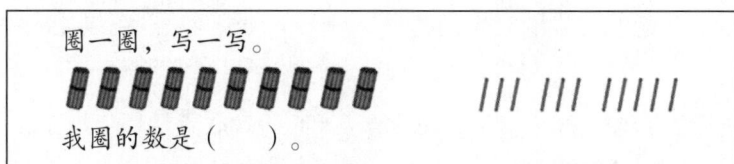

圈一圈，写一写。

我圈的数是（　　）。

图5

2.你是怎样圈的？在计数器上怎样表示？（图6）

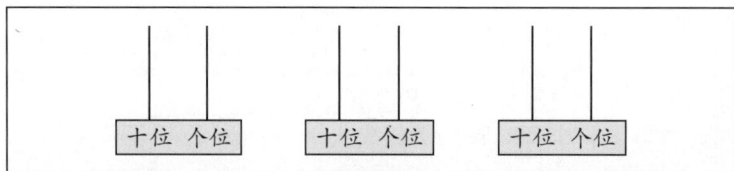

十位 个位　　十位 个位　　十位 个位

图6

3.说说这个数的组成。

4.出现100，追问：你的这个数是几位数？

5.小结：今天，我们利用小棒和计数器认识了两位数，在今后的学习中，我们会认识像100这样由三个数字组成的三位数。

【意图说明】通过开放性的练习让学生进一步巩固两位数的组成，熟悉用两个计数单位表示数的方法。在反馈中，进一步强调数的多元表征，小棒图与计数器相互切换，深入理解两位数的意义。最后，拓展至三位数，为计数规则的迁移积累一定的思维经验。

专题2 从"轴对称图形"到"轴对称运动"

在我国小学数学教学中，最早提出"初步认识轴对称图形"教学要求的是1992版《教学大纲》。新课程实施后，这块内容是在"图形的运动"标题下呈现的。"图形的运动"是《义务教育数学课程标准》新增的一个知识板块①，小学阶段的主要内容除了轴对称外，还包括平移、旋转及图形的放大与缩小。这是一个非常重要的变化，即我们不仅要认识轴对称图形的形状特征，还要把它理解为图形的一种运动方式。那么，两者之间有着什么样的区别和联系？其教学意义是什么？教学中我们又该如何引导学生从图形运动的视角认识轴对称？

一、"轴对称"的内涵分析

要准确把握"轴对称"的内涵，我们需要从三个维度展开分析。

（一）轴对称现象

尽管生活中的轴对称现象十分常见，但现实世界中的事物如此复杂，以至于很难对其做出严格的界定。一般来说，像树叶、蝴蝶、飞机、天安门等物体，又如照镜子、湖面倒映等现象，都属于轴对称现象。它们共同的特点是以中线为轴，两侧形似。这些现象具有生物学、物理学以及美学上的意义，但很难说就是数学中的轴对称。要从数学意义上认识轴对称，必须进行抽象：前者经过描绘得到的图形是轴对称图形，后者则是轴对称运动的生活原型。因此，感知轴对称现象是学生认识轴对称的基础。

（二）轴对称图形

可以从两个层面理解轴对称图形的含义：1.一个图形沿一条直线对折，直线两边的部分能完全重合，这个图形叫轴对称图形，这条直线则是它的对称轴。如图1，我们可以把五边形ABCDE

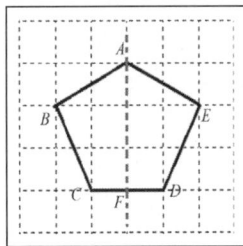

图1

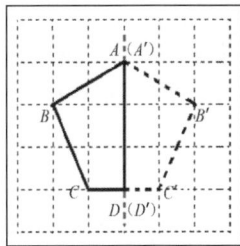

图2

看成一个以直线AF为对称轴的轴对称图形。2.不同位置上的两个图形沿一条直线对折后能够完全重合，其中一个图形可以称为另一个图形的轴对称图形（也叫图形反射之后的"像"，轴对称也称反射变换）。如图2，我们把四边形ABCD看成一个整

---

① 在2001版实验稿中称之为"图形与变换"，2011版更名为"图形的运动"。

体，则四边形*A′ B′ C′ D′* 可以看成是它的轴对称图形，反之亦然。

显然，这两种理解有着重要区别：前者指向于图形本身的形状特征，后者则指向于两个图形的位置关系。但两者在表述中都用到了"对折"。对折是一种运动，也就是说，我们可以借助运动的方式来描述"轴对称图形"的含义。

（三）轴对称运动

轴对称运动与平移、旋转一样，都是刚体运动。刚体运动主要研究的是图形的位置变化，其特征是运动之后图中任意两点的距离保持不变（所以也叫等距变换，或合同变换），这样就保证了图形的形状和大小不变。既然是运动，我们不仅要关注运动的结果，还要想象运动的过程。就"轴对称运动"而言，最直观的理解方式是"翻转"，这其实是基于三维视角的"旋转"：把图形（或图形的一部分）绕同一平面上的一条直线旋转180°。这样，对应点到直线的距离相等，对应点连线与直线垂直。从这个意义上讲，我们也可以把"轴对称运动"的过程想象为图中所有的点沿着与直线垂直的方向朝直线另一侧"平移"，移动距离为点到直线距离的2倍。由此可见，在平面上描述轴对称运动要比平移和旋转困难得多。但作为一种运动方式，轴对称与二者有着密切的、不可分割的联系。

基于上述分析，把轴对称理解为图形的运动方式是本质的。从某种意义上说，所谓"轴对称运动"指的是运动的过程，而"轴对称图形"则是运动的结果。如果把图中的一部分看成是运动的主体，这个图形就具备了轴对称的形状特征；如果把整个图形看成是运动的主体，则运动前后的两个图形就构成了轴对称的位置关系。

那么，对此小学生又是如何理解的呢？笔者曾在毕业总复习前对六年级学生做过一项调查：你知道图形的运动方式有哪些？在被测的两个教学班（共91名学生）中，竟没有一人写出"轴对称"。即便把"翻转、折叠和对折"等答案都看成"轴对称"，写出平移、旋转和"轴对称"的人数比也仅为8∶9∶1。这一调查结果显示，尽管教材中一般都是把轴对称和平移、旋转放在同一教学系列中展开教学，但小学生还是难以理解"轴对称"也是图形运动的一种方式。这是一个值得思考的问题。

二、"轴对称"的教学要求

以人教版教材（2012版）为例，轴对称内容的教学主要分两个阶段。

第一阶段安排在二下"图形的运动（一）"教学中，教学目标为"借助日常生活中的对称现象，通过观察、操作，使学生直观认识轴对称图形，能辨认轴对称图形"。教材首先呈现了树叶、蝴蝶和天安门等图片，引导学生观察这些物体的形状特征，从而认识生活中的对称现象，并通过学生自己举例，进一步丰富感知；随后教材编排了操作活动，通过"折一折、剪一剪"的方法认识轴对称图形和对称轴（图3），并让学生知道可以用"对折"的方法判断一个图形是不是轴对称图形。

第二阶段安排在四下"图形的运动（二）"教学中，目标是"在观察、操作等活动中，使学生进一步认识轴对称图形及其对称轴，体会轴对称图形的特征和性质，并能在方格纸上补全一个轴对称图形的另一半"。教材在回顾了轴对称图形的已有知识后，编排了两个例题：例1是借助方格图画出轴对称图形的对称轴（图4）；例2同样借助方格图，让学生根据对称轴补全轴对称图形的另一半（图5）。

图3

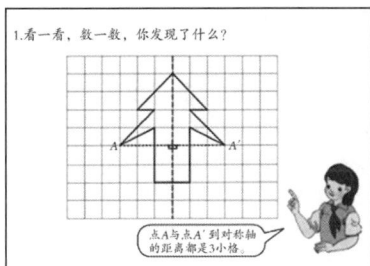
图4

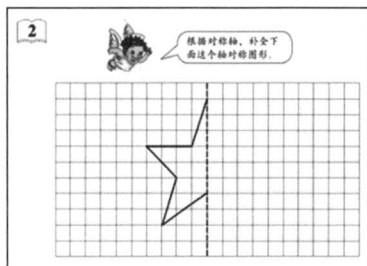
图5

结合前文对轴对称图形的内涵分析，我们就会发现两个阶段"轴对称图形"的认识具体都是指"单个图形的形状特征"，并不涉及两个图形之间的位置关系。那么，小学阶段"轴对称"的教学要求仅止于此吗？我们知道，教材的编写是以《数学课程标准》为依据的，因而我们要在《数学课程标准（2011版）》中寻找答案。（如下表）

学段	具体要求
第一学段	1.结合实例，感受平移、旋转、轴对称现象 2.通过观察、操作，初步认识轴对称图形
第二学段	1.通过观察、操作等活动，进一步认识轴对称图形及其对称轴，能在方格纸上画出轴对称图形的对称轴；能在方格纸上补全一个简单的轴对称图形 2.能从平移、旋转和轴对称的角度欣赏生活中的图案，并运用它们在方格纸上设计简单的图案
第三学段	1.通过具体实例了解轴对称的概念，探索它的基本性质：成轴对称的两个图形中，对应点的连线被对称轴垂直平分 2.能画出简单平面图形（点、线段、直线、三角形等）关于给定对称轴的对称图形 3.了解轴对称图形的概念；探索等腰三角形、矩形、菱形、正多边形、圆的轴对称性质 4.认识并欣赏自然界和现实生活中的轴对称图形

从表中可以看到，人教版的教材编写与《数学课程标准（2011版）》的要求是一

致的①。相对于2001版实验稿，《数学课程标准（2011版）》修订以后关于"轴对称"教学最重要的变化就在于把有关"轴对称图形"第二种理解（两个图形的位置关系）的要求全部放到了第三学段②。不难理解，这是出于学生认知水平的考虑。但同时也带来了一个问题：在小学生看来，"一个图形是不是运动了主要是看它的位置有没有变化"③。显然，这是在平移、旋转等内容的学习中所获得的直观感悟。如果仅从这个意义上讲，感知"轴对称"的运动特征需要等到初中阶段。那么，在小学阶段的教学中，可以做哪些渗透呢？让我们结合具体的教学实例看一看。

案例 "轴对称"教学系列

从空间观念的培养上看，无论从形状特征的角度还是从运动变化的角度认识"轴对称"，都能体现出一定的教学价值。但相对来说，前者侧重于空间认知，而后者更利于培养空间想象能力。空间想象能力是空间观念的核心内容，因而在小学阶段"轴对称"教学中我们有必要凸显本质、加强渗透，在认识形状特征的同时关注图形内部的运动变化，进而帮助学生感悟轴对称的运动特征。在具体实施中，不同的认识阶段可以体现不同的侧重点。

一、第一阶段：注重感知积累

学生第一次认识轴对称图形主要是借助观察、操作（如"对折"）等直观手段（教材中一般安排在二年级）。在学生初步认识了轴对称图形后，我们可以适当进行渗透，借助不同的操作方式进一步感悟它的形状特征，并逐步引导学生关注图形内部的运动变化，积累直观感悟。

*教学片断："拼图"活动

1.右面这个三角形（图6）是轴对称图形吗，为什么？

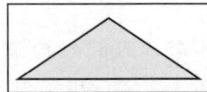 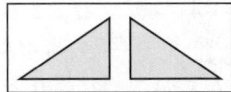

图6　　　　　图7

2.把这个三角形沿着对称轴剪成两部分（图7），用这两部分还可以拼成怎样的

---

① 除人教版外，笔者还查阅了其他教材的编写情况，大多数教材的编写思路与人教版相同。北师大版教材在这方面则有所拓展，其五年级上册"轴对称再认识（二）"教学中例3（课本P23）的编排是以图形的位置变化为视角的。鉴于这是第三学段的作图要求，笔者对此也感到困惑。

② 2001版实验稿中小学阶段有指向于"两个图形位置关系"的作图要求，如"能在方格纸上画出简单图形的轴对称图形"（第一学段），"能在方格纸上画出一个图形的轴对称图形"（第二学段）。

③ 这是笔者随机采访中学生的原话。

轴对称图形？请试一试。

3.呈现学生拼好的图形（图8）：这些是轴对称图形吗？它们的对称轴在哪里？

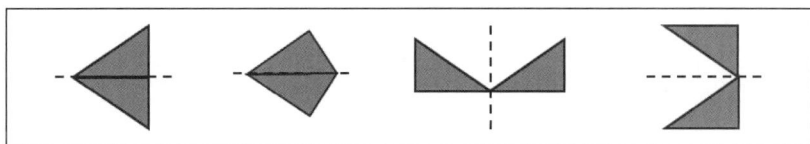

图8

活动中第一层次的要求是轴对称图形的识别，落实的是基础性目标；第二层次"把这个三角形沿着对称轴剪成两部分"有助于学生转变视角，关注图中参与运动变化的部分；第三层次具有一定的开放性和拓展性，有助于从"两个图形的位置关系"上认识轴对称图形。

二、第二阶段：注重本质感悟

第二次认识轴对称图形教材一般安排在四年级，主要内容是在方格纸上作图，包括"画出已知图形的对称轴"和"补全一个简单的轴对称图形"。前者是一个探索的过程，通过"看一看、数一数"认识轴对称图形对应点与对称轴之间的关系，即两个对称点到对称轴的距离相等；后者则利用这一规律确定另一个对称点的位置。尽管这里的操作还是指向于单个图形的形状特征，但我们可以引导学生将确定对称点的过程想象为"点"的运动过程，从而帮助学生感悟轴对称运动的本质。以人教版教材（四下）为例。

*教学片断：画出五角星的另一半

1.找出图形上每条线段的端点，并在每个端点上放置一枚棋子。（图9）

2.移动这些棋子，想一想怎样移动才能得到一个轴对称图形。

3.依次连接这些对称点，得到轴对称图形的另一半。

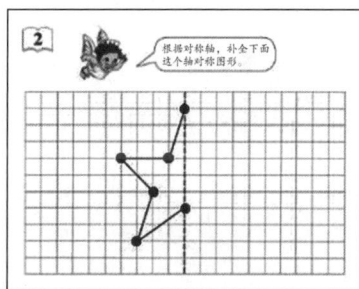

图9

显然，学生需要从两个角度思考这个问题：一是移动的方向，必须沿垂直于对称轴的方向朝它的另一侧移动；二是移动的距离，对称轴两侧的距离相等（图10）。这样的方式有别于通过"数一数"来确定对称点的位置，前者是动态的，后者是静态的。

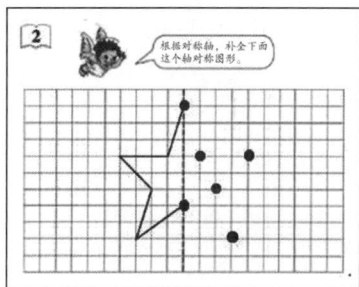

图10

三、第三阶段：注重联系沟通

在小学毕业复习阶段，我们需要对"图形的运动"相关内容进行梳理，沟通相互之间的联系，帮助学生完善认知结构。人教版教材就有这样的教学要求。（图11）沟通平移、旋转和轴对称三种刚体运动之间的联系，有助于学生进一步感悟轴对称的运动特

图11

征。如果在前面的教学中有所渗透，在这个阶段我们不妨借助一些简单的图形进行适度的拓展，由图形内部的运动变化逐步过渡到图形整体的运动变化。

*教学片断：适度拓展

1.从运动的结果特征沟通联系。

师：关于"图形的运动"，我们已经学习了哪些知识？

师：轴对称是"图形的运动"吗？这是一个轴对称图形（图12），想一想，可以用什么方法得到这样的图形？

图12

展示图形"对折–展开"的过程（图13），指出如果我们把图形的一半看成一个整体，展开的过程就是轴对称运动的过程。

选择一种运动方式，画出方格纸中三角形运动后的图形。（图略）

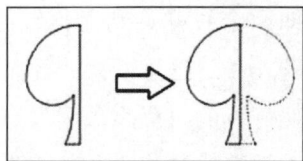
图13

呈现学生的作品，把这几种运动分一分类。

引导说出分类的依据：平移、旋转、轴对称形状、大小都不变；图形的放大与缩小形状不变，大小变了。

2.从运动的变化过程沟通联系。

师：这个图形（图14）可以看成是轴对称运动后得到的，想一想，运动的过程是怎样的？

生：把三角形ABC绕AC这条边翻过来。

师：翻过来其实就是旋转，这样的旋转和前面的有什么不同？

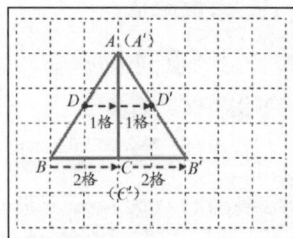
图14

生：前面的旋转是绕着点，这里绕着一条边。

师：对，这样看轴对称是一种特殊的旋转——还可以怎么看？

生：看成点的平移，比如B点向右平移了4格。

师：所有的点都是向右平移了4格吗？

生：不是。因为*B*点与对称轴的距离是2格，它的对称点到对称轴的距离也是2格，所以是4格。其他的点也要看它到对称轴的距离是几格，平移2倍。

师：能举个例子吗？比如，图中的点*D*，它到对称轴的距离是1格，那它就向右平移2格。

师：*A*点和*C*点为什么没动？

生：*A*点、*C*点都在对称轴上，距离为0，它们的对称点与对称轴的距离也是0，所以它们的对称点还是在原来的位置。

师：现在老师把对称轴向右移动一格，你能找一找轴对称运动之后的图形在哪里吗？

学生演示操作。（图15）

师：看来轴对称运动还可以看成特殊的平移，只不过它的移动距离是由谁决定的？

生：对称轴的位置，两个对称点到对称轴的距离要相等。

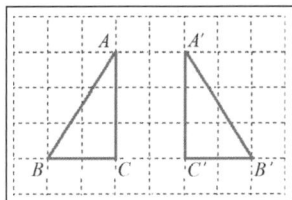

图15

3.图形的复合运动。

（1）右图（图16）中三角形ABC通过什么运动分别可以得到三角形①和三角形②？

（2）课后思考：是不是所有的平移和旋转运动都能转化为两次轴对称？

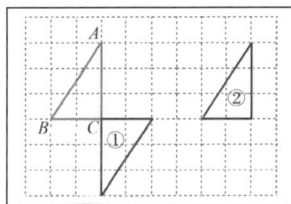

图16

学生都能看出，这里三角形①是旋转，三角形②是平移。在此基础上，进一步引导学生思考还有没有其他的方式。事实上，两个三角形均可以看成是两次轴对称运动后的结果。三角形①先以*AC*所在的直线为对称轴，再以*BC*所在的直线为对称轴。反过来也可以。三角形②则需要思考对称轴的具体位置。

在上述讨论中，我们可以充分体会到轴对称与平移、旋转之间的密切联系。一方面轴对称的运动过程既可以用旋转来理解，也可以用点的平移来理解；另一方面，平移和旋转都可以看成是两次轴对称。在毕业总复习的教学中开展这样的活动，不仅有利于认识图形运动的本质，有利于空间想象能力的发展，更重要的是有利于转变学生的思维方式，即用运动的眼光认识几何图形、研究几何问题。这对于学生今后的数学学习是极为重要的。

专题3 面积度量的意义及其教学

度量，一般是指用"数值"精确地表征事物的某一属性。小学数学中，度量思想的感悟主要依托于"量与计量"的教学，包括长度、时间、质量、面积、角、体积等。这块内容虽然在整个小学阶段数学教学中所占的比重不大，但是非常重要。其重要性主要体现在以下三个方面：

一是哲学层面的意义。《数学课程标准》（实验稿）对数学有过这样的描述：数学是人们对客观世界定性把握和定量刻画、逐渐抽象概括、形成方法和理论，并进行广泛应用的过程。所谓"定量刻画"指的就是度量。从这个意义上说，度量是数学的本质，也是人们认识数学、进而认识现实世界的工具。因而，度量教学的核心价值就在于引导学生用数学的思维方式观照客观世界中的客观对象。

二是思维层面的意义。就思维水平而言，在这一领域的教学中试图要实现的是思维的一般化。即不管具体度量的是事物的哪方面属性，最后应该追求思维方式上的共性。无论度量的对象是宏观的还是微观的，是现实的还是虚拟的，都体现了一个基本的思维过程：确定要度量的事物属性→建立度量的标准（度量单位）→创造合适的度量工具（单位的计数）。这样的目标需要在不同内容的教学中，分阶段加以落实，并适时进行链接。

三是认知层面的意义。从认知的角度看，度量是"数与代数""图形与几何"两大领域教学的认知"基点"。"数与代数"领域刻画的是客观世界中客观对象的数量的多少，在刻画的过程中需要建立的是计数单位。"图形与几何"中更是如此，要精确地刻画图形的大小就需要建立相应的单位，并通过计数的方式来实现。因而，如果缺乏度量思想的深入感悟，必然会对这两个领域的教学产生不利的影响。

下面我们以"面积"教学为例，具体展开讨论。

面积是对二维空间图形的度量。小学阶段面积主要是指平面图形的大小，所涉及的基本图形包括长方形、正方形、平行四边形、三角形、梯形和圆。在人教版教材（2012版）的编排中，面积教学主要分三个阶段。（如下表）

年段	单元主题	主要内容	主要渗透的思想方法
三年级下册	面积	1.认识面积和面积单位 2.长方形和正方形的面积计算 3.认识面积单位之间的进率	度量思想

（续表）

年段	单元主题	主要内容	主要渗透的思想方法
五年级下册	多边形的面积	1.平行四边形、三角形和梯形的面积计算 2.组合图形的面积 3.不规则图形的面积	转化思想
六年级上册	圆	1.圆面积计算公式的推导 2.组合图形的面积（包括圆环）	转化思想、极限思想

可以看到，教材在各个阶段所追求的教学价值是有差别的。度量思想主要体现在面积教学的起始阶段，即三下"面积"单元教学中。那么，教学中我们应该如何结合具体的教学内容凸显度量这条主线，引导学生经历度量的思维过程，从而感悟度量思想？让我们通过教学案例展开探讨。

案例 面积教学系列

一、赋值：感悟标准的多样性和统一的必要性

实现度量的前提是要构建度量的标准，并对标准进行赋值。这个赋值后的标准称为"计量单位"。学生前期认识货币、长度、时间、质量等计量单位时，已经积累了这方面的思维经验。所不同的是，面积单位的构建过程更为直观，讨论空间更大，也更利于度量思想的感悟。因而，教学中引导学生再次经历"建立标准"和"统一标准"的过程是必要的。

图1

"面积单位"的统一分两个层面：一是"形状"的统一，二是"大小"的统一。从教材的编排意图看，着力放大了"形状"统一的过程，试图通过圆、正三角形和正方形的比较，发现正方形更适合作为度量面积的标准。（图1）

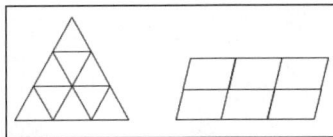

图2

但是，这样的结论是值得讨论的。上述三种图形中，由于圆不能密铺，无法精确地刻画被测对象的面积，所以不适合做面积单位。但正三角形和正方形哪个做面积单位更合适，则与被测图形的形状密切相关。教材中以长方形为度量的对象，用正方形是比较合适的（单位面积是完整的）。但如果被测对象是大正三角形，显然小正三角形更合适。如图2，如果规定小正三角形的面

19

积为1，则大正三角形的面积为9；同样，如果我们规定小平行四边形的面积为1，大平行四边形的面积则为6。"面积单位"作为人为制定的度量标准，选择正方形的优越性在于操作性而非本质性，且只有在后续平面图形的面积计算过程中才能逐步体现出来。因而在构建标准的阶段，与其讨论为什么正方形最合适，不如讨论为什么要构建标准。教学中，我们应该积极引导学生体验度量的标准是可以多样化的，只有在标准多样化的基础上，学生才能进一步感悟统一标准的必要性。因而，在"面积和面积单位"教学中，我们设计了以下路径。

*教学片断：面积和面积单位

1.讨论：下面图形的面积是指哪部分？比一比，它们的面积有什么不一样？（图3，四个图形的大小分别为 1×1、2×2、2×10 和 10×10，单位：cm）

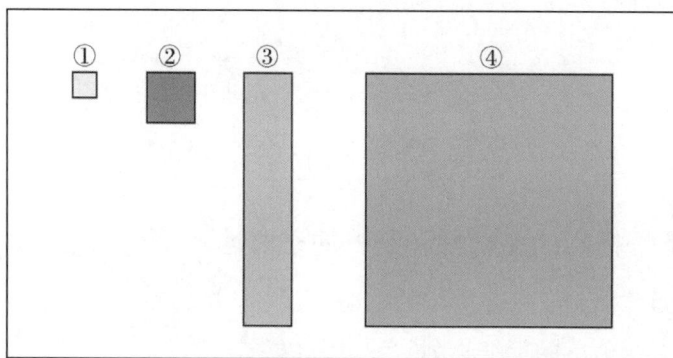

图3

反馈：通过比较，学生将四个图形的面积进行排序：①<②<③<④。

2.讨论：你能用四个数分别表示它们的面积吗？

反馈：（1）1，4，8，16；（2）1，4，16，64；（3）4，8，24，200。

3.交流。

师：说说你们是怎么想的。

生1：我把图形①看成1份，图形②有4个图①那么大，所以用"4"表示；图形③看起来有2个图形②那么大，那么就是"8"；图形④有2个图形③那么大，所以是"16"。

生2：我的方法跟他差不多，也是把图形①看成1份，图形②是"4"，但是我觉得图形③的面积是图形②的4倍，图形④的面积又是图形③的4倍，所以是"16"和"64"。

生3：我是把图形①看成4份，图形②的面积是图形①的2倍，所以是"8"，图形③是图形②的3倍，是"24"，图形④比图形③大得多，大概是"200"吧。

师：这几位同学虽然写的数不太一样，但想法上有没有相同的地方？

生：前两个同学都把图形①的面积看成1份，最后一个同学把图形①看成4份。

师：也就是说，他们都是先用一个数表示了图形①的面积——不管是"1"还是"4"，这个数是他们自己规定的，是这样吗？

生：是的。

师：那么图形①的面积规定之后，其他图形的面积是随便写的吗？

生：不是，是比出来的。比如说，图形②大概是图形①的4倍，所以是"4"，后面的图形再跟前面的图形比。

师：是的。图形①可以随便写，但后面图形的面积是通过和图形①比较之后才确定的。

4.操作：发现几个图形之间的面积关系。

反馈：（1）1，4，20，100；（2）1，4，5，5；（3）4，16，80，400。

5.讨论：如果把上面第二种情况中表示图形①、图形②、图形④面积的三个数擦掉，图③的面积可以用"5"表示吗？

反馈：如果把图形②看成1份，图形③就可以表示为5，这时，图形④就应表示为25，图形①表示为$\frac{1}{4}$。

6.讨论：图形④能不能表示为"5"？

反馈：如果把图形③看成1份，图形④就可以表示为5，这时，图形②为$\frac{1}{4}$，图形①为$\frac{1}{20}$。

7.交流。

师：如果老师要找一个面积是"5"的图形，你知道是哪一个吗？

生：可能是图形③，也可能是图形④。

师：为什么是"可能"？

生：如果把图形②看成1份，图形③是5；如果把图形③看成1份，那么图形④是5。

师：是的，我没告诉你标准是什么，你就不知道我要找的是哪个图形。看来，我们需要一个统一的标准，这样才便于交流。这个统一的标准就是"面积单位"——一起打开课本，看一看面积单位是怎么规定的。

8.自学面积单位。

9.上面四个图形中，你能找到哪些面积单位？

【意图说明】上述教学活动围绕一组结构性材料展开，并通过"你能用四个数分别表示它们的面积吗？"这样一个问题有效地驱动学生经历面积度量的过程，即先定标准，再做比较。教学中学生自然而然地把最小的图形看作"1份"，因而在随后的讨论中教师有意识地打破这样的思维定式：其他的图形可以看作"1份"吗？通过思辨，学生首先认识到只要有了标准，面积就可以确定。继而认识到如果标准不统一，就会使交流和沟通出现问题。在此基础上进一步认识面积单位，深刻感悟面积单位的价值。

二、计数：经历优化过程，理解公式内涵

有了面积单位，就可以度量平面图形的面积。具体方法是通过比较，发现图形中包含多少个面积单位，也就是我们常说的"数格子"。在"面积和面积单位"教学中，学生就是通过这样的方法得到了其他图形的面积，积累了一定的经验。就面积度量而言，这是本源意义。即通过面积单位的"计数"，实现对图形大小的"定量刻画"。在实际操作中，结合图形的特征，我们可以对"计数"的方法进行优化，从"一个一个地数"到"一群一群地数"。优化的过程在度量长方形面积时尤为明显。由于我们规定的面积单位是正方形，在长方形中成行成列，匹配乘法模型"每行的个数×行数=面积单位的总个数"。这一模型经过提炼，就得到长方形的面积公式：长方形面积=长×宽。实现了从"计数"到"计算"的优化升级。

这样对于长方形面积而言，实质上我们改变了度量的对象和方式。即要得到的是二维空间的大小，而度量的却是一维空间的数值（长和宽）。从数学的角度看，这是两种截然不同的空间形式。如果对公式的内涵缺乏深度理解，就会对理解"面积"的概念，进而对空间观念的发展产生负面影响。现实教学中，我们也遇到了这样的情况。通过前测，我们发现三分之二以上的学生知道长方形的面积公式，并能熟练运用公式计算面积。但对"为什么测量的是长度，算出来的却是面积？"这个问题，知道的却寥寥无几。小学阶段要解开这样的困惑，就要在"长方形的面积"教学中，引导学生回到计数阶段，重新经历从计数到计算的优化过程。

*教学片断：长方形的面积

1.讨论：右图长方形（图4）的面积是多少？

生：$3 \times 4=12$（cm^2）。

师：你是怎么想的？

生：因为长方形的面积等于长乘以宽。

师：长和宽都是长度，面积是这个面的大小。长度和面积一样吗？那为什么两个长度相乘得到的是面积呢？请你用手中的长方形画一画、写一写，想办法解释。

2.操作。

反馈（出示学生作品，如图5）。

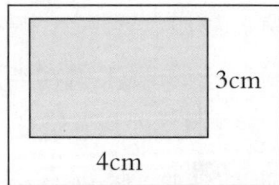

3cm

4cm

图4

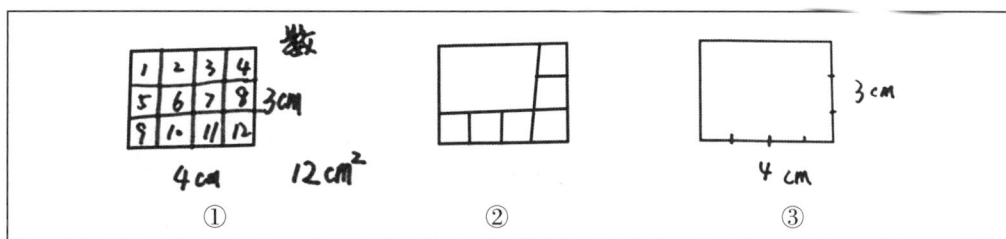

图5

3.交流。

师：你觉得哪个作品能解释为什么长方形的面积等于长乘以宽？

生1：我觉得作品①可以解释。要知道长方形的面积是多少，就要看里面能摆几个1平方厘米的小正方形。一行可以摆4个，可以摆3行，一共12个，也就是12平方厘米。

师：你怎么知道一行正好摆4个，正好摆3行？

生1：因为这个长方形的长是4cm，每个小正方形的边长是1厘米，4÷1=4，所以一行正好4个；宽是3cm，3÷1=3，有3行。

师：其他的作品能解释吗？

生2：作品②虽然只画了一部分，但是也能看出来长4cm就能放4个小正方形，宽3cm就能放这样的3行，也有12个小正方形，只是隐藏了一些。

师：（用虚线画出完整的格子）看来意思是和作品①一样的，那作品③呢？

生：作品③虽然只画了一些点，但他是每隔1厘米点一下，所以我觉得他的意思也是一样的，可以看出来一行摆4个，可以摆3行。

师：现在你知道为什么长方形面积等于长乘以宽了吗？

生：长4cm就表示一行有4个小正方形，宽3cm就表示有这样的3行，长乘以宽其实就表示每行4个乘3行，3个4等于12个小正方形，也就是12cm^2。

【意图说明】教学中，我们基于学生的认知起点，着重引导学生对计算公式进行直观解释。上述三种图式是比较典型的，其中第一个图式是最本源的解释。面积度量的本义就是指包含了多少个单位面积，图式中清楚地表示出了12个面积单位。这里，追问为什么分成"12格"的思维过程至关重要。学生需要从两个方面考虑：一方面是面积单位本身的定义（1cm×1cm的小正方形），另一方面则是被测图形的两个维度（长和宽分别是3cm和4cm）。后两个图式所表示的意思其实是一样的，都试图表示出"每行4个"和"有这样的3行"，只不过表示的方法进行了简化。三种图式整体呈现就形成了结构，恰恰是度量方法逐步优化的过程。教学中通过引导学生沟通三者之间的联系和区别，可以很好地解释长和宽在面积计算公式中表示的实际意义，从而理解公式的内涵。

三、归整："破损"的面积单位如何计数

学习了长方形的面积计算公式之后，其他多边形及圆面积公式主要是通过"转化"得到的。其中，"多边形的面积"单元的教材内容及结构关系如图6和图7所示。

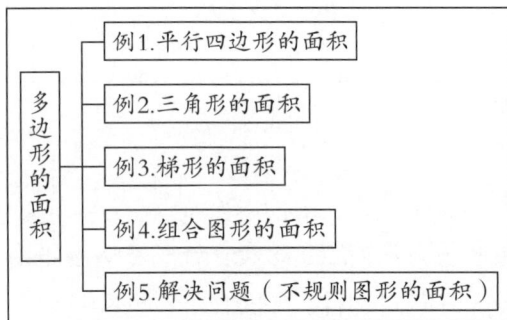

图6

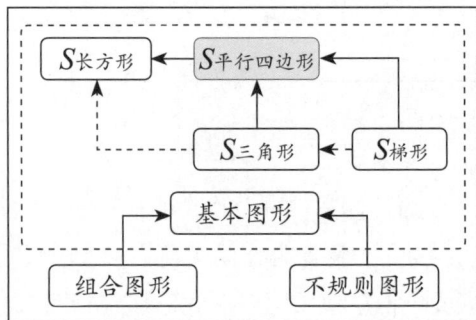

图7

教材强调的是面积公式的推导。从图7可以看到，推导过程中长方形面积是源头，平行四边形面积是"桥梁"，三角形和梯形则主要通过"倍拼法"转化为平行四边形，进而得到面积公式。这样的线性推进突出了化归思想，关注的是"边"的对应关系（如三角形"倍拼法"强调"等底等高"）。面积度量的本质是面积单位的计数，面积公式是计数方法优化后的抽象化表达。如果面积公式的推导过于形式化，缺乏底层铺垫和直观体验，无论是对公式内涵的理解还是对度量思想的感悟都是不利的。

回归面积度量的本源意义，我们从"数"面积单位的角度看，事实上平行四边形、三角形和梯形的面积推导所遇到的问题是一样的：形状不吻合造成面积单位的"破损"，"破损"的面积单位怎么数？如此，我们就可以把三种图形的面积计算整合为1课时展开教学，放大认知背景。通过几种不同图形进行结构性对比，感悟"破损"的面积单位可以通过还原实现对图形大小的精确刻画。

*教学片断：平行四边形、三角形和梯形的面积

1.下面四个图形，你觉得哪一个图形的面积最大？（图8）

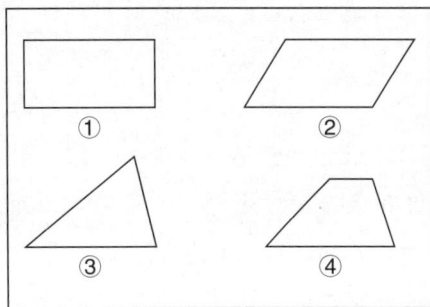

图8

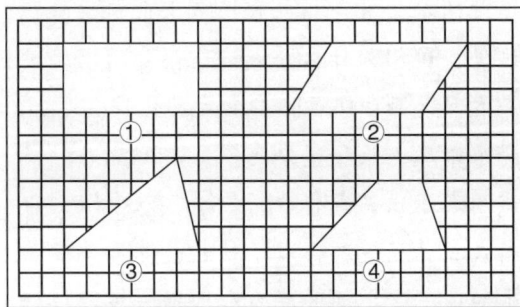

图9

2.布置任务：如果把它放在方格图中，每个小方格的面积是1cm^2，请你想办法数一数、算一算，求出它们的面积。（图9）

3.分层反馈。

（1）反馈结果。

（2）反馈长方形的面积，回顾面积度量的本质。

师：在刚才研究面积的过程中，哪一个图形最方便？你是怎么想的？

生：长方形的长是6cm，宽是3cm，6×3=18（cm^2）。

追问：为什么用长×宽算出来的就是长方形的面积？

生：一行有6个1cm^{2}的小正方形，有3行，6×3=18（cm^2）。

小结：长方形一行有6个1cm^{2}的小正方形，3行一共有18个1cm^2，所以它的面积是18cm^2——长方形的面积其实就是求它包含的面积单位的个数。

（3）反馈平行四边形、三角形、梯形的面积，感悟面积单位的还原。

呈现学生计算平行四边形、三角形、梯形面积的不同方法。（图10）提问：这三个图形的面积在研究的时候和长方形有什么不一样？你能看懂这些同学的方法吗？

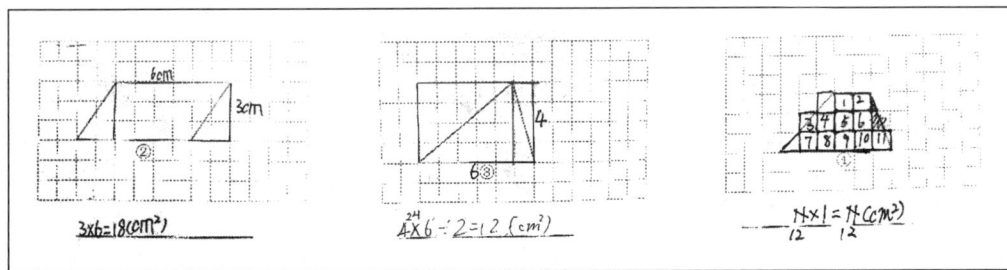

图10

生：长方形的面积可以直接计算，其他三个图形不能直接计算。

生：平行四边形可以把一边剪下来，拼到另一边变成长方形，得到它的面积。

追问：为什么要拼过来？

生：平行四边形这里的面积不是1cm^2，剪拼的话就正好是整格了，计算面积比较方便。

师：那三角形和梯形呢，谁来说一说？

生：三角形也有不完整的面积单位，所以也要变成长方形——我把两边都补起来，这样一行有6个，有4行，6×4=24（cm^2）。

生补充：还要除以2，左边是一半，右边也是一半，三角形的面积是长方形面积的一半。

学生继续补充。教师小结：我听明白了，你们的意思是为了计算三角形到底有几个面积单位，把不完整的面积单位翻倍了，结果要除以2才是原来图形的面积对吗？那梯形这个图又是什么意思呢？

生：他先数了整格的，再把不是整格的拼起来了。

生：我也觉得是这样，整格的有9个，左边3个半格可以拼，右边也可以看成3个半格。

师：你们能听懂吗？谁再来说一说？（过程略）

提问：那这三个图形在计算面积的时候有什么相同的地方吗？

学生展开讨论。教师小结：平行四边形、三角形、梯形都有不完整的面积单位，可以先想办法把面积单位还原，然后计算出它们的面积。

（4）反馈平行四边形、三角形、梯形面积计算的多种方法，提炼公式。

反馈平行四边形面积。呈现平行四边形面积计算的多种方法。（图11）提问：你觉得哪一种方法更方便？这里的"6×3"表示什么？

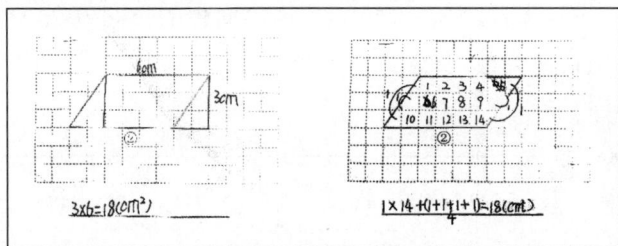

图11

生：6表示一行有6个小正方形，有3行，平行四边形的面积就是18cm²。

追问：你有什么发现？

引导学生探究发现6是平行四边形的底，3是它的高，面积公式可以用"底×高"来表示。

反馈三角形面积。呈现三角形面积计算的多种方法。（图12）提问：三角形有这么多种方法，你能看懂哪一种？

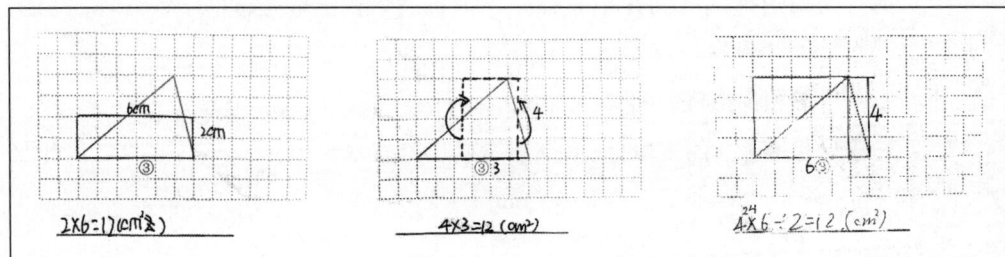

图12

组织学生展开讨论，发现三角形底、高和面积之间的关系。根据学生反馈，适时板书跟进：①底×高÷2；②底×（高÷2）；③（底÷2）×高。

师：三角形的面积计算公式可以怎么来表示呢?

小结：三角形的面积与它的底和高有关，可以简写成"底×高÷2"。

反馈梯形面积。呈现梯形面积计算的多种方法。（图13）组织讨论：梯形的面积怎样计算比较方便?

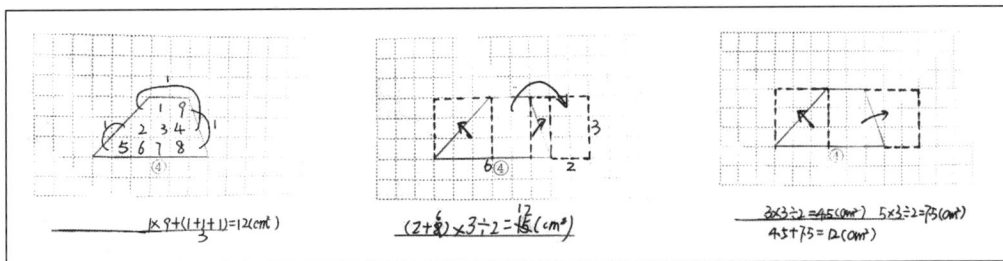

图13

重点指向第三种方法，引导学生发现，在面积单位还原的过程中，为了方便计算，可以把每一部分的面积都进行翻倍归整。

师：翻倍后的长方形的长和宽分别和梯形的哪些量有关?

生：长方形的长等于梯形的上底加下底，长方形的宽等于梯形的高；梯形的面积是长方形面积的一半，所以要除以2。

小结：梯形的面积计算公式：（上底+下底）×高÷2。

【意图说明】需要指出的是，本课时教学立足于直观层面的公式推导，突出了度量意义，但随后要跟进一堂课沟通面积公式之间的联系。因为多边形面积公式的形式化推导依然不可或缺，这块内容是渗透化归思想的良好载体，有助于发展学生的空间观念和推理能力，并体会数学的简洁和高雅。

第二章
优化单元结构

　　小学数学教材一般依据数学知识体系分单元、按课时编写。教材结构的优化很大程度上体现在单元结构的优化上，单元整体教学也因而成为小学数学教学的热点话题。从某种意义上说，单元整体教学的实施是为了缓解当下数学课堂的供需矛盾。即通过单元内容的优化重组和价值重构，满足学生现实的学习需求。是一种"供给侧改革"。因此，单元整体设计的主要依据是学生立场和学科逻辑，操作支架如下图所示：

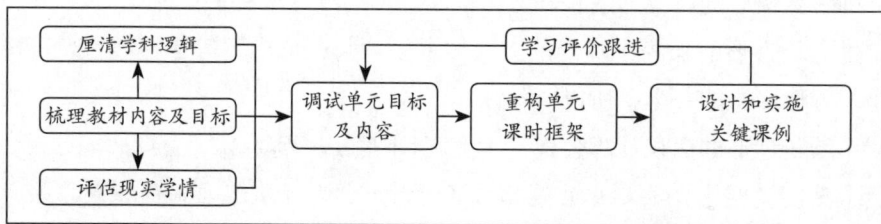

　　实践中，我们首先对教材的具体知识点进行罗列，明确教学总目标。根据教材的内容及目标厘清学科逻辑，并对现实学情进行评估，了解学生真正的学习起点、疑难困惑和发展需求。在此基础上，我们对单元目标及内容进行调适，进而重构单元课时框架，重点设计关键课例，并进行课堂实践。每个单元在教学实施后，都要进行单元目标达成度检测。如果达成度比较理想，跟进拓展内容；反之，一方面要进行补救跟进，另一方面也要进行调整与完善。

专题1 "表内乘法"单元教学实践

　　"表内乘法"是学生数学学习的重要基础。人教版教材中这块内容安排在二年级上册，分两个单元展开教学，内容包括"乘法的初步认识"和"乘法口诀"。其中，"乘法口诀"采用的是"小九九"口诀表。具体课时安排如图1。

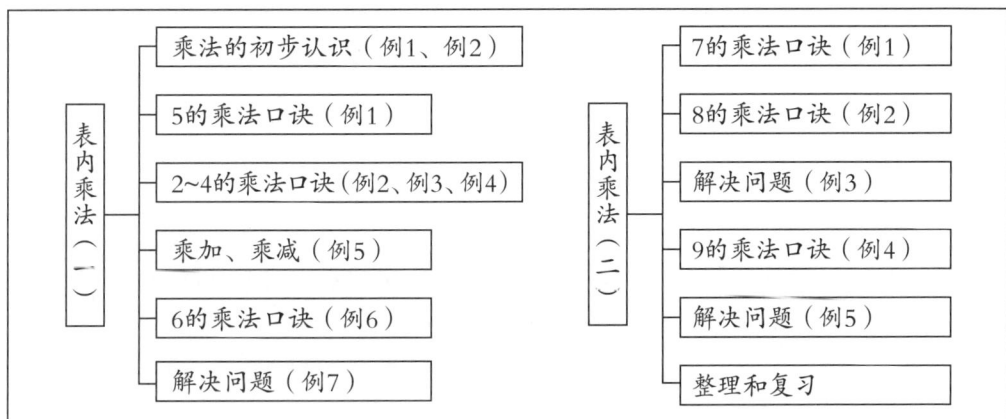

表内乘法（一）	乘法的初步认识（例1、例2）
	5的乘法口诀（例1）
	2~4的乘法口诀（例2、例3、例4）
	乘加、乘减（例5）
	6的乘法口诀（例6）
	解决问题（例7）

表内乘法（二）	7的乘法口诀（例1）
	8的乘法口诀（例2）
	解决问题（例3）
	9的乘法口诀（例4）
	解决问题（例5）
	整理和复习

图1

　　由图可知，本单元的教学重点是"乘法口诀"。用口诀的形式记忆乘法运算的结果具有鲜明的民族文化特色，该内容的教学在我国历来备受重视。从教材编排意图看，有关口诀的教学分两类课型：一是"口诀的编写和记忆"，除"一一得一"外其余44句口诀分为6课时；二是"口诀的运用"，包括乘加、乘减和解决问题，共4课时。此外，教材还穿插安排了11节练习课，用以巩固知识技能。这样，两个单元新授课、练习课累计26课时，几乎占了整册教材课时量的三分之一。教材的编排意图显然是为了减缓教学进度，给予学生更多的时间熟记和运用口诀。但在实际教学中，如此编排是否切合学生的实际呢？

困惑：学生已经知道了，课该怎么上

　　在我国，乘法口诀由来已久。汉语特有的声韵使之读起来朗朗上口，颇有儿歌民谣的韵味。所以很多早期家庭教育中，背诵口诀成为孩子的必修课。到了二年级，学习乘法口诀之前，大多数孩子对口诀已经耳熟能详。为了印证这一判断，我们进行了前测[①]。（见下表）

---

①前测以本校二年级学生为样本，样本容量297人。本校位于城乡接合部，大部分生源来自周边乡镇。

测试内容	情况描述	示例
你会背乘法口诀吗？试着写一写。	约68%的学生能写出全部乘法口诀（大多写成算式，但能照着算式读出口诀），其余学生绝大多数能零散地写出一部分，只有极个别学生一句都不会	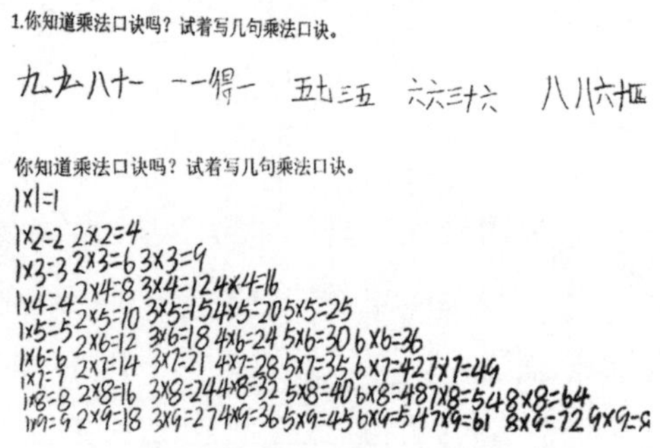
如果以一句为例，你知道它是什么意思吗？	约52%的学生能用文字表述、画图等方式正确表示某一句口诀的含义	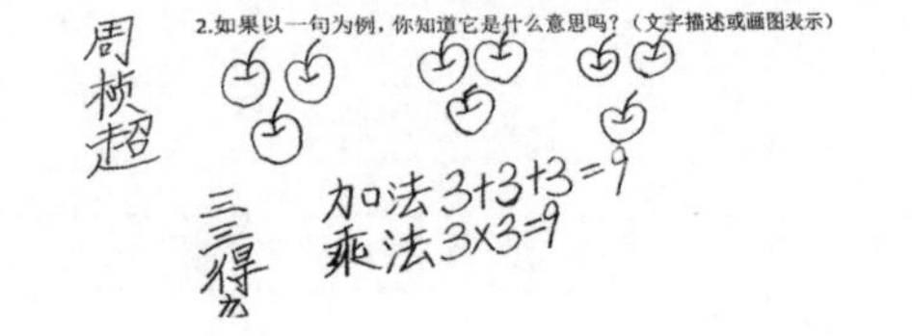

可以看到，前测中能完整默写口诀表的学生近七成，能正确理解口诀意义的学生也超过了半数。尽管样本容量较小，但由于本校生源大多来自周边农村，在某种程度上也可以反映出学生对于乘法口诀的学习确实具备了很高的认知起点。这样，我们就不得不面对一个非常现实的问题：学生已经知道了，课该怎么上？

对此，我们从两个方面展开思考：一是寻找学生的困惑点。从前测情况看，尽管大部分学生能熟练背诵口诀，但对口诀的意义和结构还有相当一部分学生缺乏理解和认识，这就使我们明确了课堂上用力的方向。二是打破现有的教材结构，试图通过教材内容的整合为学生提供更具挑战性的学习任务，使之切合学生的现实情况。

思考：结构化视角下的单元内容整合

人教版的课时编排实际上是对“小九九”口诀表进行了横向划分。即把“一一得一”外的其余44句划分为6节新授课展开教学。依次为：“5的口诀”“2~4的口诀”“6的口诀”“7的口诀”“8的口诀”和“9的口诀”。（如图2）

	一一得一								
第2课时	一二得二	二二得四							
第2课时	一三得三	二三得六	三三得九						
第2课时	一四得四	二四得八	三四十二	四四十六					
第1课时→	一五得五	二五一十	三五十五	四五二十	五五二十五				
第3课时→	一六得六	二六十二	三六十八	四六二十四	五六三十	六六三十六			
第4课时→	一七得七	二七十四	三七二十一	四七二十八	五七三十五	六七四十二	七七四十九		
第5课时→	一八得八	二八十六	三八二十四	四八三十二	五八四十	六八四十八	七八五十六	八八六十四	
第6课时→	一九得九	二九十八	三九二十七	四九三十六	五九四十五	六九五十四	七九六十三	八九七十二	九九八十一

图2

这样的课时划分方式尽管有助于口诀的记忆，但也存在一定的弊端：

其一，教学流程过于雷同。由于这六节课的教学内容有着很大的相似性，每节课的教学结构几乎是一样的，即不断重复"编口诀""记口诀"和"用口诀"的过程。这对于学习起点较高的学生来说，无论我们在学习材料等方面做出怎样的改进，都很难从根本上调动学生的学习积极性。

其二，不利于理解口诀的两种含义。在"小九九"口诀表中，大部分口诀实际表示了两种含义（因数相同的口诀除外）。如"三五十五"既表示"3个5相加"，也表示"5个3相加"。前者主要体现在口诀的横向结构中（从"一五得五"到"五五二十五"是5个5个地增加，"三五十五"表示"3个5相加"），后者则主要体现在口诀的纵向结构中（从"三三得九""三四十二"到"三五十五"，3个3个地增加，"三五十五"表示5个3相加）。出于教材课时划分的原因，纵向结构被破坏，显然会对口诀内涵的理解造成影响。

基于这样的认识，可以尝试进行单元内容整合，将全部45句口诀放在一节课展开教学。通过放大认知背景，让学生在更完整的结构中打通口诀之间的横向联系和纵向联系，深化口诀意义的理解。随后再跟进一至两节练习课，强化口诀的记忆和运用。单元结构优化之后，我们可以适度进行拓展，一方面进一步巩固和熟记口诀，同时也可以追求一些新的价值目标。（如下表）

课时序号	课题	内容与目标
1	口诀的意义	1~9全部45句口诀的意义
2	口诀的记忆	用活动式的训练进一步熟练口诀
3	口诀的应用	联系具体情境进一步体验口诀的价值
拓展	画出来的口诀	数形结合

下面，我们通过具体的教学案例看一看课堂的实施过程。

案例 口诀的意义

一、教学分析

"口诀的意义"是本单元的关键课例。一节课完成45句口诀的学习任务，是具有挑战性的。为此，需要提供结构性的学习材料。我们呈现的是一张"不完整"的"九九乘法口诀表"。（如图3）

一一得一								
一二得二	二二得四							
一三得三	二三得六	三三得九						
一四得四	二四得八	三四十二	四四十六					
一五得五	二五一十		四五二十	五五二十五				
一六得六	二六十二	三六十八	四六二十四	五六三十				
一七得七	二七十四	三七二十一	四七二十六	五七三十五	六七四十二	七七四十九		
	二八十六	三八二十四	四八三十二	五八四十	六八四十八	七八五十六	八八六十四	
一九得九	二九十八	三九二十七	四九三十六	五九四十五	六九五十四	七九六十五	八九七十二	九九八十一

图3

尽管这张口诀表是残缺的，甚至是有错误的，但整体的结构还是完整的。学生可以从表中看出口诀之间的横向联系和纵向联系，可以借助口诀之间的关系展开推理。而"缺误"的口诀则成为驱动学生课堂学习的引擎。所缺的三句口诀中，"三五十五"具有一般性，"一八得八"和"六六三十六"则相对较为特殊（前者不能表征为两个加法算式，后者不能表征为两个乘法算式）。错误的两句口诀都与"7"有关（"四七二十六"和"七九六十五"）。这是因为我们在前测中发现，关于"7的口诀"学生的错误率是最高的，而这两句正是前测中的典型错误。我们试图让学生通过对这张口诀表的补充和修正，进一步发现口诀之间的规律，理解口诀的意义。

二、课堂实践

*教学片段一：补缺"三五十五"

师：为什么这里补的是"三五十五"？

生1：这里是有规律的（学生指着"5的口诀"那一行），一五、二五、三五。

生2：横着看第一个数依次加1，第二个数都是"五"。

生3：得数从五到十、十五、二十、二十五，每次加5。

师：为什么得数会依次加5？

生3：因为"一五得五"表示1个5是5，"二五一十"表示2个5是10……每次加5，从1个5一直加到5个5，是25。

生4：也可以竖着看，上面是三四十二，下面多加3，就是三五十五了。

生5：第一个都是三，得数依次加3，从3个1一直加到9个3，是27。

师：原来横着看它表示3个5相加得15，竖着看表示5个3相加得15——两种意思都可以用"三五十五"这句口诀来表示。

【意图说明】在原教材"5的乘法口诀"教学中，如何感悟口诀的两种意义一直令人困扰。但在这里，我们看到这个问题解决得非常自然。对于学生来说，"3个5相加"和"5个3相加"，无非是观察角度不同（横着看还是竖着看）。由此可见，在乘法口诀教学中，二维结构优于一维结构。放大认知背景有助于学生更完整地理解口诀的意义。

*教学片段二：纠错"四七二十六"

师：在这张口诀表中，你还有什么发现吗？

生1：有一句口诀写错了——"四七二十八"，不是"四七二十六"。

师：是吗？说说你的理由。

生1：这句口诀表示的意思是7个4相加。4+4+4+4+4+4+4=28。

生2：还可以表示4个7相加，7+7+7+7=28。

生3：这句的前面是"三七二十一"，现在是"四七"，21再加一个7是28；它的后一句是"五七三十五"，35减掉一个7也是28。

生：这句口诀的上面是"四六二十四"，竖着每次加4，24+4=28。

【意图说明】口诀表补充完整后，发现并修正表中的错误相当于是口诀意义的巩固过程。在这个过程中，最有价值的是纠错的理由。有的学生是从口诀本身的意义展开分析，有的则是通过口诀之间的关系进行判断。这样的分析推理是乘法口诀教学最重要的"落脚点"，正是通过这样的反复思辨，学生的认知结构得以不断完善。

*教学片段三：根据口诀写算式

师：这五句口诀你能不能选一句写出对应的算式呢？

生1："三五十五"可以表示3个5相加，5+5+5=15；还可以表示5个3相加，3+3+3+3+3=15；还可以写成乘法算式：3×5=15，5×3=15。一共有四个算式。

师：那么其他的几句口诀也能像它那样写出四个算式吗？

生2："四七二十八"可以写四个算式：7+7+7+7=28，4+4+4+4+4+4+4=28，4×7=28，7×4=28。

生3："七九六十三"也可以写四个：7+7+7+7+7+7+7+7+7=63，9+9+9+9+9+9+9=63，9×7=63，7×9=63。

生4：我觉得"一八得八"只能写三个，1个8的时候只能写8，不能写加法算式。

生5："六六三十六"只能写两个：一个加法，一个乘法。

师：为什么呀？

生5：因为"六六三十六"两个乘数是一样的。

师：看来，根据乘法口诀都能写出加法算式或者乘法算式，但到底写几句却不一定，要看选的是哪句口诀——请你从其他口诀里再选一句，同桌互相说一说。

【意图说明】这个环节的意义在于让学生体会一句口诀既能对应加法算式，也能对应乘法算式，通过建立口诀与算式的联系进一步理解口诀的意义。不同的口诀所对应的加法和乘法算式个数是不一样的，对比有助于学生感悟口诀的不同特点。

*教学片段四：口诀的运用

1.下面各题，直接写出得数。

$2 \times 9=$	$5+5+5+5=$	$4 \times 6=$
$7 \times 3=$	$9+9+9+9+9+9+9+9+9=$	

师：这几道题会算吗？比一比，看谁算得又对又快。

2.反馈。

生：$2 \times 9=18$，可以用"二九十八"这句口诀计算。

……

生：最后一题9个9相加等于81，因为"九九八十一"。

师：老师发现同学们在计算这几道题时都运用了乘法口诀，为什么呀？

生1：因为这几道题都是几个几相加，所以都可以用乘法口诀。

生2：乘法口诀就是表示几个几相加，意思是一样的。

生3：而且乘法口诀后面就是得数，这样算得快。

师：是吗？举个例子。

生3：比如最后那题9个9相加，用加法算要算很久，现在直接用"九九八十一"就知道答案了。

师：看来乘法口诀还是挺有用的，所以大家一定要把口诀背熟练。

【意图说明】这个环节是认识乘法口诀后的巩固、记忆和简单运用，而它更大的价值却在于体验和感悟口诀的价值。所以得到答案之后的讨论是必要的。一方面需要学生从意义上去解释为什么这样的算式可以用乘法口诀得到答案；另一方面则要在计算的过程中去体验运用乘法口诀的优越性，实现价值认可。

通过课堂实践，我们认识到基于学生立场，对教材内容进行适度整合是可行的。从认知层面看，放大认知背景有利于概念内涵的深入理解；从思维层面看，结构性的材料有利于学生主动寻找材料之间的相互联系，培养结构化思维；从情感态度层面看，富有挑战性的学习任务更利于激发学生的学习兴趣和探究欲望。

附 "乘法口诀"单元教学校本研修案例

2017年9月，一位新教师上了"5的乘法口诀"这节课。课堂上，该教师先引导学生编口诀，再用各种方法帮助学生记口诀，最后运用口诀解决现实生活中的实际问题。尽管这样的教学路径与教材编排一致，但学生兴趣缺缺，课堂参与度很低。在课后讨论中，上课教师感到很困惑：自己是按照教材的编排上的，但学生早就会背口诀了，所以没兴趣。听课教师也纷纷表示，其实后面的课更难上，每次都是"编口诀—背口诀—用口诀"，一直在重复。

学生都会了，这样的课该怎么上？教研组决定把"乘法口诀"这一内容的研究作为校本研训的主题，试图用解剖麻雀的方法促进教师观念的转变，提升课堂教学效率和效能。

一、活动过程

为了切实提高研训成效，我们对此次活动进行了精心的策划和安排。

（一）准备阶段

我们布置了两项任务，要求每一位教师在一周内完成文本和PPT，做好汇报准备。

1.数学组全体教师：对人教版教材"乘法口诀"的相关内容进行分析，梳理结构；参考其他版本的教材，进行教材比较研究。

2.二年级数学备课组：组织"乘法口诀"相关内容的前测。

（二）集体备课活动（第一次研训活动）

时间：2017年9月。

参加人员：本校数学教研组全体成员。

活动过程：

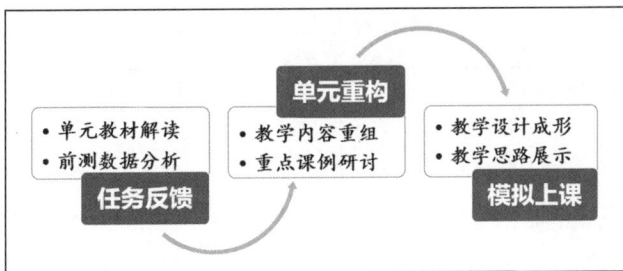

1.教材分析。

结合前面的任务，用抽签的方式随机选三位教师汇报人教版教材的编排结构和教材比较的情况，其他教师进行补充。主要观点如下：

（1）人教版教材采用"小九九"口诀表，其他教材除北师大采用的是"大九九"表以外，采用的也是"小九九"。教师认为，"大九九"表有助于学生完整理解口诀的两种不同意义，"小九九"表有利于减轻学生的记忆负担。

（2）不同版本的教材都用"横向切分"的方法划分课时。以人教版为例，把"小九九"表划分为6课时，并安排在两个单元展开教学。

（3）具体课时内容的设计人教版基本采用"编口诀—记口诀—用口诀"的教学路径，其他教材也是大同小异。教师认为，根据加法算得数，根据得数"编口诀"的过程必要性不大，这也是造成教材与学生现实情况脱节的主要原因。

2.学情分析。

二年级备课组汇报前测情况：前测以西山漾校区二年级学生为样本，样本容量297人。该校区位于城乡接合部，大部分生源来自周边乡镇。前测数据证实，能完整默写口诀表的学生近七成，能正确理解口诀意义的学生也超过了半数。本校学生对于乘法口诀的学习确实具备了很高的认知起点。（具体数据详见前文）

3.单元重构。

学生起点高，教材步子小。针对这样的情况，如何调整单元框架，展开教学设计？为此，教研组进行了充分的讨论。由于本校是浙江省小学数学课程整合项目团队成员，前期已有了一年多的课程整合经验，讨论的方向是如何整合，但意见有分歧。

方案1：45句口诀分2课时进行教学，"5的口诀"作为起始课主要认识口诀的结构特点；其他口诀整合为1课时，打通所有口诀的关系。

方案2：结合2016年浙江省"疑难问题解决"培训中南浔童方明老师执教的"乘法口诀"的经验，把所有口诀整合为1课时——要实现这样的设计需要寻找更好的教学路径。

观点碰撞之后，最终选用了更有挑战性的2号方案。同时也吸收了1号方案的部分想法，从"5的口诀"切入，再拓展至其他口诀。这样，我们对教材关于"表内乘法"的两个单元进行了重构，呈现新的框架。（见下表）

课时序号	课题	内容与目标
1	乘法的初步认识	理解乘法的意义
2	乘法口诀（一）	从"5的乘法口诀"切入，认识口诀的意义和结构。进一步拓展到其他口诀，认识"小九九"乘法口诀表
3	乘法口诀（二）	通过活动式训练，进一步理解意义，熟记口诀
4	解决问题（一）	乘法和加法解决问题的对比，进一步理解意义
5	解决问题（二）	掌握乘加、乘减两步计算并解决问题
拓展	画乘法口诀	借助数形结合，进一步认识口诀的特点和相互联系，感悟乘法和图形面积的关系，为后续学习积累活动经验

4.重点课时。

"口诀的意义"作为本单元重点课时，我们分组进行集体备课：一是选择合适的教学材料；二是设计合理的教学路径。教研组在各小组汇报教学思路后，初步确定了教学预案。

（1）谈话引入，了解起点。

（2）认识"5的口诀"：以"三五十五"为例，通过多元表征使学生理解乘法口诀的具体含义，知道口诀的编制方法及一类口诀相互之间的关系。

（3）编写其他口诀：在"5的口诀"的基础上，让学生自主编制其他各类乘法口诀，在编制过程中进一步加强对口诀意义的理解。

5.模拟上课。

抽签随机抽取三位青年教师进行模拟上课（微型课），内容分别是"口诀的意义""口诀的记忆"和"口诀的运用"。

（三）课堂实践活动（第二次研训活动）

时间：2017年10月。

参加人员：湖师附小数学教研组、浙江省小学数学课程整合研究共同体、吴兴区小学数学90学时培训班学员。

活动过程：

此次活动首次采用"两课连上+现场改课"模式，具体流程如下图所示。

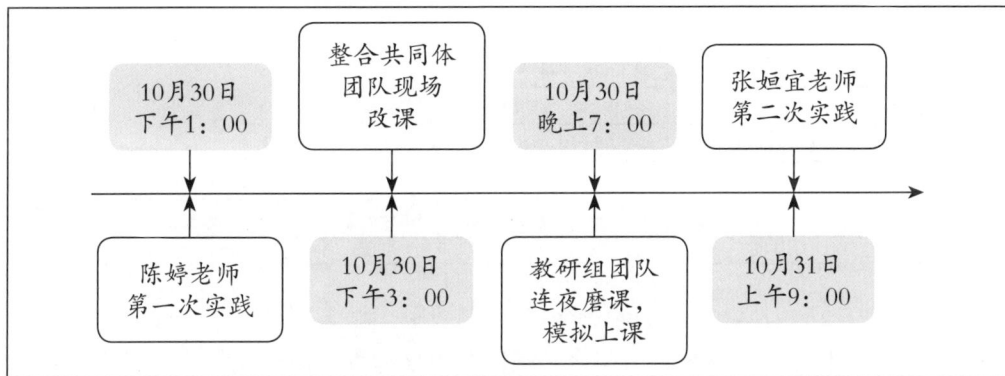

1.第一天下午，我校青年教师陈婷按照前期集体备课的思路，执教了"乘法口诀"第1、2课时。

2.课后研讨中，与会教师和专家对课堂上出现的问题进行了剖析。

沈老师（青年教师，整合共同体成员）：这节课内容太多了，老师上得很累。

范老师（特级教师，本校教研组成员）：这样设计，学生对于"口诀表"的整体感悟是有的，对口诀之间的联系也有所感悟，但是具体到对每一句口诀意义的理解还是不够到位。

杨老师（市教研员）：意义理解不到位的原因在于整体的结构还不明显，特别是"口诀表"的纵向结构没有体现；教师在引导的时候也有问题，逻辑不清晰。

斯老师（省教研员）：这节课对于教学内容的处理是切合学生实际的，为什么达不到预期的效果？原因在于，在学习材料的设计上缺乏结构性。接下来的"改课"可以围绕学习材料展开：什么样的材料有助于学生从横向和纵向两个维度沟通联系、理解意义？

随后，大家在斯老师的指导下，对这堂课进行了现场重构。

3.当天19：00，教研组全体成员就新的教学方案进行研磨，几位青年教师模拟上课，熟悉教案，最后决定由张姮宜老师隔天进行第二次课堂实践，活动一直持续到22：00。

4.次日上午，第二次实践。课堂上用一张"不完整"的乘法口诀表（如下图）作为学习材料，有效地调动了学生的学习积极性。学生在补充和修正口诀表的过程中理解口诀意义，感悟口诀特点，沟通相互联系，体验口诀价值，收到了良好的效果。事实证明，结构性学习材料的使用不仅有利于调动学生的学习积极性，更有利于学生理解口诀的两种含义（分别从口诀表的横向结构和纵向结构中体现出来）。

一一得一								
一二得二	二二得四							
一三得三	二三得六	三三得九						
一四得四	二四得八	三四十二	四四十六					
一五得五	二五一十		四五二十	五五二十五				
一六得六	二六十二	三六十八	四六二十四	五六三十				
一七得七	二七十四	三七二十一	四七二十六	五七三十五	六七四十二	七七四十九		
	二八十六	三八二十四	四八三十二	五八四十	六八四十八	七八五十六	八八六十四	
一九得九	二九十八	三九二十七	四九三十六	五九四十五	六九五十四	七九六十五	八九七十二	九九八十一

此次研训活动的成功破解了"乘法口诀"教学中困扰教师已久的难题：教学内容的结构化处理，教学材料的结构化呈现以及教学过程的结构化推进。同时，这次研训活动对教师观念上的冲击也是巨大的，譬如，教学应坚持学生立场还是拘于教材编排？前后两次课堂实践的对比使教师见证了学习材料在教学设计中的重要性。一堂好课，宏观上固然需要基于学生立场和整体视角，但也需要在观微上借助细腻的课堂处理技巧，这样才能达到更好的效果。这无疑对教研组建设起到了很好的示范引领作用，也为我们开展校本研训活动提供了思路。

二、后续思考

（一）"研什么"——源于教学实际，开展精准教研

在研训项目的确立上，我们一直坚持问题来自教学一线。只有坚持问题来自学生的"难点"、教师的"困惑点"和课改的"痛点"，研训活动才能真正调动积极性。因而，每次活动我们都会收集问题，并在活动中有针对性地讨论，推动教学活动的展开。本案例中"乘法口诀"这块内容学生学得没劲，教师教得没劲。但教师很少敢质疑教材、大胆处理教材。这就需要通过研训活动转变教师的思想观念和思维方式，让他们回归学生立场。（下图为收集的教学问题）

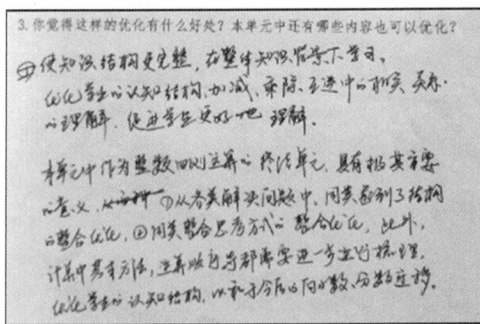

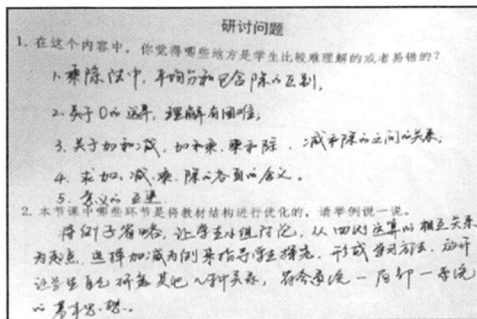

（二）"怎么研"——坚持"教研训一体"，形成特色机制

我校自21世纪初探索"教研训一体"的研训模式，至今已逐步形成了特色研训机制。我们坚持在教学中发现问题，用科研的手段和方法研究问题，在解决教育教学实际问题，提升教研水平的同时促进教师专业水平的提升。本案例中我们通过一次主题研训活动解决了"乘法口诀"单元教学中的疑难问题，但我们的思考和研究并未止步于此。而是通过申报相关的科研课题，进一步挖掘教研活动的深度，以点带面拓展研究的广度。以问题为导向的科研方法有效提高了研训活动的质量，成为破解教学难题、促进教师专业成长的重要平台。

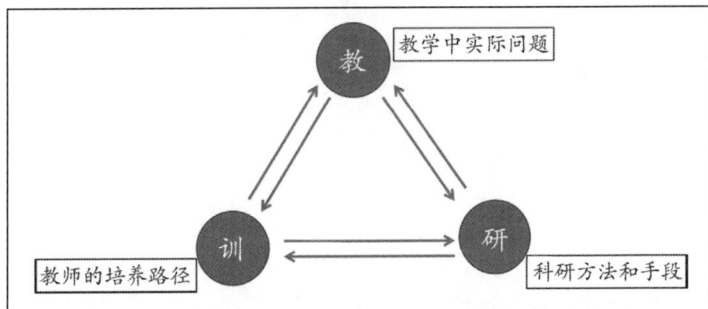

（三）"谁来研"——强调全员参与，团队共同成长

在研训活动中如何实现人人参与一直是一个难题。很多时候，往往是青年教师

有想法但缺乏自信，不敢讲；中老年教师有经验但进入职业倦怠期，不愿讲。如何破解这个难题？这需要方法和手段。我们的办法：选一个有意义的话题，让大家有话讲；选一种有意思的方式，让大家愿意讲。

本案例中，准备阶段我们要求人人进行教材解读。如何确保大家都能认真地进行准备？我们在集体备课阶段设计了"任务反馈"环节，用抽签的方式决定上台汇报的教师，用这样的方式保持一定的压力。同样，分组讨论单元重构方案和重点课时设计之后，我们也用抽签的方式决定汇报人员，促使每位教师在讨论过程中不懈怠。人人有压力，反过来说也为每位教师提供了展示的机会。在模拟上课和课堂实践环节，我们把任务指向青年教师，体现了分层培养的想法。我们并不指定人选，而是竞争上岗。每一位青年教师都要积极准备，这在一定程度上使得每一位青年教师都有了锻炼的机会。

通过多年的实践与思考，我们认为"教研训一体"的研训模式是行之有效的。组内教师在课题项目和名师引领下结伴同行，在扎实而专业的研训活动中历练专业技能，深化了教研活动内涵，提升了教师专业水平。"三位一体"协同运作的效果最终体现在课堂上，为学生的素质提升创造了条件。

专题2 ## "20以内退位减法"单元教学实践

"20以内退位减法"是多位数减法运算的重要基础。人教版教材中这块内容安排在一年级下册第二单元，内容包括"20以内退位减法"计算和运用加减法解决问题。具体的课时安排如图1所示。

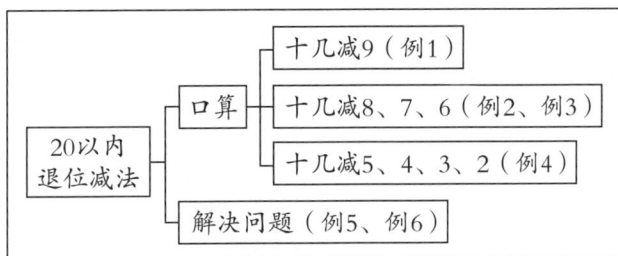

```
                        ┌─ 十几减9（例1）
              ┌─ 口算 ─┼─ 十几减8、7、6（例2、例3）
20以内        │        └─ 十几减5、4、3、2（例4）
退位减法  ────┤
              └─ 解决问题（例5、例6）
```

图1

从整个单元的教材编排意图看，着力体现了以下四个特点：一是延长了"20以内退位减法"的学习过程；二是尊重学生的个体差异，强调算法多样化；三是突出了对学生分析和解决问题能力的培养；四是渗透了函数、统计和转化思想。其中，有关"20以内退位减法"的笔算部分教材共安排了4个例题，分3课时展开教学：第1课时"十几减9"重点是理解算理，掌握"破十法"；后面2课时"十几减8、7、6"和"十几减5、4、3、2"则是方法的迁移。可以看出，教材试图通过减缓教学进度帮助学生掌握口算方法，熟练口算技能。但从教学的实际情况看，教材无论是在课时的安排上，还是具体内容的编排上，都值得商榷。

一、学生对于"20以内退位减法"有着较高的学习起点

为了准确把握"20以内退位减法"的现实学习起点，我们曾对一年级上册的学生做过前测（学生已学习了"10以内加减法"和"20以内进位加法"）。样本容量为一个教学班（40人），测试内容中涉及"退位减法"的共9道题，情况如下表所示。

学生答题情况统计									
答对题数	9题	8题	7题	6题	5题	4题	3题	2题	1题	0题
人数	16	11	5	3	2	0	1	1	1	0
所占比例	40%	28%	13%	8%	5%	0%	3%	3%	3%	0%
题目	12−7	14−8	13−9	11−9	16−7	13−8	12−5	11−3	13−6	合计
正确题数	34	30	32	38	29	35	31	38	34	301
正确率	85%	75%	80%	95%	73%	88%	78%	95%	85%	84%

上表中，答对7题及以上的学生达到80%，各题正确率均超过70%，总体正确

率达到了84%。考虑到"20以内退位减法"是一下的内容，而测试对象为一上的学生，这说明学生对这块内容确实有着比较高的认知起点。与此同时，对前测中的部分题目，我们也试图让学生用画图的方式表示计算的思考过程，情况如下。

题目示例	(1) 12-7=	(2) 14-8=	(3) 13-9=
正确人数	33	25	12
所占比例	83%	63%	30%

可以看到，学生用苹果图表征的正确率最高，用小棒图和计数器表征的正确率相对较低。这说明，尽管很多学生已经会计算退位减法（甚至已经比较熟练），但对算理的理解还存在一定的认知障碍。并且，被减数（两位数）表征方式的抽象程度越高，学生理解算理的困难越大。

二、教材提供的学习材料不利于学生感悟"破十法"的本质

人教版教材中，对退位减法算理的解释主要是用点子图（图2）。这样的学习材料对于感悟退位减法的算理，尤其是理解"破十法"是不利的。"破十法"的本质：被减数（两位数）是由两个计数单位组成的，当计数单位"一"不够时我们需要把另一个计数单位"十"还原成10个"一"后再进行计算，即所谓"破十"。在这个过程中，"还原"的思维过程是最重要的。点子图上所呈现的其实只有一个计数单位（图2中，"15-9"呈现的是15个"一"，"12-8"呈现的是12个"一"），这就直接跳过了"还原"的过程，失去了思考的价值。学生所要做的只是从中画去"9"即可，至于是从"10"里面画去"9"还是先画去"5"再画去"4"，本质上是一样的。从前测的情况也可以看到，学生主要的思维障碍就在于面对"十"这个计数单位（小棒图和计数器）该怎么办。只有主动地想到把"十"转化为"一"（"破十"），学生才能真正理解退位减法的算理。

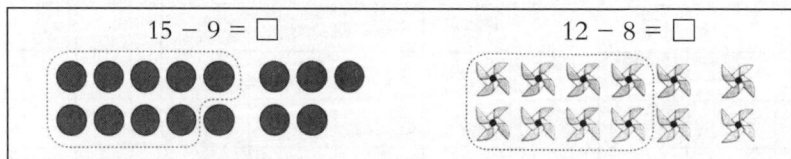

15 - 9 = □　　　　12 - 8 = □

图2

三、分课时教学容易造成"思维定式"

按照教材的课时划分，第1课时通过学习"十几减9"认识"破十法"，随后又

安排了一节练习课（练习二）。这样的编排对于巩固和熟练计算技能是有帮助的，但也存在一定的弊端。我们知道，"破十法"的主要思维过程是先"破十"，从10里面减去减数，用余下的数加上个位上的数得到计算结果。在"十几减9"的计算中，因为"10=9+1"，所以余下的数总是"1"。（图3，左）这样的训练过于强化，容易形成思维定式，而在后续教学中要打破这样的思维定式会非常困难。这样的情况在一上教学"20以内进位加法"时已经出现过，通过"9加几"的教学认识"凑十法"，过于强调"拆数"时拆成"1和几"，同样造成了思维定式。（图3，右）

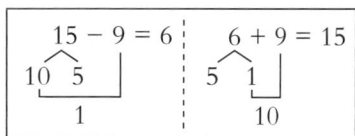

$$15 - 9 = 6 \qquad 6 + 9 = 15$$

图3

基于以上分析，我们认为有必要对教材结构进行优化。

单元重构着重体现两点想法：一是整合课时内容，把前四个例题整合为1课时，让学生在更大的背景中认识"破十法"；二是提供更有挑战性的学习材料，着力放大"破十"的过程，让学生主动地思维介入，从而更深刻地感悟退位减法的算理。随后，可以跟进一些开放性的练习课，进一步巩固计算技能，"解决问题"教学安排在练习课之后。具体安排如下表所示。

课时序号	课题	内容与目标
1	破十法	整合前四个例题，在更大的背景中认识"破十法"
2	"□-□"开放性练习	通过开放性练习，进一步巩固计算技能（根据学生的计算熟练程度可安排1~2课时）
3	解决问题（一）	在"相并关系"中求部分数
4	解决问题（二）	在"相差关系"中求相差数
5	反馈与评价	单元评价（包括与进位加法的对比）
6	教学跟进	补救或拓展

案例1 破十法

一、复习与回顾

回顾数的组成和20以内不退位减法。

二、通过多元表征理解算理

（一）出示任务

出示：在人民币图、小棒图和计数器图上写一写、画一画，独立计算"15-9"。

（二）分层反馈

1.反馈人民币图。

生1："15-9"，1元的硬币不够用。我可以把10元的换成10个1元的硬币，用去9元，还剩下6元。（图4，左）

生2：我觉得不用换，可以直接付10元，会找回1元，1+5=6（元）。（图4，右）

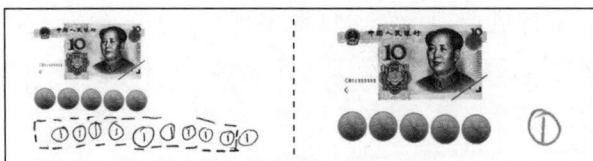

图4

【意图说明】选用人民币做学习材料，主要是基于学生有购物付钱的生活经验。要注意的是，材料中15元是由一张10元和5个1元硬币组成的，渗透了计数单位的思想。虽然教材中"认识人民币"是第五单元的教学内容，但学生对人民币已有的生活经验足以支撑材料的理解和运用。

2.反馈小棒图。（呈现学生作品，图5）

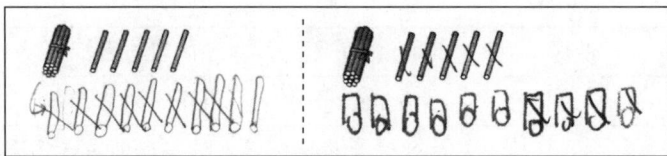

图5

师：谁看懂了这两幅图的意思？

生：这两幅图都是把一捆小棒拆开，变成10根。

师：为什么要把这捆小棒拆开呢？

生1：因为散的只有5根，要减去9根不够减。

生2：捆小棒的时候，我们是把10根小棒扎成一捆的，所以只要把这一捆拆开，就够减了。

师：两幅图都是把一捆小棒拆成10根小棒，那么有什么不一样？

生：左边的是直接从拆出的10根里去掉9根；右边的是先把散的5根去掉，再从拆开的小棒里去掉4根，这样也是去掉了9根。

师：能用算式表示这两种不同的方法吗？

生1：左边的先算10-9=1，再算1+5=6。

生2：右边的先算15-5=10，再算10-4=6。

教师跟进：个位不够减，可以把一捆小棒拆开——也就是把1个"十"变成10个"一"，再进行计算。

3.反馈计数器图。（呈现学生作品，图6）

师：这两幅图的意思你能看懂吗？

生1：这里是个位上的珠子不够减，所以把十位上的珠子换成个位上的珠子，个位上就有15颗珠子了。

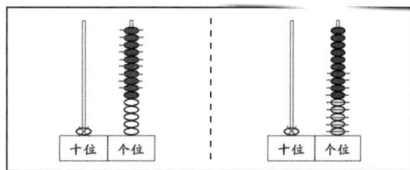

图6

生2：个位上只有5颗珠子，但是我现在要去掉9颗，珠子不够，所以只好向十位借。

师：十位上只有1颗珠子，怎么到了个位上就成了10颗了？

生：因为我们算加法的时候个位是"满十"向十位"进一"，现在还回来1颗，当然就又变成10颗了。

师：是的，算加法是"满十进一"，算减法就是"退一作十"。（板书）这两幅图都是"退一作十"，但是在计算的时候也有些不一样，谁看出来了？

结合学生回答，教师板书。（图7）

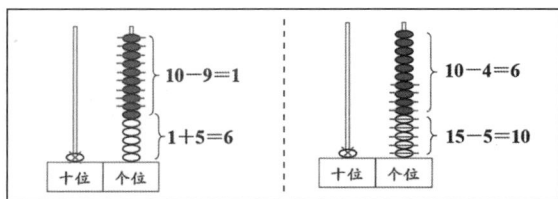

图7

（三）比较与沟通

师：观察这几种不同的画图方法，有没有什么相同点？

生：这几幅图表示的意思其实是一样的，都是个位上"5-9"不够减，要把十位上的1个"十"变成10个"一"，再进行计算。

师：是的，当个位不够减的时候，我们可以从十位"退一作十"，再进行计算。

三、通过变化减数，打破思维定式

（一）类比迁移

1.出示算式，尝试计算15-8、15-7、15-6。（有困难可以请计数器或者小棒图帮忙）

2.反馈：这几道题与刚才的"15-9"相比，有什么相同点和不同点？

生1：这几道题都是个位不够减的，要"退一作十"之后再减。

生2：刚才"15-9"的时候，10-9=1，1再加上个位上的数。这几道题10减去8、7、6，得数都不一样。但是方法是一样的，都是用剩下的数加个位上的数。

（二）分类比较

板书一列15减几的算式，口答得数，再进行分类。

生：从"15-1"到"15-5"个位上都是够减的。从"15-6"到"15-9"个位上都不够减，要"退一作十"之后再减。

教师小结：这几道题都是两位数减一位数。如果个位上够减了，就直接减；如果个位不够减，要把十位上的1个"十"变成10个"一"之后再减，我们把这样的减法叫作退位减法。（板书课题）

四、巩固和拓展练习

（一）摘苹果游戏

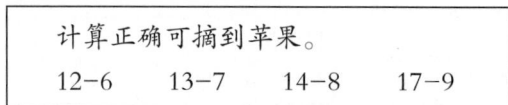

图8

（二）挑战题

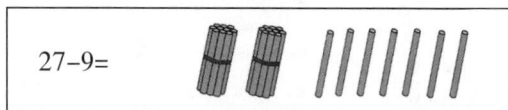

图9

师：请你看着小棒图（图9），说一说这道题怎么计算？

生：个位上"7-9"不够减，要打开一捆小棒变成10根，再减。

师：另一捆小棒要打开吗？

生：只要打开一捆就够减了，另一捆不用打开：17-9=8，8+10=18。

案例2 "□-□" 开放性练习

一、自由编写算式，尝试分类

（一）出示任务

编一道"十几减几"的减法算式，并算出得数。（呈现"□-□"）

（二）反馈

（呈现一位学生编写的算式）

①13-2=11　　②15-5=10　　③19-2=17　　④13-5=8　　⑤15-8=7

师：这是×××小朋友编写的算式，她算得对吗？请你把这些算式分分类。

生1：我觉得①④分一类，②⑤分一类，③分一类——这样分，是因为它们的被减数是一样的。

生2：我觉得可以①③分一类，②④分一类，⑤分一类——它们的减数一样。

生3：我是这样分的：①②③分一类，④⑤分一类。

师：你的理由是什么？

生3：前面的算式是不退位的，后面的算式是退位减法。

师：今天我们继续来学习退位减法。

二、巩固计算技能，寻找规律

（一）探讨"□-6"

师：如果减数是6，你能写出几个这样的算式？想一想怎样写既不重复也不遗漏。

生：10-6=4，11-6=5，12-6=6，13-6=7，14-6=8，15-6=9，16-6=10，17-6=11，18-6=12，19-6=13。

师：还有补充的吗？

生：他是按照被减数从小到大的顺序报的，所以没有重复也没有遗漏。

（二）分类

师：给这些算式分类，并说说理由。

生：10-6=4，11-6=5，12-6=6，13-6=7，14-6=8，15-6=9为一类；16-6=10，17-6=11，18-6=12，19-6=13为一类——我是按照退位减法和不退位减法分的。

师：这样看来，我们学过的20以内退位减法减数是6的算式有几个？

生：6个。

师：你有什么好办法记住这些算式？

生：用"破十法"，10-6=4，所以只要被减数的个位加4，就是得数。

师：还可以怎么记？

生：比如，记住了16-6=10，那么15-6就是被减数少1，差就是9了。

师：看来，可以利用算式的前后关系来计算。

三、有序编写算式，呈现结构

（一）有序编写算式

师：刚才我们编写了减数是6的所有减法算式，那么减数是其他的数呢？你能写出所有的算式吗？先试一试，再把其中退位减法的算式找出来。（学生动手尝试）

（二）反馈

生1：我写的是"□-3"，退位减法有3道：10-3=7，11-3=8，12-3=9。

生2：我写的是"□-5"，退位减法有5道：10-5=5，11-5=6，12-5=7，13-5=8，14-5=9。

生3：我写的是"□-8"，退位减法有8道：10-8=2，11-8=3，12-8=4，13-8=5，14-8=6，15-8=7，16-8=8，17-8=9。

……

（三）呈现退位减法表

10-9=1	10-8=2	10-7=3	10-6=4	10-5=5	10-4=6	10-3=7	10-2=8	10-1=9
11-9=2	11-8=3	11-7=4	11-6=5	11-5=6	11-4=7	11-3=8	11-2=9	
12-9=3	12-8=4	12-7=5	12-6=6	12-5=7	12-4=8	12-3=9		
13-9=4	13-8=5	13-7=6	13-6=7	13-5=8	13-4=9			
14-9=5	14-8=6	14-7=7	14-6=8	14-5=9				
15-9=6	15-8=7	15-7=8	15-6=9					
16-9=7	16-8=8	16-7=9						
17-9=8	17-8=9							
18-9=9								

图11

师：观察上面的表格（图11），你发现了什么？

生1：我发现减数越大，退位减法的算式就越多；减数越小，算式就越少。

生2：是的，减数是9的时候有9道，减数是1的时候只有1道。

师：为什么会这样呢？

生1：因为减数越大，个位就越不够减；个位不够减，就要退位了。

生2：比如减数是9，只有19-9个位上够减不用退位，其他都要退位，所以有9道；但如果减数是1，除了10-1个位不够减外，其他的都够减了。

生3：我横着看，发现被减数是10的时候，都要退位，因为个位上是0。

生4：被减数越来越大，退位减法的算式也就越来越少了。

师：被减数最大到几呢？

生：最大到18。

师：还能不能更大，为什么？

生：再大就是19，19个位上是9，不管减几都够减，不用退位。

生：我还发现一个规律，竖着看每一排最下面的算式差都是9。

师：哦，大家看看是这样吗？想一想这是为什么。

生：被减数再大的话，个位上就够减了，就不用退位了。

师：老师还在里面发现了一些特殊的算式，比如12-6=6，像这样的算式还有哪些？

生：10-5=5，14-7=7，16-8=8，18-9=9。

师：这些算式特殊在哪里？

生：它们的减数和差是一样的。

师：是的，看来这个表格里藏着好多的秘密，只要我们善于观察和思考，这些秘密就都能被我们发现。

专题3 "平行四边形和梯形"单元教学实践

一、单元内容分析

人教版教材中，"平行四边形和梯形"单元编排在四年级上册。这是学生在三年级上册"长方形和正方形"单元初步认识四边形后，进一步从边的位置关系认识四边形的特征。人教版"图形与几何"领域平面图形的知识内容编排大致如下（图1）：

| 一上 认识图形（一） | 一下 认识图形（二） | 三上 长方形和正方形 | 四上 角的度量 | 四上 平行四边形和梯形 | 四下 三角形 | 六上 圆 |

图1

其中，直线和射线是"角的度量"单元的内容。可见，在本单元学习之前学生对平面图形已经有了一定的学习经验和知识储备。本单元的内容编排具体如下（图2）：

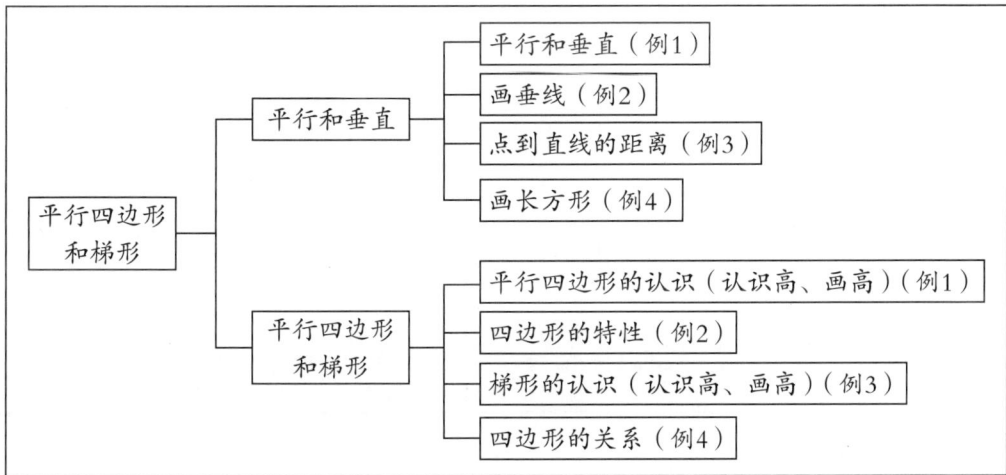

平行四边形和梯形
- 平行和垂直
  - 平行和垂直（例1）
  - 画垂线（例2）
  - 点到直线的距离（例3）
  - 画长方形（例4）
- 平行四边形和梯形
  - 平行四边形的认识（认识高、画高）（例1）
  - 四边形的特性（例2）
  - 梯形的认识（认识高、画高）（例3）
  - 四边形的关系（例4）

图2

由图2可知，本单元知识分两个板块：一是认识平行与垂直，掌握垂线的画法，落实技能；二是分课时认识平行四边形和梯形的特征，并梳理四边形之间的关系。从教材内容的具体编排看，体现了以下四个特点：一是注重操作活动，帮助学生建立几何概念；二是联系实际，从生活实例中抽象出图形；三是强调了几何作图，如画垂线、画长方形等；四是加强了知识的运用和解释，如认识平行四边形易变形的特性等内容。

二、前测与分析

那么，这样的课时编排是否切合学生的实际呢？为此，我们进行了前测。

（一）前测对象

本校四年级学生，样本容量297人。

（二）前测情况

1.你知道平行线和垂线吗？下面各组直线中，你认为是平行线的，请打上"√"，认为是垂线的，画上"○"，试一试。

图例	①	②	③	④	⑤	⑥
正确率	92%	88%	95%	44%	65%	72%

2.下面图形中，哪些是平行四边形，哪些是梯形？你认为是平行四边形的，请打上"√"，认为是梯形的，画上"○"，试一试。

序号	图形	正确率	序号	图形	正确率	序号	图形	正确率
①		95.5%	⑤		99.6%	⑨		97.4%
②		55.2%	⑥		99.4%	⑩		41.5%
③		91.6%	⑦		55.8%	⑪		96.7%
④		98.1%	⑧		54.6%	⑫		93.5%

（三）前测分析

第1题中，学生对平行和垂直有一定的认知基础，如对水平方向的位置关系的认知正确率达90%以上。但出现变式（倾斜方向）时学生就不太认同，如图⑤、图⑥的正确率比较低。此外，学生在判断直线位置关系时，很少根据直线的特征考虑延长后的情况，如图④的正确率仅44%。

第2题，学生大多能识别一般形态的平行四边形和梯形。但从数据看，还存在两个问题：一是部分学生对长方形、正方形和平行四边形的关系不了解（图②和图⑦正确率均不足60%）；二是不认识变式的梯形，如图⑧正确率为54.6%，而图⑩仅为

41.5%，这可能是受到了生活经验（"梯子"的原型）的干扰。

结合教材内容的特点和学情分析，我们认为有必要对本单元的结构进行调整。调整的主要思路：放大认知背景，强调结构关联，凸显本单元的核心概念——边的位置关系决定了四边形的形状特征。

1.补充"相交"的概念，以"两条直线的位置关系"作为本单元的起始课。明确同一平面内两条直线的位置关系有两种情况：相交与不相交。通过操作和观察，认识相交的特征；通过想象与思辨，感悟方向一致的两条直线互相平行，永不相交；通过直线的旋转变化揭示垂直的概念，并知道垂直是相交的一种特殊情况。进一步地，通过几何推理讨论三条直线的位置关系，初步感悟平行线的一些性质和判定方法。

2.平行四边形和梯形的认识整合为1课时。具体地，可以尝试两种方案：其一，从学情出发让学生在点子图中构造这两种图形，重点辨析变式的情况，通过结构性对比，深入了解平行四边形和梯形的特点，进而讨论四边形的关系；其二，从单元核心概念出发，用两组直线构造四边形，感悟边的位置关系可以决定四边形的形状特征，并在四边形的关系结构中认识平行四边形和梯形的具体特点。

3.把画垂线和画高整合为1课时。平面图形中画高和过一点画已知直线的垂线本质上是一样的。课时内容的整合有助于学生进一步理解高的内涵，熟练画高的技能。此外，画长方形可以作为一堂技能拓展课，进一步巩固画垂线的方法，理解平行线之间的距离处处相等的性质。重构的结构框架如下：

课时序号	课题	内容与目标
1	两条直线的位置关系	认识同一平面内两条直线的位置关系：平行、相交、垂直，知道垂直是相交的一种特殊情况。进一步展开推理，讨论三条直线的位置关系
2	四边形的再认识	在四边形的关系结构中认识平行四边形和梯形的特征，通过结构性对比，感悟四边形的形状特征是由边的位置关系决定的
3	垂直和高	明确垂线与高的本质关联，理解高的内涵，并在画高的过程中掌握画垂线的一般方法
4	画四边形	通过画长方形，巩固画垂线的方法，理解平行线之间的距离处处相等的性质

案例1 两条直线的位置关系

一、复习与引入

（一）回顾

师：直线有什么特点？

生1：直线没有端点。

生2：直线可以向两端无限延长。

（二）引入

1.揭示课题：这节课我们研究同一平面内，两条直线的位置关系。

2.举例描述：什么是同一平面？比如，黑板就是一个平面，黑板上的两条直线就在同一平面内。一张纸是一个平面，在这张纸上画的两条直线就在同一平面内。要注意，数学上平面是可以向四面八方无限延伸的。

3.介绍：在同一平面内，两条线的位置关系有两种情况——相交和不相交。（板书）

【意图说明】这一环节回顾了直线的特征之后，开门见山地明确了这节课的学习任务：研究同一平面上两条直线的位置关系。并且直接告知位置关系有两种情况：相交与不相交。这样的引入方式尽管比较直白，但有助于学生思维的前置性介入。即在接下来的操作活动中（在纸面上画两条直线），学生将有意识地思考两条直线的位置关系是相交还是不相交。相对而言，教材上"在纸面上任意画两条直线"的活动，学生在操作时往往是无意识的，带有一定的盲目性。

二、思辨，认识两条直线的位置关系

（一）认识相交和平行

1.布置任务：在纸上画一组相交的直线和一组不相交的直线。

2.学生自主尝试。

3.呈现学生作品（图3）。请学生将作品按"相交"和"不相交"分类放置。

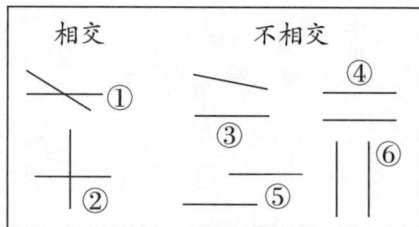

图3

4.交流反馈。

（1）上面作品的摆放位置正确吗？说明理由。

讨论中，学生对图③的两条直线是否相交存在争议。

（2）怎么判断两条直线是否相交？

生：如果相交，这两条直线会出现相交的"点"（交点）。

师：图③没有看到"交点"，为什么有同学认为也是相交？

生：直线的两端可以无限延长，延长之后就会出现"交点"。

小结：判断两条直线是否相交，主要看会不会出现"交点"。

（3）怎么画才能保证这个交点不出现？

生1：只要两边的"开口"一样，就不会出现交点。

生2：他的意思是说，两边的宽度相同，这样不论从哪边延长，交点都不会出现。

生3：我觉得只要画直线的时候，两条直线都横着画，平平的（用手比画水平方向），就不会出现交点。

生4：都竖着画，或者都斜着画也可以，只要它们的倾斜度一样就行。

师：他说的倾斜度是什么意思？

生5：倾斜度就是倾斜的角度，也就是这两条直线的方向一样，那么不管怎么延长，都不会相交。

小结：同一平面内，只要两条直线方向一致就不会相交——它们的位置关系叫互相"平行"。

【意图说明】在反馈过程中，先认识"相交"很重要。因为"相交"有一个显性标志，就是"交点"的出现。"交点"将成为学生判断两条直线位置关系的依据。因而，接下来对图③的争论就变得有理有据，因为延长之后将出现"交点"，所以这也属于"相交"的情况。但同时也带来了一个新的问题：图④、图⑤和图⑥会不会出现"交点"？毕竟，仅凭直观无法判断延长之后"交点"是否会出现。这时候，话题进行了切换。不再是判断，而是讨论：怎么画才能保证这个交点不出现？学生的思辨很精彩，最终达成共识，即只要保证两条直线方向一致，就不会出现"交点"。由此可见，就两种位置关系而言，"相交"可以借助直观，而"平行"必须借助抽象的思辨。直观是思辨的基础，所以这里反馈的"序"显得尤为重要。

（二）认识垂直

1.演示观察：旋转平行线中的一条直线，判断新的位置关系。（如图4）

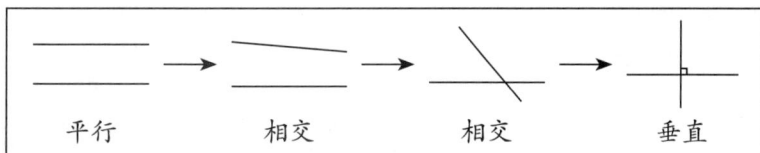

图4

2.讨论："垂直"是不是相交？

生1：垂直也是相交，因为有交点。

生2：垂直是相交中的一种特殊情况。

师：特殊在什么地方？

生3：相交出现了直角。

生4：相交的角度是90°。

3.小结：同一平面内，两条直线的位置关系有两种情况：相交和平行；相交成直角时，两条直线的位置关系叫互相"垂直"。

【意图说明】学生对"垂直"的概念是有基础的，这里的关键在于认识"垂直"与"相交"的关系。借助动态演示（直线的旋转运动），学生很好地理解了"垂直"是"相交"的一种特殊情况。值得一提的是，教材中把平行与垂直作为一组并列的概念似有不妥，会影响学生对平面上两条直线位置关系的结构性理解。

三、推理，认识三条直线的位置关系

（一）讨论一

任务：直线 $b/\!/a$，直线 $c/\!/a$，则直线 b、c 是什么位置关系？

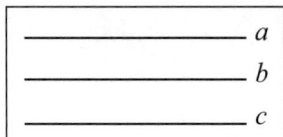

1.想一想，再用小棒摆一摆。（图5）

2.交流并小结：直线 b 和 c 方向一致，$b/\!/c$。

图5

（二）讨论二

任务：直线 $b\perp a$，直线 $c\perp a$，则直线 b、c 是什么位置关系？

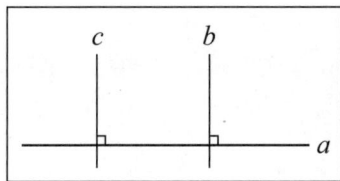

1.想一想，再用小棒摆一摆。（图6）

2.交流并小结：直线 b 和 c 方向一致，$b/\!/c$。

图6

（三）讨论三

任务：直线 b、c 与直线 a 相交成同样的角度，它们还互相平行吗？

1.想一想，再用小棒摆一摆。（图7-9）

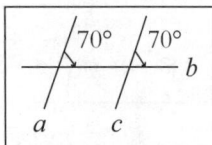

图7

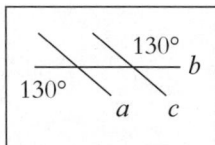

图8

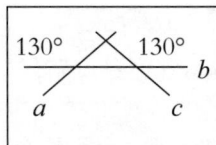

图9

2.交流并小结：判断两条直线是否平行，要看它们的方向是否一致。

【意图说明】从一条直线的特征，到两条直线的位置关系，再到这里"三条直线"的位置关系，体现了课堂推进的逻辑线索。这里的讨论，有两个目的：一是发展学生的空间想象能力，因而一再要求"先想再摆"；二是发展学生的空间推理能力。在推理的过程中，学生始终围绕直线的方向是否一致来进行判断，这有助于学生进一步巩固对"平行"概念的理解。

四、巩固，在整体中认识直线的位置关系

（一）平面图形中的直线位置关系

找一找，下面平面图形中分别有几组平行线和垂线？（图10）

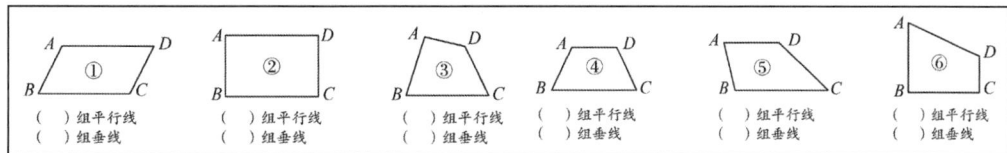

图10

（二）立体图形中的直线位置关系

提问：立体图形（长方体）上能找到平行线和垂线吗？

1.学生任意指出平行线和垂线。

2.讨论：下面两种情况（图11）是否属于"平行"或"垂直"？

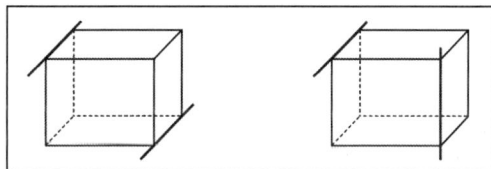

图11

【意图说明】在图形中寻找平行线和垂线，价值不仅仅是巩固，而且是一种整体认知。其中，判断平面图形边的位置关系，可以为后面认识平行四边形和梯形奠定基础；判断长方体棱的位置关系，则是为了呼应前面提到的"同一平面"。

案例2 四边形的再认识

一、复习引入

任务：在下面图形中寻找平行线。（图12）

揭示：数学上，两组对边互相平行的四边形叫作平行四边形，只有一组对边平行的四边形叫作梯形。

讨论：图形②是平行四边形吗？

小结：长方形的两组对边互相平行，是特殊的平行四边形。

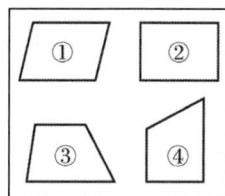

图12

【意图说明】这一环节的意义在于链接前一节课的内容。学生在三年级"长方形和正方形"单元中对四边形已经有了一定的认识，但对边的认识主要停留在边的长度上。这里需要明确，还可以从边的位置关系上认识四边形的特征。把平行四边形和梯形的特征整合为1课时，可以形成结构，把认知背景放大到整个四边形的范

围，进而沟通各类四边形之间的关系。

二、结构性对比，认识图形特征

（一）出示任务

1.布置任务：在点子图上分别画一个平行四边形和一个梯形。

2.学生自主尝试。

3.呈现学生作品。

（二）交流反馈

1.整体观察、判断：这些图形画得对吗？（图13）

讨论中，学生对图形②有争议，对其他图形意见统一，都认为是对的。

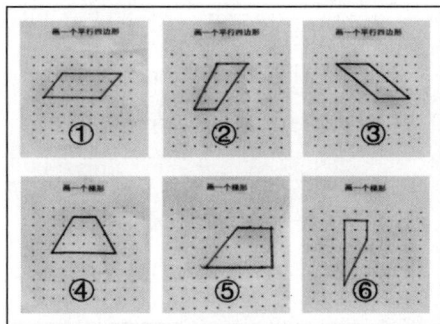

图13

2.说说你们是怎么判断的。

生1：主要看图形的对边是不是平行。如果两组对边都平行，就是平行四边形；如果只有一组对边平行，就是梯形。

生2：平行四边形也可以看边的长度，它的两组对边一样长。

小结：平行四边形两组对边分别平行且相等，梯形只有一组对边平行。

3.图形②是不是平行四边形？

生1：不是。因为它左右那组对边是不平行的，向下面延长之后会相交。

生2：这个图形上下两条边的长度不一样，说明不是平行四边形。

师：不是平行四边形，那它是梯形吗？

生3：也不是梯形，梯形应该是这样的（手势比画"八"字形）。

生4：我觉得它是梯形，因为它上下对边是平行的。

生5：我也认为它是梯形，因为只有一组对边平行的是梯形，现在这个图形上下对边是平行的，左右对边不平行，所以它是梯形。

小结：图形②只有一组对边互相平行，是一个梯形。

4.认识特殊的梯形。

师：现在这里有四个梯形，仔细观察它们的形状，说说有哪些不同的特点。

生1：我觉得图形②这个梯形形状很怪，跟我想象中的梯形不一样。

生2：我发现图形④这个梯形是个轴对称图形，可以对折起来，两边一模一样。

师：梯形中不平行的两条边叫作腰，对折后完全重合说明这两条腰的长度相等，这样的梯形叫"等腰梯形"。

生3：我发现图形⑤和图形⑥这两个梯形里面都有两个直角。

师：是的，像这样的梯形叫直角梯形。

5.揭示：认识平行四边形和梯形的各部分名称。

【意图说明】在明确概念的前提下，让学生在点子图上画平行四边形和梯形，目的在于探析学生对两种图形的认知基础。反馈中对典型错例的分析，体现了结构的力量。即通过对比相互增进对概念的理解。从课堂情况看，学生对于平行四边形的认识不存在障碍。但对梯形的认识受到了生活经验的干扰——受生活中"梯子"原型的影响，学生对一些"变式"的梯形（如图形②、图形⑥，包括一些上底大于下底的梯形）不太接受。这就需要从数学概念方面去进行解释。

三、理解各类四边形之间的关系

（一）讨论一

师：有没有既是平行四边形又是梯形的四边形？

经过讨论，学生认为不可能出现这样的图形。（呈现集合图，如图14）

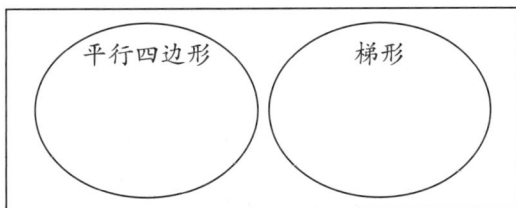

图14

（二）讨论二

师：有没有一个既不是平行四边形也不是梯形的四边形？

生：有。如果四边形的两组对边都不平行，那么它既不是平行四边形也不是梯形。

师：你觉得在这幅图中，这样的四边形在哪个位置？

生：在两个圈的外面。

（补充集合图，如图15）

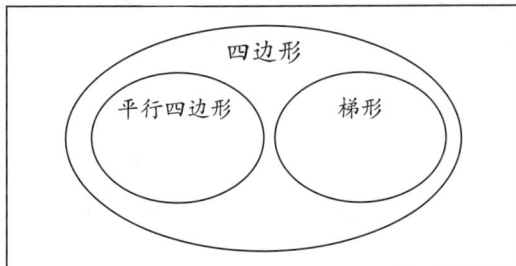

图15

（三）讨论三

师：以前我们还学过哪些四边形？这些图形应该放在哪个位置？

1.长方形和正方形。

生1：我们还认识长方形和正方形，我觉得它们应该放在平行四边形里面，因为这两种图形是特殊的平行四边形。

师：特殊在哪里？应该是怎么放？

生2：它们都有四个直角。长方形放在平行四边形里面，正方形要放在长方形里面，因为正方形是特殊的长方形。

2.等腰梯形和直角梯形。

师：平行四边形中有一些特殊的图形，那么梯形里面有没有特殊的？

生1：有。刚才的直角梯形和等腰梯形都是特殊的梯形。

师：那这两类图形也能像长方形和正方形那样放吗？

生2：不能，这两类应该分开放。因为等腰梯形不是特殊的直角梯形，直角梯形也不是特殊的等腰梯形。

（补充集合图，如图16）

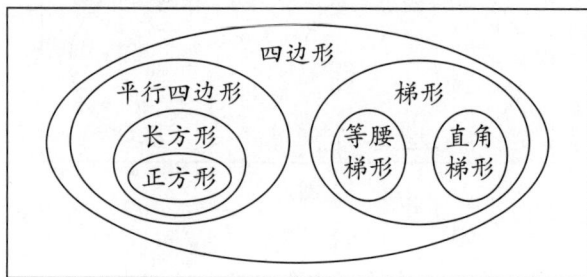

图16

3.追问：这个图圈外是什么？

学生讨论后，小结：除了四边形外的其他的形状：三角形、五边形、六边形、圆……

【意图说明】理解各类四边形的相互关系，是本节课的重点和难点。难点体现在这里既有包含关系，又有并列关系。因而，教学中展开了充分的讨论和深度的思辨，并借助构建集合图直观地呈现出来。在这个过程中，学生了解了相互关系，更重要的是从概念的内涵和外延出发，进一步理解和掌握了各类四边形的本质特征。

第三章
追问学科本质

　　所谓数学的学科本质，是指数学本身所固有的，决定数学学科性质、面貌和发展的根本属性。因而，从宏观上看，可以说数学本质就是数学观问题，即"什么是数学"。关于这个问题，《数学课程标准》有两种不同的表达：其一，数学是人们对客观世界定性把握和定量刻画、逐渐抽象概括、形成方法和理论，并进行广泛应用的过程（2001年实验稿）；其二，数学是研究数量关系和空间形式的科学（2011年修订稿）。前者是对数学研究过程的描述，后者则是对数学研究对象的描述。因此，数学本质不仅体现于数学研究的结果"是什么"，也体现于数学研究过程的"为什么"。从微观层面讲，数学本质是指具体知识内容的本源意义。通常可以理解为隐藏在具体知识背后的数学内涵和数学原理，也可以理解为内在的数学思想方法。

　　可见，对数学本质的理解和感悟既是数学教学的重要内容，也是数学教育的价值追求。从学科的角度看，只有不断地追问本质才能体现数学学科的严谨，逻辑上的无懈可击，进而彰显学科的无穷魅力。从学生的角度看，只有不断地追问本质才能满足其好奇心和求知欲，激发学习的内在动力，进而积极主动地展开思维活动。因而，教学中我们有必要对具体内容进行深入挖掘，层层追问，引导学生展开深度思辨。

专题1 深度探析"2、5、3的倍数特征"

"2、5、3的倍数特征"是人教版五年级下册第二单元"因数与倍数"的教学内容。本单元是数论知识的初步,是学生在掌握了一定的整数知识(包括整数的认识、四则运算及其应用)基础上,进一步认识整数的性质。主要学习内容包括:因数与倍数,2、5和3的倍数特征,质数与合数。教材的编排逻辑是先认识因数和倍数,从倍数的线索引出2、5、3的倍数特征,进而引出奇数和偶数;在从因数的线索引出质数与合数。具体如图1所示:

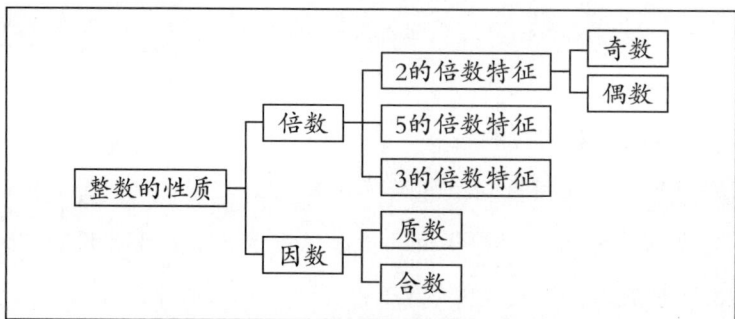

图1

本课时内容在单元教学中具有重要的意义。从数学认知角度看,它是对因数和倍数概念理解的进一步深化。同时,借助2、5、3的倍数特征更利于认识整数的性质,进而便捷地判断一个数是质数还是合数。从思维发展角度看,这块内容着力培养的是思维的抽象性。数论作为一个历时悠久的数学分支,所讨论的是纯数学问题,历来以严格、简洁、抽象而著称。本单元尽管学习的是数论的初步知识,也需要在脱离现实情境的背景下,从数学的视角展开思考和讨论。而这,恰恰是本节课的教育价值所在。教材中,这节内容分2课时展开教学。即"2和5的倍数特征"为1课时,"3的倍数特征"为1课时。而在具体的编排中,则主要是借助"百数表",通过找规律的办法发现特征。

那么,对本课时内容学生的现实学情如何?前测数据显示(样本容量90人,两个教学班),90%以上的学生能准确判断一个数是不是2、5、3的倍数。能完整写出2、5、3的倍数特征的学生分别为84.1%、75.6%和52.2%。其中,能解释2和5的倍数特征的学生占31.1%(绝大多数是从乘法口诀表中找到的规律),但没人能解释3的倍数特征。

以上数据表明，学生通过前一节课"因数和倍数"的学习，基本掌握了用整除来判断因数和倍数关系的方法。对2、5、3的倍数特征也通过一定渠道有所了解，尤其是知道2和5倍数特征的学生均超过了75%，学生对3的倍数特征了解相对较少，但也超过了50%。但学生的认知基本只停留在表面的结论上，并未触及本质。因而，学生对"你在这节课上最想知道什么"这个问题的回答，主要涉及两种情况：一部分学生想知道3的倍数特征到底是什么，更多的学生则想知道2、5、3的倍数为什么会有这样的特征。

鉴于上述分析，我们认为在大多数学生起点较高的情况下，我们有必要对本课时的目标适当进行调整，回应学生的学习需求，实现对2、5、3倍数特征的深度追问。

案例 2、5、3的倍数特征

一、教学分析

如果仅从现象上看，3的倍数特征与2和5迥异。后者都只看个位，前者看的则是各数位的数字之和。教材分课时编排的意图即在于此。而如果我们从本质上看，回到除法的意义，这几个数的倍数特征反映的都是各数位上分得的余数情况。其中，由于2和5除个位外其他数位的计数单位能被2和5整除，所以只需要关注个位的情况。同样的道理，由于各数位上的计数单位除以3的余数均为1，所以每个数位能余几个1取决于计数单位的个数，最终这个数能否被3整除，只需要把各数位上的数字相加即可判断。从这个意义上说，要追问特征的缘由，就有必要把两节课进行整合，以便在大结构中实现类化。

与此同时，在实际教学中我们还必须考虑学生的年龄特点和思维水平。一方面强调几何直观。通过演示让学生直观感受切分计数单位的过程，进而理解各数位分得的结果。另一方面设计由易到难的梯度。从学生最易理解的2和5的倍数特征入手，再通过方法的类化理解3的倍数特征的形成过程。需要指出的是，我们的目标是分层的。对倍数特征的解释并不要求人人掌握，保底的是能运用特征进行识别和判断，而3的倍数特征是重点。因而，后续的练习主要围绕3的倍数特征展开。

二、课堂实践

（一）初步尝试，了解起点

1.出示任务。（图2）

> 下面四个数中，哪些是2的倍数，哪些是3的倍数，哪些是5的倍数？
>
> 　　　　18　　　　236　　　　420　　　　2175

图2

2.反馈。

生：2的倍数有18、236、420，3的倍数有18、420、2175，5的倍数有420、2175。

师：同意吗？刚才有的同学判断得特别快，有什么好方法，谁来说一说？

生1：2的倍数，也就是个位上是0、2、4、6、8的数，是偶数。

生2：5的倍数，数的特征是个位上的数是0或5。

生3：3的倍数，数的特征是各数位上的数的和是3的倍数。

3.出示2、5、3的倍数特征，揭题。

师：同学们都是用这些特征来进行判断的吗？有没有用别的方法判断的？

生：我是用运算的方法来判断的。

师：运算？举个例子。

生：比如说18是2的倍数，18除以2，除得通的话就是2的倍数。

师：也就是说，判断一个数是不是2、5、3的倍数有两种办法：一种是前面学过的除法，商是整数而且没有余数；还有一种办法是用倍数的特征进行判断。那2、5、3的倍数为什么会有这些特征呢——这节课我们就一起来研究这个问题，先研究哪个？

生：2。

师：这样吧，我们2和5一起研究——你们说为什么要一起研究？

生：2和5的倍数特征有点像，都得看个位。

【意图说明】这里通过一组数的判断，了解学习起点。从课堂反馈的情况看，绝大多数学生都可以完成学习任务。其中部分学生用的是除法运算的方法，但更多的学生是用特征进行快速判断的。这与前测情况相符。两种方法对后续教学都有价值。前者可以和上一节课的内容形成链接，后者则可以通过设疑激发学生学习的内驱力。

（二）讨论2和5的倍数特征

1.任务：以236为例，讨论2和5的倍数特征。（图3）

师：举个例子。比如刚才这组数中的236，怎样判断它是不是2或5的倍数？

生：看个位。个位上是6，所以它是2的倍数，不是5的倍数。

师：但这是个三位数，除了个位外，还有十位和百位——这些数位上的数就不用看了吗？为什么不用看？请你想一想、写一写、算一算，再和同桌讨论一下。

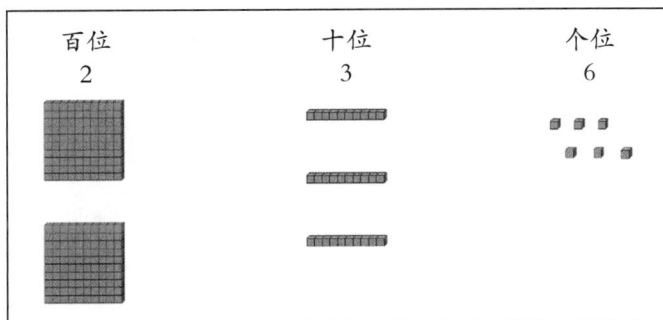

图3

2.反馈。

（1）讨论2的倍数特征。

生1：如果不看个位，前面的数都是整十数。整十数最小是10，能被2和5整除，那以此类推20、30、40……都能被2和5整除，所以不用看了。

生2：前面数往上的数除以2，要么整除，要么余1。但余1的话可以转到后一位去除。比如这里百位以上的2除得通，十位上的3余1，十位上余下的1可以转到个位上，变成10，10能被2和5整除。所以前面不管是几都不用看，只看个位就行了。

师：这两位同学结论一致，理解上有所不同。一种认为十位上不管是几都能被2和5整除，另一种认为十位上有可能余1，要转到个位去除。我们这样去想，十位上的"3"表示多少？如果平均分成2份，到底能不能分完？

生：十位上的3表示3个十，也就是30，30÷2=15，是可以分完的。

师：十位上只要看成30，就可以分完；百位上看成200，也可以分完——换成其他的数，除以2，也能分完吗？

生：我觉得百位上因为100÷2=50，能分完，所以百位上不管是几百，都应该是2的倍数；而十位呢，10÷2=5，10是可以被2整除的，那么十位上的数不管是几，都是10的倍数，也肯定是2的倍数，都能分完。

师：你的想法跟第一位同学的比较接近，我请这位同学再来说说——你刚才是怎么说的，为什么百位和十位除以2一定能分完？

生：我是说其实只要看十位就行了。因为10÷2=5，那么20、30这些数都是10的倍数，就算是100也是10的倍数，也被2整除。

师：哦，你的意思是百位和十位的数可以看成一个整体，把它看成几个十？

生：看成23个十。

师：23个十能分完吗？

生：能。

师：百位和十位上的数除以2，不管是分开来考虑还是合起来考虑，都可以分完——我们看屏幕，是这样的意思吗？

（直观演示：百位上1个百1个百地切分，十位上1个十1个十地逐个切分。如图4）

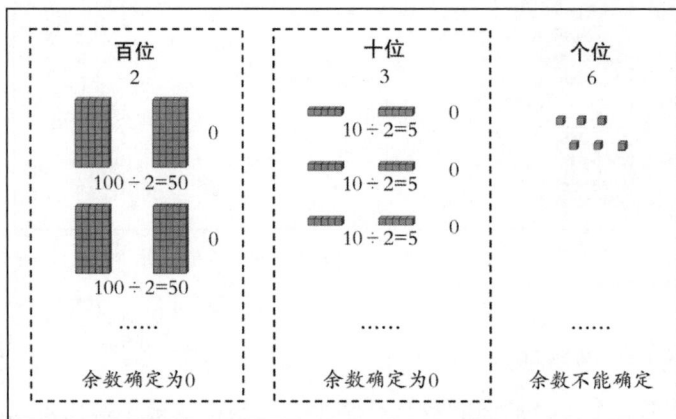

图4

师：照这样分，百位和十位除以2的余数，能确定吗？

生1：百位上因为每次100都分得完，就算分到900，以此类推都能分完，余数一定是0。

生2：十位上也一样，1个10余数是0，2个10余数是0，3个10余数是0……不管几个10，最后的余数也肯定是0。

生3：我发现百位和十位上不管是单数还是双数，除以2，余数都是0。

师：除了百位和十位外，还有哪些数位的余数也可以确定是0？

生：千位、万位……一直往上推。

师：为什么？

生：因为百位和十位能分完，往上以此类推，更高的数位都可以看成几个十、几个百，所以余数也是0。

师：那么个位呢？你觉得它的余数可以确定吗？

生：不可以。

师：说说理由。

生：因为个位上的数除以2，有时候会余1，有时候可以分完没有余数。

师：什么情况下余数是0？

生：个位上的数是偶数的时候。

师：就是个位上是0、2、4、6、8的数，这种数也叫作偶数——那么个位上是1、3、5、7、9，除以2能分得完吗？

生：不行。

师：这样的数叫作奇数。

（2）讨论5的倍数特征。

师：我们来看看5的情况，它和2的情况一样吗？

生1：如果除以5的话，百位上1个百平均分成5份，余数是0；再把另一个百平均分成5份，余数也是0……不管有几个百，总是可以除完的，余数就是0。

生2：十位也一样，不管几个十，一个一个地分，每次都能分完，不会出现余数。

生3：5的情况和2是一样的，十位、百位，还有前面的数位余数肯定是0，只要看个位就行了，因为个位的余数是不确定的。

（直观演示：百位上1个百1个百地切分，十位上1个十1个十地逐个切分。如图5）

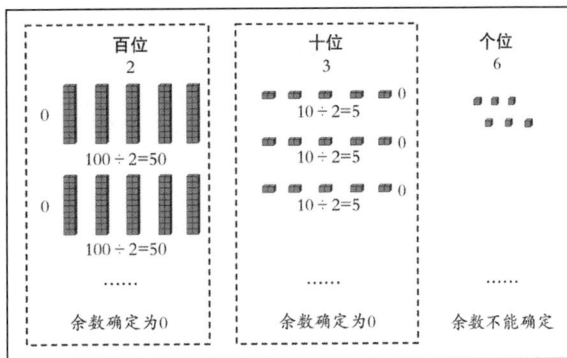

图5

【意图说明】从一个具体的数切入展开讨论，并给出直观图，这里充分考虑了学生的认知心理和思维水平，在一定程度上降低了认知难度。学生争议的焦点是236十位上的3除以2能不能分完，很多学生认为会余1，并转到下一位继续分，这是笔算除法的惯性思维。要理解倍数特征的本质，就要转变这样的思维方式，各数位分开考虑。这需要回到数的意义，把十位上的3看成30，这样十位上就不会留下余数。突破了这一点，学生就能理解十位或百位，乃至更高的数位上不管是哪个数，除以2是不会留下余数的。在此基础上，直观演示逐个切分计数单位的过程，深化理解。理解了2的倍数特征，就可以类化到5的倍数特征。同时，也为理解3的倍数特征积累了思维经验。

（三）讨论3的倍数特征

1.讨论：3的倍数能不能与2和5一样，只看个位？

生：不可以，要看各数位上数的和是不是3的倍数。

师：也就是各数位上的数都要看，这是为什么呢？

生1：因为十位、百位的数除以3，是一次性除不尽的。

生2：十位上10除以3是有余数的，所以十位上除以3的余数就没法确定。

师：有没有明白他的意思？

生1：他的意思是十位上$10÷3=3……1$，有余数，那么十位上的余数就不能确定为0；百位上也一样，$100÷3=33……1$，所以百位上的余数也不能确定为0。

生2：这样的话，百位、十位和个位每个数位的余数都不能确定，都要看。

师：看什么？

生：看各数位上是几，再把这些数加起来。

（直观演示：百位上1个百1个百地切分，十位上1个十1个十地切分。如图6）

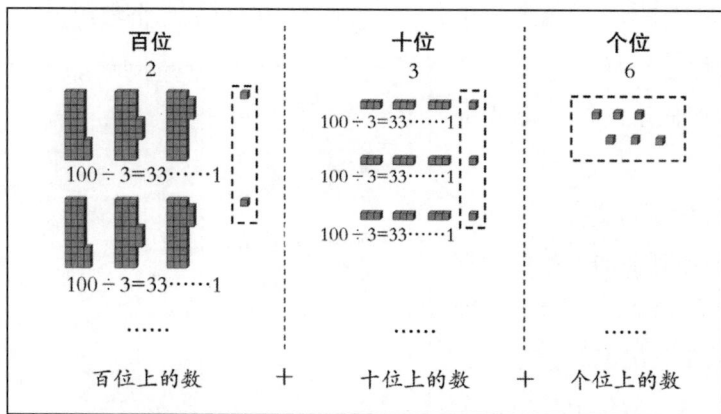

图6

2.思考：为什么3的倍数特征要把各数位上的数相加，和这里每个数位上分得的余数有没有关系？请大家想一想、算一算，再讨论一下。

3.反馈。

生：我们先纵向看，百位上有2个一百，1个百余1，那么2个百就余2；再看十位上，十位上的3个十除以3是除得通的；个位上是6，也是除得通的；最后还剩2个，所以它不是3的倍数。

师：这位同学说的纵向看是什么意思？

生：就是一个数位一个数位分开来看。

师：这是一个很好的想法。按照这个思路分析，236不是3的倍数是哪一位出了问题？

生：是百位。百位上有2个百，所以多了2个一，其他数位都能被3整除。

师：可以用一个算式表示各数位上的余数情况，2+0+0=2，但这个算式没法解释3的倍数特征啊——要解释特征，应该写成怎样的算式？

生：3的倍数特征是各数位上数的和，要写成2+3+6=11。

师：这里只能解释百位的情况，十位和个位都不匹配。如果要解释十位和个位的情况，该怎么理解？

生1：我觉得可以这样理解，就是你不要把30一下子全分完。可以1个十1个十地去分，每个10除以3都余1，3个十就余下3个一。把十位多出来的3和百位多出的2放在一起，就是2+3了。

生2：个位上也不要分完，把个位上的6也放在下面来，那么多出来的就是

2+3+6=11，就跟3的倍数特征一模一样了。

师：你是说把每个数位多出来的1全部放在一起，那这个数是不是3的倍数看哪部分？

生：看余下的部分，因为上面都已经分完了。

师：余下部分到底有几个1，怎么看出来？

生1：要看每个数位上分别多出几个1，再加起来。

生2：百位上是2，会多2个1；十位是3，会多3个1，个位上是几，就表示几个1。

师：如果百位和十位上换成其他的数呢？

生1：只要你不是一起分，而是按照计数单位一个一个地分，那么有几个计数单位就会多几个1。比如百位上是4，每个一百余1，4个百就余4个一。十位上也一样。

生2：他的意思是，这个数位上到底余下几个一，要看这个数位上是几。

师：有没有听明白？我们再举个例子，比如"2175"，各数位上分别会多出几个一？

生：千位上是"2"，因为1000除以3余1，2个千就多2个一；百位上是"1"，那么多1个一；十位上是"7"，每个十余1，7个十就多了7个一；个位上有5个一。

师："2175"是不是3的倍数只要看哪部分就行了？

生：只要看多出来的这部分就行了，2+1+7+5=15，就是15个一，它是3的倍数。

师：现在你明白3的倍数特征的道理了吗？

【意图说明】对3的倍数特征的解释是难点，教学中分两个层次。一是借助前面2和5的经验，知道3的倍数特征不能只看个位，因为每一位的余数都无法确定，每个数位都要看。学生理解这一点是没有困难的。二是用分计数单位的方法和特征形成关联，这个理解起来就有一定难度。原因是学生很难接受余数等于或大于除数的情况。这就需要引导学生从计数单位去考虑，主动关联特征。结合直观演示，学生可以理解如果一个一个地分，每次就多出1个一，最后只要看在数位上是几，就会多几个一。从把一个数看成一个整体去分，到切分为各数位去分，再切分为计数单位去分，这是思维不断深化，逐步走向本质的过程。但这样的理解与学生的常规理解差距比较大，教学中也不必强求学生人人能理解。

（四）巩固应用，深化理解

1.判断下面各数是不是3的倍数：123、457、6235、8109。

2.123是3的倍数。任意调整这三个数字的位置，得到新的三位数，这些三位数还是3的倍数吗？

生1：是的，比如调整之后变成321，但3+2+1的和还是3的倍数。

生2：不管怎么调整，几个数字加起来的和还是6，所以它还是3的倍数。

3.457不是3的倍数，现在允许你换一个数字，你能把它变成3的倍数吗？

生：把十位上的5改成7，变成477。

师：这样调整行吗？

生：行。4+7+7=18，18是3的倍数。

师：这里调整了十位上的数，调整其他数位上的数呢？

生1：可以把个位上的7改成1，变成451。

生2：451不行，4+5+1=10，10不是3的倍数；可以调整为9，"459"数字之和是18，是3的倍数。

师：十位和个位都能调整，百位行不行？

生：可以把4调整为6，变成657，6+5+7=18，是可以的。

4.还是457，允许换一个数字，变成既是2的倍数又是3的倍数，可以吗？

生1：把个位上的这个7改成6，456就可以。

生2：把7改成0，变成450也行。

师：我发现同学们调整的都是个位上的"7"，调整其他数位上的数行吗？

生：不行。因为2的倍数要看个位，个位上是"7"，不是2的倍数，所以一定要调整。

5.还是457，现在要换一个数字，把它变成既是5的倍数又是3的倍数，可以吗？

生：把个位的7改成0，450既是5的倍数又是3的倍数。

师：还有其他的调整方法吗？

生：没了，只有这一种方法。

师：那如果要改成既是3的倍数，又是2和5的倍数，怎么改？

生：只能改成450。

6.现在把刚才四个数排成一行，变成一个14位数（呈现"12345762358109"），这个数是2的倍数吗？是5的倍数吗？是3的倍数吗？

生1：个位上是"9"，所以不是2的倍数，也不是5的倍数。

生2：把这些数字全加起来，和是56，它也不是3的倍数。

【意图说明】3的倍数特征的运用是重点，这里的练习设计主要围绕3的倍数特征。通过形式的变化，不断提升思维的挑战性。让学生在不同的问题情境中运用特征，巩固知识，进而激发学习积极性。

三、教学反思

（一）对学生起点的预估基本准确

从第一个环节的实施情况看，学生都能在短时间内准确找到2、5、3的倍数。在反馈中可以看到，大多数学生是用倍数的特征进行判断的。这说明这堂课的主要目标（掌握2、3和5的倍数特征，能准确判断2、5、3的倍数）在一定程度上已经达成了。而学生的学习需求则体现在了解特征背后的缘由，课堂上很好地利用了孩子的好奇心和求知欲，驱动他们进入学习状态。

（二）课时内容整合有助于感悟本质

感悟2、5、3倍数特征的本质，关键在于怎么分。整除的意义是平均分之后，分得的结果是整数而没有余数。学生习惯于把一个数看成整体进行平均分（除法运算的思维），而要感悟本质，则需要各数位独立进行平均分，关注每一位留下的余数。进一步地，在各数位上，每个计数单位也要独立进行平均分，这样特征才会显现。如平均分成2份或5份，除个位外每个计数单位都能整除，就可以确定其他数位的余数必定为0，而判断是不是2和5的倍数，只需要关注个位。同样的原理也适合于解释3的倍数特征，只不过这些计数单位除以3会出现余数1，每个数位最后多出几个1取决于这个数位上是几。这样，三个数的特征本质就体现了一致性。从这个意义上理解，2课时内容进行整合是有必要的，打通相互之间的联系才能更好地感悟本质，从而实现深度学习的价值追求。

（三）几何直观有助于感悟数学本质

课堂上切分计数单位的过程是进行了直观演示的（计数单位一个一个地分，2和5都能分完，而3每次多出1个一），这对于转变学生的思维习惯很有帮助。这个单元的内容本身比较抽象，而这堂课的目标又定位在感悟2、5、3倍数特征的数学本质，抽象度更高。因而必须给予直观支撑。从课堂实际效果看，几何直观使得更多的孩子理解了平均分的过程，对各数位上出现的余数有了直观认识，进而对倍数的特征（尤其是对2和5倍数特征的本质）有了比较深入的感悟。

（四）变式练习有助于激发学生的学习兴趣

课堂最后的练习环节主要是倍数特征的运用，重点是3的倍数特征。这里进行了分层处理，在基础性判断之后对其中的某些数进行变换，使它满足不同的倍数特征。如调整数位的顺序，调换其中的数字。在思考的过程中，学生需要考虑不同的数有不同的倍数特征，这既是知识的巩固，也可以训练思维的开阔性和严密性。这组练习最后试图把四个数拼成一个14位数，请学生进行判断，进而介绍"弃九法"，但由于时间关系未能呈现，可以在下节课进行讨论。

专题2 **角的概念建构过程**

　　角是很难描述、很难理解的数学概念。人教版教材（2012版）关于"角"是分两个阶段展开教学的：一是二年级上册第三单元"角的初步认识"；二是四年级上册第三单元"角的度量"。在第二阶段学习中，教材给角下了描述性的定义：从一点引出两条射线所组成的图形叫作角。但这样的定义还是比较模糊：角具体是指图形中的哪部分？并且这样的定义要求角的两条边无限长，与现实世界不符。比如，三角形是由三条线段围成的，角在哪里？因此，这样的定义并不能揭示角的本质。那么，角的数学本质到底是什么？教学中我们该如何引导学生理解和感悟角的数学本质？

　　事实上，就数学而言，概念本身并不是最重要的，重要的是概念之间的关系和性质。因此，小学阶段我们也没有必要过于纠结如何给角下一个确切的定义，而要把重点放在帮助学生理解数学意义上的角具体指的是图形中的哪个部分。

　　在二年级"角的初步认识"教学中，学生常见的错误有两种：一是认为角就是尖尖的部分；二是比较角的大小，认为两条边画得越长，角越大。显然，前者认为角指的是顶点部分，后者认为角指的是它的边。之所以有这样的认知误区，原因在于学生对角的认识还停留在静态层面。只有从静态走向动态，通过感悟角的大小变化，逐步认识数学意义上的角指的是两条边所夹的部分（或者说是张开的部分，如图1），进而感悟角的本质。

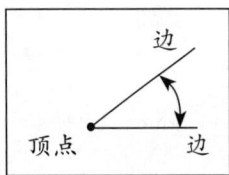

图1

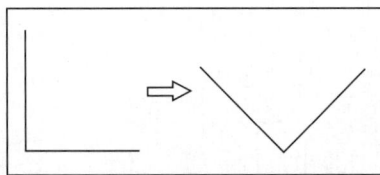

图2

　　认识直角也是同样的道理。直角是特殊的角。很多学生都知道直角，但他们对直角的认识停留在字面意义上或者是形态意义上。即认为只有横平竖直的、方方正正的才是直角。把它旋转一下，他们就认为不再是直角，称之为"斜角"（图2）。因而，要真正认识直角，就必须落实到角的大小。直角的"特殊"，在于角的大小，只要是这样大的角，都是直角。以直角为标准，就可以对一定范围内（第一学段主要是180°内）不同大小的角进行定性描述：小于直角的叫作锐角，大于直角的叫钝角。到了第二学段，则可以进一步对角的大小进行定量刻画。

鉴于以上分析，我们不难看出，在认识角的过程中，角的大小才是本质。如此，我们就可以对"角的初步认识"单元的教学框架进行重构。以角的大小变化为主线，把认识角、认识直角、认识锐角和钝角3课时内容整合起来，在更大的背景和更完整的结构中统整具体的知识概念。随后，可以用"三角板"作为载体，把画角、画直角、拼角等操作性技能的训练整合为一堂活动课，进一步巩固角的认识，发展空间观念。（见图3）

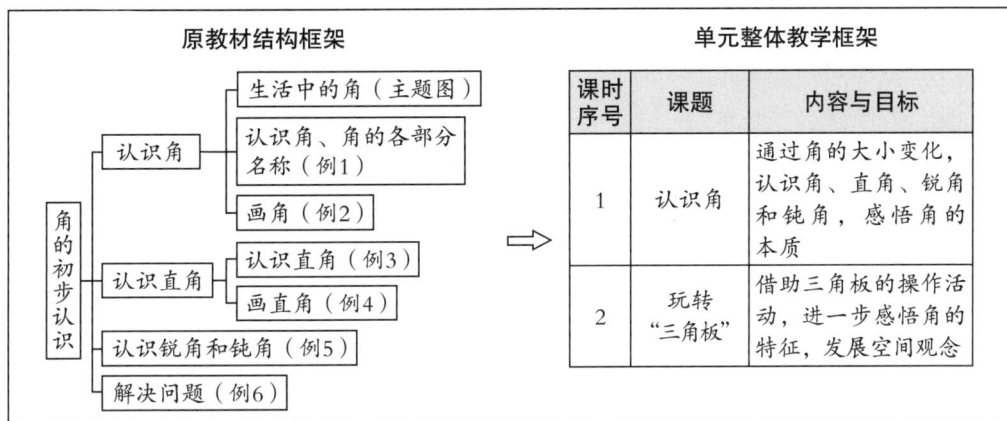

图3

案例 角的初步认识

一、在平面图形中认识角和直角

（一）指认图形

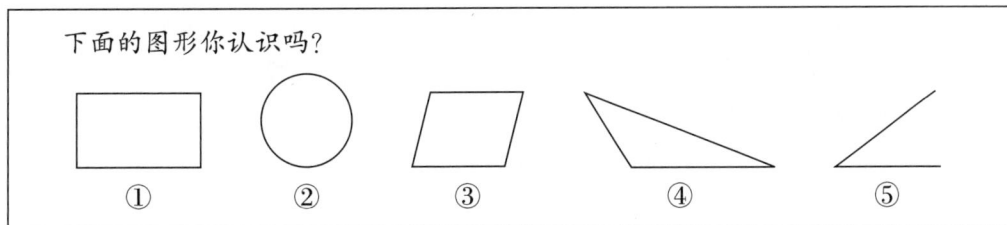

图4

（如图4，结合学生回答，分别呈现图形名称：长方形、圆、平行四边形、三角形、角）

（二）认识角

1.揭题：⑤号图形是一个角，这节课我们一起来认识角。

2.找一找：前面四个图形中，你能找到角吗？

生1：②号图形是一个圆，圆没有角。

生2：除了②号外，其他图形都有角，三角形有3个角，长方形和平行四边形都有4个角。

师：这些图形中的角在哪里，谁来指一指？

（学生指向长方形的顶点）

师：（隐去长方形，留下长方形的顶点，如图5）这是角吗？

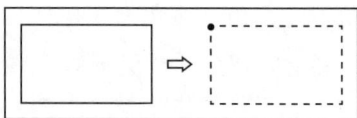

图5

生：这不是角，这是一个点。

师：那哪部分才是角？

生：除了这个点外，还要画两条线，合起来才是角。

（课件演示图形的分割过程，得到各种各样的角，如图6）

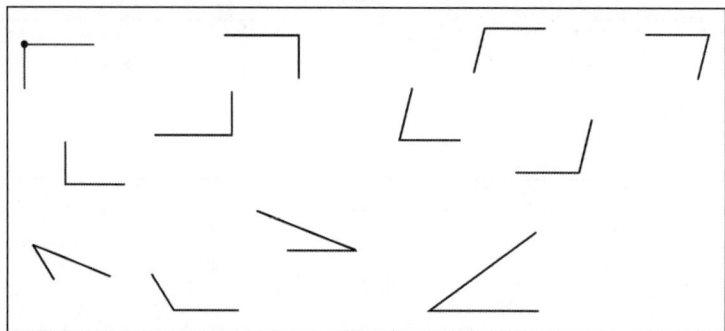

图6

3.想一想：这些图形的形状都不太一样，为什么都可以叫作角？

生1：它们都有两条直直的边。

生2：这两条直的边都连牢了，头是尖尖的。

生3：它们都有一个点，这个点把两条边连在一起。

4.揭示：这个点叫作角的顶点，这两条直直的线叫作角的边。

（三）认识直角

师：这些角里面，有一些叫作"直角"。猜一猜，哪些是直角？

生：我觉得第一个就是直角，因为它看起来平平的、直直的。

师：是的，像这样的角就叫"直角"，直角可以用专门的符号来表示。还有哪些也是直角？

生1：旁边的两个也是直角。

生2：刚才长方形分出来的4个角都是直角。

（四）认识三角板上的角

师：老师这里有一块三角板，请你看一看，有什么发现？

生：我发现三角板上有三个角，其中有一个是直角。

师：哦，是吗？哪一个是直角，你来指一指。

（学生指认三角板上的直角）

【意图说明】教材上角的认识是通过实物图片的抽象，即剥离实物图片的其他属性，保留数学属性（点和线）。但这个过程学生在一年级下册认识平面图形时已有过经历和体验。在抽象得到平面图形的同时，也得到了角。根据学生的现实起点，并基于整体认知的考量，这里直接从平面图形中认识角和直角。教学中，不少学生会把角理解为"尖尖的部分"，这是受到了生活经验的干扰。因而，教师有意识地进行了动态演示（隐去图形，留下顶点），帮助学生走出认知上的误区。进一步地，对分割出来的角进行比较，提炼共性是很重要的抽象过程，指向于特征的认识。认识直角的过程比较快，直接告知名称，进而让学生从字面意义上去进行判断。这里只出现学生能接受的直角（水平状态的），避免出现变式。因为在学生没有感悟角的本质（角的大小）前，学生无法展开有效的思辨。认识三角板上的直角主要是为了在后续教学中可以用它来做判断直角的工具。

二、在动态演示中感悟角的大小

（一）呈现活动角

师：找一找这个角的顶点在哪里，两条边在哪里。现在老师给大家表演一个魔术，我会让这个角变变变——请大家仔细观察它发生了什么变化。

1.动态演示1。（如图7）

生1：这个角变大了。

生2：它变成了一个直角。

师：为什么说这个角变大了？

生1：因为这个角的嘴巴张开了。

生2：这个角的两条边分得越来越开了。

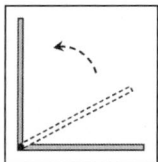
图7

师：是的，角的两条边分得越开，这个角就越大——那现在这个角是不是直角呢？我们可以跟刚才三角板上的直角比一比（演示），一样大吗？

生：一样大。

师：跟三角板上的直角一样大，它也是一个直角。好，大家注意，老师继续变。

2.动态演示2。（图8）

生：这个角变得更大了，现在比直角还大。

师：好的，再看。

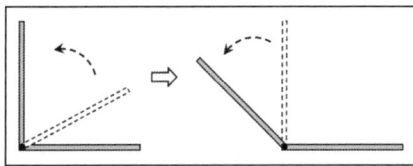
图8

3.动态演示3。（图9）

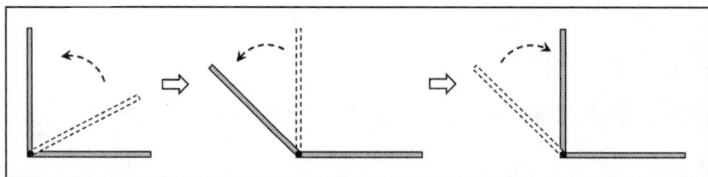

图9

生1：现在角变小了，因为两条边靠拢了。

生2：我也觉得它变小了，因为两条边的开口越来越小了。

生3：它现在又变成了一个直角。

演示：和三角板上的直角比对，确定现在是一个直角。

4.动态演示4。（图10）

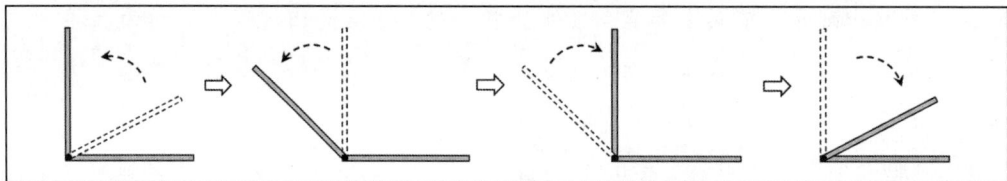

图10

生：角变得更小了，比直角还小。

（二）动手操作

师：请大家拿出活动角，试一试怎样把角变大，怎样把角变小。

【意图说明】本环节是这堂课的核心环节，即旋转活动角的其中一条边，动态演示角的大小变化过程，从而感悟角的本质特征。教学中，学生意识到了这是角的大小在发生变化，而两条边张开的大小是演示过程中唯一的变量（两条边的长度是固定不变的）。由此学生建立起关于角的大小的概念，即角的大小指的就是两条边张开的大小。这里教师有意识地在直角的时候停顿一下，并和三角板上的直角进行比对，这既是一种意识的渗透（便于后面学生对角进行分类时把直角看成分类的标准），也是一种方法的渗透（如何判断一个角是不是直角）。

三、通过分类进一步认识角的特征

（一）做一做角

1.操作活动：用吸管做几个大小不同的角，试一试。

2.反馈。（呈现学生的作品，图11）

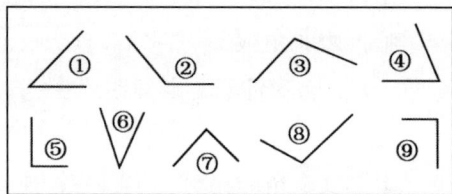

图11

（二）分一分类

1.分类：请把上面的角分一分类。你准备怎么分？想一想为什么这样分。

2.反馈。

生：我把⑤⑨分成一类，再把①④⑥分成一类，把②③⑦⑧分成一类。

师：同意这位小朋友的分法吗？

生：我不同意，我觉得⑦号应该和⑤号、⑨号分为一类。

师：对⑦号有不同意见，那我们先拿出来。对其他的还有不同意见吗？那请同学们来说一说这样分类的理由。

生1：⑤号和⑨号都是直角，直角可以分成一类；①号、④号和⑥号都比直角小，分为一类；②号、③号和⑧号都比直角大，所以分成一类。

生2：我还知道①④和⑥都是锐角，②③和⑧都是钝角。

师：你真聪明！是的，像①④⑥这样比直角小的角叫锐角，②③⑧这样比直角大的角叫钝角。那刚才同学们对⑦号角有争议，它到底是直角还是钝角呢？

生：可以用三角板上的直角去比一比。

（教师演示）

师：通过比较，发现⑦号是一个直角。

生：老师，我还有一个办法，其实只要把⑦号转一下就是直角了。

师：哦，转一下就是直角了。那不转是不是直角呢？

生：不转也是直角，因为它跟直角一样大。我的意思是转一下看起来方便一些。

师：是的，判断一个角是不是直角，主要看它的大小，而不是看它怎么放。

（三）比一比大小

师：请你把这三类角按大小排排队，你会吗？

生：钝角>直角>锐角。

【意图说明】分类是认识图形性质和特征的有效手段。在分类的过程中，学生自然而然地构建了以直角为标准，并从角的大小这个维度进行分类的方法。这对于进一步认识角的本质是十分必要的。分类之后，对这两类角命名——钝角和锐角两个概念的揭示水到渠成。（从课堂反馈情况看，不少学生已经知道了这两个概念，现实起点很高）这时候进一步讨论变式（斜着放）的直角就有了认知的基础，即以角的大小为标准。只要大小与直角一样，不管这个角怎么放置，它都是一个直角。这样，学生认识的已不再是字面意义上的直角，而是数学意义上的直角了。

专题3 "可能性"的价值追问和教学重构

　　"可能性"自新课程改革引入小学数学以来，一直是小学数学教学中的难点。一方面，"可能性"关注的是现实世界中的随机事件，随机思维与确定性思维迥然有异；另一方面，尽管随机现象在生活中处处可见，但对它进行描述和刻画却需要深刻而复杂的数学背景。思维方式上的差异以及部分教师本体性知识的缺失使得"可能性"教学在课堂实施中问题多多。为此，《数学课程标准（2011版）》对课程目标和课程内容进行了调整。如何重新认识小学阶段"可能性"教学的意义和价值？进一步地，在具体的教学活动中又该如何加以体现？有必要做一些尝试与探讨。

一、目标解读

　　为了更清晰地把握小学阶段概率教学的具体要求，不妨对修订前后两个版本的《数学课程标准》做如下比较：

	实验稿（2001版）	修订稿（2011版）
第一学段	1.初步体验有些事件的发生是确定的，有些则是不确定的 2.能列出简单试验所有可能发生的结果 3.知道事件发生的可能性是有大小的 4.对一些简单事件发生的可能性做出描述，并与同伴交换想法	/
第二学段	1.体验事件发生的等可能性以及游戏规则的公平性，会求一些简单事件发生的可能性 2.能设计一个方案，符合指定的要求 3.对简单事件发生的可能性做出预测，并阐述自己的理由	1.在具体情境中，通过实例感受简单的随机现象，能列出简单的随机现象中所有可能发生的结果 2.通过试验、游戏等活动感受随机现象结果发生的可能性是有大小的，能对一些简单随机现象发生的可能性大小做出定性描述，并能进行交流

　　由上表可知，《数学课程标准》修订之后"可能性"教学不仅在课程内容的学段划分上进行了调整（如第一学段不再编排相关内容），更重要的是在价值取向上进行了重新定位，进而引发具体教学要求上的变化。对此，我们需要深入展开剖析。

实验稿的相关叙述是，"体验事件发生的等可能性以及游戏规则的公平性，会求一些简单事件发生的可能性"。在这里，无论是等可能性，游戏规则的公平性，抑或是可能性大小的计算，都是基于"定义概率"的方法。所谓"定义概率"，是指如果事件发生的结果是有限的（设结果有n个），而每一种结果发生的可能性是相等的，那么每种结果发生的概率为$\frac{1}{n}$。这样定义的概率叫古典概率。"定义概率"本质上是在假设的基础上借助数学模型刻画和度量可能性的大小，度量出来的结果可用分数（或百分数）精确表示。

这样的要求在《数学课程标准》修订稿中则改为，"通过试验、游戏等活动感受随机现象结果发生的可能性是有大小的，能对一些简单随机现象发生的可能性大小做出定性描述"。如何通过"试验、游戏等活动"感受可能性的大小？尽管随机事件的发生不可预知，但存有一定的规律性。以大量的重复试验，收集到足够的数据信息后，可以借助数据分析得到概率。显然，这不是用公理化的方法"定义概率"，而是用统计的方法"估计概率"。

由此可见，《数学课程标准》修订后小学阶段"可能性"教学最大的改变在于淡化了概率的数学推理和数值计算，强调了它的统计意义。就数学思维而言，指向的是归纳而非演绎。统计的核心是数据分析。因而，小学阶段"可能性"教学的价值就在于，通过感受随机现象培养学生的数据分析观念。这与"统计与概率"的总体课程目标是完全一致的。

二、教材解读

"数据分析观念"的内涵主要包括：一是认识数据的价值（数据中蕴含着信息）；二是体验数据的特点（对于同样的事情每次收集到的数据可能不同，但只要有足够的数据就可能从中发现规律，即随机性和规律性）；三是了解数据分析的方法（多样性和适用性）。数据分析观念的发展有赖于在相应的数学活动中获得体验和感悟。

摸球游戏是"可能性"教学中较为常见且非常有效的活动形式，现行各版本教材的编排中大多有类似的活动设计。如人教版教材（2013版）所编排的三个例题中有两个都是这一类活动（如图1、图2）。但同样是

图1

图2

"摸球"，两道例题设计的背景和意义其实大不一样。

其中，例2是一个"明盒"。"明盒"的特点是棋子的数量结构是已知的（如图中盒内的棋子是4红1蓝）。在这种情况下，学生往往可以直接判断哪种颜色的棋子多，摸到的可能性就大。对他们来说这可能是生活经验，也可能是理性思考的结果：假设每颗棋子摸到的可能性都一样，哪种颜色的棋子多，摸到的可能性相加之和就比较大。从这个意义上讲，"明盒"的背景是用"定义"的方法得到概率。这一点在教学实践中也得到了印证，学生能非常顺利地做出判断且完全确信上述结论。既然如此，为什么还要"摸球"？"摸球"的意义在于让学生知道"算出来是这样，摸出来却未必是这样"，从而打破原有的确定性思维，体验随机性。在充分体验随机性的基础上，通过多组数据的比较，可以发现大量随机数据的背后其实隐藏着规律，进而感悟数据的规律性。这就是"明盒"的教学价值所在。

例3则是一个"暗盒"。"暗盒"的特点是已知颜色结构（两种）而不知道具体的数量结构。缺少了必要的背景信息，概率就无法进行"定义"。怎么办？可以试着摸一摸。当然只摸一次依然无法做出判断，必须"再放回去"地重复操作多次才能对概率进行有效估计。其中，"再放回去"是为了确保每次操作的条件都是一样的。而多次操作生成的数据则是"估计概率"的主要依据。在这个过程中，首先，学生可以感受到的是数据的规律性，并且数据越多规律就越明显，所得到的结论也就越可信；其次，数据又是随机的，因而通过数据分析预测的结论总是不确定的。更重要的是，学生可以深切地感受到数据本身的价值：数据中所蕴含的信息可以帮助我们对一个未知事件做出更好的预测。

对比两种不同的活动设计，我们不反对用"明盒"展开相关教学，但个人认为用"暗盒"进行操作似乎更切合《教学课程标准》修订版对小学阶段概率教学的价值定位，也利于学生在活动中获得更为丰富且适切的体验，从而有效促进数据分析观念的形成。那么，这样的认识与思考如何在课堂内转化为具体的教学行为呢？让我们结合教学案例看一看。

案例 "可能性"教学系列

一、教学分析

（一）利用"暗盒"实施大任务驱动

可设置"暗盒"及相关任务：盒内有红、黄两种颜色的棋子共若干个，你用什么办法弄清两种颜色的棋子各有多少个？

教学中，学生首先面临的问题是如果不能打开盒子（当然也不能全部倒出来看），可以用什么办法进行判断和猜测。这使得摸球游戏的任务指向更为明确：体验统计及其所得的数据可以帮助我们解决问题。同时，"暗盒"的神秘性可以有效调动学生参与活动的积极情感，使他们更早地进入思考状态，并在整个操作活动过程中保持思维的介入。为了便于猜测球的数量结构，我们可以限定球的总数（如5个）。这样，一方面提高了活动的挑战性和趣味性，另一方面则大大增加了猜测结果的不确定性，这对于学生体验与感悟统计及其所得数据的价值与随机性是很有帮助的。

（二）提供不同结构比例的活动材料

"暗盒"的特点是用实验所得数据进行分析，进而推测盒内球的数量结构。因而，教学中可以提供几组不同类型的材料开展活动。所谓不同类型的材料指的是盒子内两色球的数量结构不同，如球的总数为5个，可以选择4∶1、3∶2、2∶3等不同的数量结构进行操作。球的数量结构不同，操作时生成的数据也会体现出差异。进一步地，我们甚至可以让学生自己设定摸球的总次数，即摸到你认为能确定盒内数量结构时为止。这就为后面的反馈交流奠定了良好的基础。

（三）数据的整体呈现和分层反馈

值得注意的是，单组的数据意义并不大，只有多组数据同时呈现形成结构时，才能通过相互之间的比较充分体现数据的特点。数据需要整体呈现，但反馈交流则要分层。首先要关注的是学生的推断过程。可以结合课堂情况引导学生思考：不同的数据为什么推测出同样的结论？同样的数据为什么推测出不同的结论？在此基础上，可以允许学生打开盒子加以印证并再次讨论：为什么同样的数量结构摸出来的次数却不一样？为什么不同的数量结构也可能摸到同样的结果？这样的反复思辨是必要的，只有这样才可以帮助学生更深刻地体验数据的随机性。与此同时，我们可以引导学生从总体上去观察猜对的人数多还是猜错的人数多，为什么？不同的数量结构所生成的数据有没有差异？从而感悟数据的规律性。进一步地，我们还可以继续引导学生思考：数据到底有没有价值？启发学生辩证地看待数据，从而促进数据分析观念的发展。

二、课堂实践

（一）问题情境

师：（出示黑色布袋）袋子里装了5颗围棋子。你知道有几颗是黑的，几颗是白的？

生1：可能5个全是黑的，或者4黑1白、3黑2白、2黑3白、1黑4白，还有5白。

师：你列举了所有的情况。如果只猜一种，你猜什么？

生1：3个黑2个白。

生2：我觉得是4个黑1个白。

师：这两位同学的猜测你们认同吗？

生：不认同。

师：为什么不认同？

生：他们乱猜的。

师：乱猜的结果大家都不相信。如果不乱猜，有什么办法呢？

生：全部倒出来看一看。

师：这个办法倒是很好，但现在不允许全倒出来。

生：一颗一颗摸出来。

师：一颗一颗摸出来，这不跟全倒出来一样吗？也不行。

生：摸3颗出来看看。

师：摸3颗就能知道所有5颗的情况？

生：不能。我觉得可以把袋子打开看看。

师：那就跟拿出来看一样了，也不行。

生：摸一次放回去，再摸一次放回去，这样行吗？

师：这样是可以的。你准备摸几次？

生：摸5次。

师：摸5次就行了？其他同学怎么看？

生1：不行的，没那么巧正好每个棋子摸到一次。

生2：也有可能每次摸到的都是同一个。

师：你们的意思是摸5次太少，要看运气。那多摸几次呢？

生：也不行，还是要看运气。除非每次摸到的那颗做个记号再放回去。

师：做记号可不行。你是觉得不行吗？有没有不同意见？

生：我觉得可以试试，多摸几次总会都摸到。

师：那行，我们试试。

【意图说明】用"暗盒"进行任务驱动具有一定的神秘感。为了解开这个谜团，学生展开了积极思考。从数学的方法（枚举、计数等）逐步到统计的方法（有放回的摸球），体现了他们思维方式上的转变。"暗盒"模式使摸球活动有了明确的任务指向。

（二）操作活动

1.材料：每组随机领取一个装有5颗围棋子的黑色袋子，棋子的数量结构包括5

黑、3黑2白、2黑3白、1黑4白四种情况。

2.要求：（1）闭着眼睛摸，不能偷看；（2）用打"√"的方法把每次摸到的棋子颜色记录在表格里；（3）记录之后把棋子重新放回袋子，摇一摇再摸；（4）10次10次地摸（最多30次），摸到可以得出结论为止。

次序	第1次	第2次	第3次	第4次	第5次	第6次	第7次	第8次	第9次	第10次
黑色										
白色										

□号袋子共摸□次，其中黑□次，白□次；我们认为袋子里有黑□颗，白□颗。

3.动手操作。

4.整体反馈。

袋子编号	摸球情况		预测结果	袋子编号	摸球情况		预测结果
①	共20次	黑20次	黑5颗	⑦	共20次	黑13次	黑3颗
		白0次	白0颗			白7次	白2颗
②	共30次	黑18次	黑3颗	⑧	共30次	黑21次	黑3颗
		白12次	白2颗			白9次	白2颗
③	共30次	黑8次	黑2颗	⑨	共30次	黑13次	黑2颗
		白22次	白3颗			白17次	白3颗
④	共20次	黑4次	黑1颗	⑩	共30次	黑7次	黑1颗
		白16次	白4颗			白23次	白4颗
⑤	共30次	黑18次	黑3颗	⑪	共20次	黑12次	黑3颗
		白12次	白2颗			白8次	白2颗
⑥	共30次	黑15次	黑2颗	⑫	共30次	黑9次	黑1颗
		白15次	白3颗			白21次	白4颗

【意图说明】摸球活动的目的是得到真实有效的数据。因而这里提供了四种不同类型的活动材料，对操作要求进行了规范，并且允许操作的次数存在差异。这些具体的举措可以为后面的数据分析打下坚实的基础。

（三）数据分析

1."有数据"比"没数据"好。

师：每个组都写出了袋子里的棋子情况，这次的结论还是乱猜的吗？

生：不是。

师：那你们是怎么得到结果的？

生1：一步步摸索出来的。

生2：摸索之后有了一定的数据，可以让我们的猜测更准确一点，所以不是乱猜。

师：他说的数据是什么？

生：就是摸到两种颜色棋子的次数。

师：你们是说这些结论是通过摸到的次数推测出来的？能不能举例说一说？

生1：（②号袋子）我们黑的摸到18次，白的12次。黑子比白子多，但是相差不大，我们推测是3个黑棋，2个白棋。

生2：（④号袋子）我们摸了20次，黑的只有4次，白的有16次，相差比较大。我们觉得可能黑子比较少，所以猜是1个黑棋和4个白棋。

师：你们的方法其实一样，摸到的次数多就推测这种棋子多，再看次数相差得大不大，推测到底有几个。是这样吗？

生：是的。

师：但是，我发现这里③号袋子你们摸到的是8黑22白，⑥号袋子是15黑15白，你们却都写了2黑3白。这是怎么回事？

生1：（③号袋子）我们看白的多就猜了2黑3白，1黑4白也是有可能的。

生2：（⑥号袋子）我们摸的次数一样，但不可能都是两个半。我们猜要么是2黑3白，要么3黑2白，反正比较接近。然后选了其中的一个。

师：假如你们猜的都是对的，同样是2黑3白，摸到的次数有可能出现不同的情况吗？

生：有可能的，因为每次摸到什么是不一定的。

师：既然不一定，那你们怎么都认为这不是乱猜？

生：虽然不一定，但我觉得还是有关系的。比如黑子多，我想摸到的次数也会多一些；反过来黑子少，摸到的次数就会少一些。

师：他的意思是根据数据来推测总比前面乱猜的结论要更可靠一些，大家同意吗？

生：同意。

2."数据多"比"数据少"好。

师：在这里，我们还发现每个组摸的总次数有些不一样，有的20次，有的30次。摸30次的小组多一些，说说想法。

生1：摸的次数越多，黑棋白棋的数量越明确。

生2：数据越多，猜测的准确性越高。

生3：猜测的准确性跟次数的多少是成正比的。

生4：30次更确定一些。

师：你们的意思是数据越多的话，结论就越准确？那摸20次的结论就一定不准确吗？

生1：那不一定，要看运气。

生2：比如1号袋子，我们摸了20次，全是黑的，我们认为里面应该没有白色的。

师：那你们摸到10次为什么不停下来，要摸20次才下结论？

生：摸10次的时候我们还没有把握，万一有一颗白的总是没摸到呢？摸20次的时候感觉运气不会这么差，就停止了。

师：其实你们的意思和大家是一样的，摸20次的把握比10次大。那大家觉得摸20次都是黑的，能完全确定里面肯定全是黑的吗？

生：我觉得还是不能。万一运气特别差，里面有颗白棋子总是摸不到呢？

师：那30次、50次、100次呢？

生：还是不行。

师：如果要完全确定，怎么办？

生：打开来看一看。

师：那就打开来，看看你到底猜对了没有。

3.数据的规律性和随机性。

（猜错的小组有⑦⑫，其他小组猜对）

师：这么多小组猜对了，说明什么？

生1：说明我们摸了这么多次，还是蛮有用的。

生2：摸的次数越多，猜得越精准。

生3：摸出来的肯定比乱猜的更准确。

师：前面我们一直怀疑用次数来推测个数的方法到底行不行，现在你们觉得怎么样？

生：是可行的。

师：换句话说，摸的次数和棋子个数之间确实存在着一定的关系。之前什么都不知道，摸着摸着就猜出来了。所以说数据是有规律性的。

师：既然数据有规律性，为什么还有两个小组猜错了呢？你们是怎么猜的？

生：（⑦号袋子）我们摸了20次，黑13次白7次。我们觉得相差不大，就猜了3和2，其实是4和1。

师：黑13次白7次，其他同学会猜什么？

生：我也会猜3和2。

师：你们也会猜错。这说明什么？

生1：说明还是有点不确定的。

生2：说明运气不太好，虽然4和1相差很大，但是摸到的次数却比较接近。

师：你们说的不确定性、运气，在数学里叫随机性。⑦号猜错了，说明数据有随机性。还有哪里也可以看出随机性？

生：⑫号也猜错了。里面是2黑3白，但是摸出来的次数是9黑21白，相差很大。

师：猜错了体现随机性，猜对了的就没有随机性吗？这里有几个袋子，里面的棋子是一样的，摸到的次数呢？

生：不完全一样。比如②⑤⑧⑪四个袋子都是3黑2白，②号和⑤号摸到的次数一样，但是⑧号和⑪号就不一样了。

师：是的，其实这也是数据的随机性。如果请你在这些袋子里再摸一次，那么你能确定摸到什么颜色吗？

生：第一组能确定，其他不行。

师：为什么？

生：因为第一组都是黑棋没有白棋。其他的有黑的也有白的，就不一定了。

师：第一组的结果能确定，叫确定性事件；其他的都无法确定，叫可能性事件。如果老师和你玩一个猜棋子的游戏，你有先猜的特权，你会选哪个袋子做游戏？

生：选①号，猜黑的肯定赢。

师：如果选③号或者④号袋子，你会猜什么颜色？为什么？

生：白的。因为这两个袋子都是白棋子多，摸到的可能性大。

师：那你一定会赢吗？

生：不一定，有随机性。

4.怎么看"数据"？

师：现在我们已经知道数据有规律性也有随机性，那我们到底该不该相信数据呢？

生1：我觉得应该相信，因为有数据的话预测更准确。

生2：我不太相信。数据再多，它的随机性都是不会消失的。

生3：但是有总比没有好啊，比乱猜好。

师：都有道理，所以老师的态度是相信但不全信。没有数据，很多事情会变得很盲目；但过分依赖数据，有时也会上当。是这样吧？

生：是的。

师：现在我们回头看一下，刚才摸棋子的时候老师反复强调要闭上眼睛，要把棋子摇一摇，不能作弊，这是为什么呢？

生1：是为了打乱。

生2：这样可以更准确一点。

生3：这样可以增大它的随机性，避免出现一样的数据，导致盲目相信数据。

师：是的。同学们，这样做的目的只有一个，那就是确保数据是真实的。即便是真实的数据，我们也会因为随机性而上当；如果数据不真实，那得出的结论就更无法相信了。

【意图说明】整个讨论过程围绕几个具体的问题展开，层层推进："有数据"和"没数据"哪个好？"数据多"和"数据少"哪个好？用数据推测的结论是否一定正确？这么多小组猜对了说明什么？也有小组猜错了说明什么？在思辨和讨论的过程中，学生不断感悟数据的价值和特点，最终升级为"该不该相信数据"的深层次讨论。这就不再拘囿于课堂教学内容本身，而是一种意识和观念的启蒙。

（四）拓展提高

师：A、B两支足球队下周要举行一场球赛，你觉得哪个球队会赢？

生：不知道。A、B都有可能。

师：如果它们上一次比赛的结果是A队以2：0获胜，你觉得这一场能预测吗？

生1：我觉得可能还是A会赢。

生2：我觉得还是不一定，赢一场不代表每场会赢。

师：如果你想预测得更准确一些，有什么办法？

生：多看几场。

师：那我告诉大家，它们前五次交手的情况如下：3：1，2：2，4：1，1：0，2：0。

生：A。

师：为什么都猜A？

生：因为看出来A的实力要比B高一点，除了第二场平局外，其他场都是A赢。

师：也就是说，从这些数据分析的结果看下一场A赢的可能性比较大。那是不是A一定会赢？

生1：不是。万一B换了教练，实力提高了呢？

生2：A队的队员水平降低，发挥失常了也有可能。

师：是的，这种随机性是存在的。一件还没有发生的事情总是充满了不确定性，数据虽然能帮我们进行预测，但这种预测只是一个大概，并不是绝对的。

【意图说明】这道习题中的概率事件无法进行"定义"，只能进行"估计"。这与摸球是完全不一样的。但从培养数据意识、体验数据价值的角度看，反而可以发挥更大的作用。生活中有很多类似的事件，学会有意识地寻找数据并利用数据进行分析和预测，恰恰体现了数学素养的提升。

附 "可能性"教学的辩课实录

2017年12月，我校组织开展了一次别开生面的辩课活动。此次活动由笔者和爱山小学朱国平老师以同课异构的方式执教"可能性"一课。活动邀请了《小学数学教师》编辑部李达、潘讯馨两位老师，湖州市、吴兴区小学数学教研员杨海荣、陈国权老师，特级教师范新林老师，以及两校数学教研团队共同参与。课后，在李达老师主持下，教师围绕这节课的价值、目标、设计意图以及课堂实际效果展开了热烈讨论。

主持人：李　达（《小学数学教师》编辑部）

辩　课：杨海荣　范新林　陈国权　朱国平　宋健泳

　　　　邢红琴　徐伟强　吴建芳　郭含娇　沈国祥

整　理：王月芳　泮云云　朱　敏　杨晶晶　钱艳鸿

一、教者说课

朱国平（浙江省湖州市爱山小学教育集团）[①]：今天我的课对教材三个例题进行了整合。我选择从量开始，已知袋子里的棋子数量，引导学生根据棋子的颗数比做出合理的猜测。再通过操作的结果使学生认识到大部分符合猜测，也有小部分是不符合的，从而体现数据的随机性。因为可能性研究的是不确定事件，也就是说实验之前无法预测正确的结果，所以我想学生先预测再和结果进行对比的话，更利于学生体会数据产生的过程和结果的随机性。从例2展开研究，最后则反过来指向例3，学生的辨析点在两个问题当中，到底是第一个袋子还是第二个袋子？到最后还有几个学生认为是第二个袋子。为什么呢？一个是学生还没有认识"比"，他们对于17∶3、2∶3、4∶1这个结构不清晰，所以不认可。还有一个原因是，本节课适当拔高了教学要求，使得思维更具挑战性。教材上要求学生摸出来多就是多，一号袋子和二号袋子都是符合的。今天课上不仅要考虑多，而且还要考虑多多少的问题，所以认同一号袋子还是有点困难的。今天上下来，还有个感觉是0和10这个地方处理得还不够到位，可以适当增加环节，体会这种小概率事件。范老师给我的建议是，学生对彩票可能感受不是很强烈，2块中500万这件事情学生不是很熟悉，究竟概率是多少他们也不清楚。他建议我把4∶1的比例慢慢放大到5∶1、6∶1、7∶1……甚至到很多比1的时候还能摸到黑子，用这个去阐述摸到黑子趋向于0的可能性，可能比彩票更好一些。不过，我觉得彩票也有价值，一个人中奖是一件很意外的事，但一

[①] 朱国平老师的课堂实录详见《小学数学教师》2018年第6期P8-12，"从'推测'到'随机'"。

个人中奖的背后其实是有很多不中奖的人给他做了支撑。也就是说，合埋预测的结论：很多人是拿不到这个奖的。

宋健泳（浙江省湖州市湖师附小教育集团）：可能性的大小是概率知识的启蒙。得到概率一般有两种方法：一种是"算"。如果知道了背景，比如知道了袋子里棋子的具体颗数，概率可以算出来（古典概率）。还有一种方法是"估"。比如课堂上学生不知道棋子的具体情况，可以通过摸的次数估计概率。前一种是数学的方法，后一种方法则是统计的方法。今天我们两节课正好相反，朱老师的课我感觉是"先算再估"，因为棋子的情况是已知的，学生肯定先算。我是倒过来的，因为是个"暗盒"，学生没法算，只能先估，最后才打开袋子加以印证。为什么要先估呢？我认为在估的过程中更利于体现数据的价值，体会数据的特点，培养数据分析观念。所以我今天整节课围绕"数据"展开：没有数据的猜测和有数据的猜测，哪个结论更可靠？数据多和数据少，哪个结论更可靠？用数据推测的结论一定准确吗？通过这三个问题的思辨，让学生体验数据的规律性和随机性。这样的设计实际上直接跳过了教材的例1和例2，从例3开始教学。那么学生是否知道棋子的数量结构与摸到的次数之间存在关联性呢？我做了前测，未上过这堂课的四年级学生（这堂课是五上的内容）已知数量结构推测可能性大小正确率达到93%以上。这说明学生在这方面有着很高的认知起点。在这样的情况下，我认为这堂课的目标不能仅仅停留在概率教学本身，还应该引导学生去关注数据，培养数据意识。我设计最后的习题就是基于这样的想法，试图跳出概率教学的范畴，让学生感悟凡是还没有发生的事情总是充满了不确定性。数据能帮助我们更好地进行预测，但同时又不能盲目地相信数据推测的结果。

二、热点探讨

（一）"先估再算"还是"先算再估"

郭含娇（浙江省湖州市爱山小学教育集团）：两节课都着重让学生去体验数据是随机的，但大量实验后统计的结果是有规律性的。朱老师的课先告诉了学生棋子的数量结构，通过讨论实验结果与预测结果的冲突体验随机性，我觉得是很深刻的。宋老师的课是在学生未知的情况下对数据进行分析，在大量重复实验之后结果出现了一定的规律性，这方面做得很好。回到这个教学内容，我觉得学生对可能性的大小，特别是规律性的感悟起点比较高，而对随机性的感悟是本节课的重点。也就是说，即便你进行了合理的预测，结果还是不确定的。所以我觉得朱老师的课对概率教学的重点和学生的思维特点把握得更好。

邢红琴（浙江省湖州市湖师附小教育集团）：今天两位老师用不一样的方式给

我们讲了同一个故事。朱老师用的是正叙的手法，宋老师用的是倒叙的手法。听下来，宋老师的课更像是一部悬疑片，惊心动魄。以前我们经常把次数和概率等同起来，其实它们并不是一回事，在宋老师的课里这体现得非常清楚。从学科角度看，宋老师的课借助数据展开推理，是一种归纳的方法；而朱老师是从定义概率开始，推理方式更趋向于演绎。虽然这两种方法都很好，但我在宋老师这里看到了我很愿意学习和创新的方面。

吴建芳（浙江省湖州市湖师附小教育集团）：两节课反映了两位老师对可能性教学追求上的不同。朱老师的课目标明确，我们小学老师可能更容易接受。通过预测和操作，体验结果的随机性和过程的随机性，从概率到频率，小学生更能理解。宋老师的课根据摸到的次数，也就是对频率的统计推测概率，这里要用到概率里的一个大数定理，用极限定理来说明数学期望，这对小学生来讲是有难度的。还有最后预测足球比赛到底谁胜的可能性大，学生会觉得数据好像有用又好像没用。从频率到概率，中间要经过一个运算，可能这个阶段学生体会不了。学生可能会产生一个困惑：数据到底有没有用？

徐伟强（浙江省湖州市爱山小学教育集团）：我也在想吴老师提的问题，今天的课学的是可能性的知识，但用数据分析去预测足球比赛结果就像预测下一届普京是否能当选总统一样，并不是概率事件——它只是一个随机事件，跟我们今天研究的等可能性事件是不一样的。

宋健泳：准确地说，它是一个无法用古典概率进行刻画的随机事件。但这个概率是可以估计的，无论是足球比赛还是普京当选总统。我最终的期望是跳出这节课的教学内容本身，更加注重培养数据分析观念。

（二）教学目标该如何定位

李达：两堂课都提到了拔高教学要求的问题。尤其是宋老师的课，有一个很高的要求——让学生体会到数据的价值。那么，拔高要求是不是必要的？大家谈一谈想法。

朱国平：我拔高要求主要体现在改变了棋子的数量结构。教材上是4：1，我改成了3：2。我尝试了4：1的结构，摸10次全部是数量多可能性大。换句话说，今天是20组实验，如果20组全部符合预测，即便让他多摸几次，也有可能不出反例，这样的话，随机性的体验就少了。

宋健泳：我认为这其实是价值追求的问题。比如预测两支足球队胜负和摸棋子是不是一回事？如果我们站在数据分析的角度看，两者是相通的。生活中我们经常需要对一些尚未发生的事进行预测，比如说股票到底该买哪一只？两个班期末大考哪个班会考得更好？有些事件的背景是无法完全掌握的，就跟我今天课上的"暗盒"一样。那么如何去预测呢？我这节课是想告诉学生，没有数据的瞎猜和根据数据分析得到的结论可信度是不一样的。数据能使预测更准确、决策更合理。但是，根据数据推测得到的并不是一个确定性的结论，不能盲目地相信数据。尽管在我们大人看来，这里有深刻的数学背景，但孩子有着自己朴素的理解。从今天课堂上孩子的表现看，他们对数据的特性已经有了一定的感悟，这颗种子已经播下了。如果说这样的要求是拔高了，我觉得不是知识层面的拔高，而是意识层面的、观念层面的。

朱国平：学生在推测过程中可能也用到了比例的知识。比如摸到7和13，会推测是2和3，还是1和4——学生到底是怎么想的？按照比例进行推测的可能性很大。

沈国祥（浙江省湖州市湖师附小教育集团）：我觉得学生看到7和13这样的数据，有可能是在利用比的这个关系去判断黑子白子的情况；也有一部分孩子可能说不是的，只是看到这两个数据大致心里有一个数，就是说黑的多一点。那到底是3和2，还是4和1，这两个可能是自己随机选的，但是他肯定排除了一些其他的情况。这里，理性分析已经有所体现。

（三）可能性的大小是否需要用分数来刻画

李达：刚才提到了一个很有意思的问题，学生对于棋子的数量结构，是按照"比"去思考，还是按照"差"去思考？实验版教材里是涉及分数的，用分数去刻画可能性大小，其实就是比。虽然新的教材是把它删去了，但有没有必要用分数去刻画。我们也可以讨论一下。

郭含娇：老教材是通过抛硬币的实验，用大量的数据让学生感悟结果接近二分之一。这样下来，学生还是有些糊涂的。可能性教学，我想重点是体会随机性，把分数去掉，我想就是为了突出随机性。

徐伟强：分数的刻画涉及频率和概率的关系，只有大量重复实验后，频率才会出现在概率的附近，十分抽象。对于小学生来说很难理解，教材也是考虑到这一点，所以才取消的。

范新林（浙江省湖州市湖师附小教育集团）：小学生大多是确定性思维，这跟我们的数学教学有一定的关系。长期以来，我们的数学课就是在培养学生的确定性思维。为什么要学习可能性呢？就是让学生改变确定性的思维方式，学会用随机性的思维来看待和思考问题。如果这个时候加入分数，那么学生会不会觉得结果又是确定的呢？对于这个年龄阶段的学生来说，用分数刻画可能性的大小在一定程度上反而会影响随机观念的发展，去掉分数的刻画我认为是合理的。再看两个人的课，为什么会想到用摸的方法猜袋子里的数量？这是基于学生有这样的生活经验：袋子里哪种颜色的棋子多，摸出来的次数就比较多；反过来也一样。所以，不论是从例3

开始，还是从例2开始，其实都一样。今天这节课就是基于生活经验，从感性认识上升到理性认识，让学生充分地感受到数据并不是确定的，而是随机的。但尽管数据是随机的，很多的随机数据中也还是能呈现一定的规律的。你们的理念是相同的，只是手段不同。总的来讲，我认为猜具体的数量并不是一个非要达到不可的要求。学生能达到固然好，达不到的话只要能从一组数据中感悟到数量多，摸出来的次数就比较多也就足够了。甚至，材料选择是用2和3，还是1和4，也不用过于纠结。不要拘泥于细节，而要把目光放在大方向上。

陈国权（浙江省湖州市吴兴区教学研究与培训中心）：实验版教材主要用分数刻画古典概率事件。这在朱老师这节课里有一定的体现，3和2摆在那儿，学生虽然没有用分数，但是心里已经算出了概率。但这节课的重点不在这儿，而是用频率打破这种确定性思维，体验随机性。所以后面朱老师的处理非常到位，学生的体验也非常深刻。宋老师的课呈现的是个"暗盒"，这就没法用分数算了。课的开头特别有意思，在不断地追问当中，学生想到了用试着摸几次的方法得到数据。这是统计中常用的方法。这样推测的结果具有随机性，未必准确，但也是可信的，这是辩证的统一。抽样调查的价值就在这里。小学生的统计意识相对比较薄弱，这对学生后续的发展是有帮助的。所以我认为这两节课最大的差异其实就在于一个侧重于概率，一个侧重于统计。至于用不用分数，其实无所谓，这不是重点。

（四）现场生成的数据该如何处理

现场老师：我想问一下宋老师，今天12组同学如果猜错的多，怎么办？

宋健泳：你说的情况理论上是存在的，但出现的概率很小。就猜测而言，无论猜对猜错都有价值，恰恰体现了数据同时具有规律性和随机性的正反两个特性。一般来说，学生对于哪种颜色多或少不太会猜错，错就错在具体的个数。你说的我想也是这个意思——具体个数猜错的多。这其实不要紧，因为猜错具体个数体现了数据的随机性，我们再回到颜色多与少那里去体验规律性。我想之所以大家都说这节课难上，可能这是一个很重要的原因：课堂上会出现什么情况我们无法预料，对如何处理课题生成的数据没有把握。

杨海荣：学生出现什么样的状况，我们是可以预估的，这也是规律性。但现场究竟出现什么我们不知道，这就是随机性。那么出现的情况对我们的教学到底有没有什么影响呢？我想没有，任何状况都包含了随机性和规律性。不管现场生成怎样的数据，只要老师善于引导，学生在对比和思辨中都可以体验规律性和随机性。今天两位老师就处理得非常妥当，把数据整体呈现出来。整体呈现的优势在于发现数据中隐含的信息，因为单独的一个数据意义并不大，只有当一组数据相互比较形成结构的时候，才有意义。

三、辩课总结

杨海荣：从目标定位看，《标准》修订之后淡化了概率教学，特别是对概率的精确刻画后移到了初中。小学里面可能性的大小也会涉及概率，但它方向变了，更多地偏向于统计，用数据来推断可能性的大小。它的核心思想是对不确定事件的关注，让学生体验事件发生的随机性。这一点今天两位老师是趋同的。朱老师从概率进去，把数量结构告诉学生，学生通过计算得出两种结果。那是不是这样呢？通过后面的操作发现不止这两种，从而推翻之前的猜测。宋老师带领学生体验的也是随机性，但是方式有所不同，侧重怎样用数据来推断随机性，重点不在于后面的数据分析，而在于猜测。你怎样去猜，为什么这样猜？用数据去推断可能性的大小不是老师告诉你的，而是需要你自己去想。这就是意识的变化。今天的反应很明确，学生刚开始的想法就是要么摸出来看看，要么做记号，都是指向打开来。而不打开来看，通过数据去推测一开始想不起来，是慢慢引导、提问得到的。到最后，里面到底有几颗并不重要，不打开更能体验随机性。从思维方式看，刚才邢老师也提到，朱老师采用了演绎的方式，宋老师采用了归纳的方式。归纳思维小学阶段用得比较多，结合一些具体的教学内容发展学生的演绎思维，我觉得也有必要。但从思维的介入看，两节课还是有差异：朱老师更多的是线性设计，宋老师是板块式设计，所以数学思维的介入在宋老师的课上是前置的，朱老师是在后面数据分析时才开始介入。第三个方面是我个人的想法：这一类的课我们在价值追求上还可以再高一点，甚至可以上升到哲学层面。也就是说，我们该怎样用数学的眼光观照这个充满不确定性的客观世界？有的学生说是运气，其实运气里面也有规律性和随机性，要让他们有这样的体会。我们的人生在不断面临选择，为什么有的人运气好，有的人运气差？如果能看到里面的规律性，就会愿意不断付出努力；看到里面的随机性呢，就会乐观地看待挫折，不至于丧失信心，即使失败了，还有机会成功。将运气进行剖析，对学生长远的眼光和长远的发展是有帮助的。这就不仅仅是数学的知识和技能，也不仅仅是数学的思想与方法了，而是情感、态度和价值观。

下篇

解读学生

长期以来，数学课堂一直存在重"教"轻"学"的现象。我们习惯于把知识掰开、揉碎，小步子、慢节奏，帮助学生清除一切可能存在的障碍，提供一切可能需要的帮助。然而，尽管我们满腔热忱而又小心翼翼，学生却未必领情。课堂上"言者谆谆，听者藐藐"——教师神采飞扬，学生意兴索然。对这样被动的学习状态，孩子并不满意。之所以出现这样的状况，我想关键在于我们对学生还缺乏深入的了解。为此，我们要把目光聚焦于学生，了解学生的学习心理，关注孩子的内心世界。只有真正走进学生的精神世界，才有可能构建以"学"为中心的数学课堂。

以"学"为中心，需要对教师的角色进行重新定位。作为"组织者"，应该设计什么样的学习任务，用以驱动学生自主探究的欲望？作为"引导者"，应该为学生的学习提供什么样的学习材料，以便学生实现自主建构，从"已知"走向"未知"？作为"合作者"，我们应该在什么时候介入，与孩子一起展开思辨，进而深化理解和感悟？

这一切，都源于对学生的深度解读。

第四章
把握认知心理

如果把教学过程看成是信息传输的过程，那么接收端的频率一定是动态的。要捕捉接收的频率，就要了解和把握学生的学习心理。小学生的学习心理有着什么样的特征？这一点，我们或许可以从幼儿"学爬"的过程中得到一些启示。

我儿子六个月的时候，开始甩胳膊蹬腿，一副跃跃欲爬的样子。一家人围着看热闹，忍不住为他"支着"："轲轲，手放前面，抓住床单""轲轲，屁股翘起来，身体躬起来""轲轲，膝盖弯起来，蹬腿"……姐姐更是趴在地上，做起了示范。面对我们的七嘴八舌，小家伙一脸茫然，萌呆呆地看着我们，就是不肯往前爬。我不禁哑然失笑，小毛头话都听不懂，跟他讲技术要领有什么用？回想女儿小时候学爬，好像也是在不经意间会的。既然没法"教"，他们是怎么学会的呢？

一次，正在播放儿歌的手机被我随手扔在床上，音乐声引起了小家伙的注意。显然，他对这个能够发出声音的物件很感兴趣，于是开始奋力向前爬。在爬的过程中，他的动作慢慢协调起来，手脚并用，一步一步前行，终于完成了他人生中第一次长距离"移动"，摸到了手机。一旁的我恍然大悟：原来"爬"就是这样学会的。

"爬"，是幼儿潜在的"本能"。这项"潜能"是如何被开发的？我想可能有两方面原因：一是兴趣，好看的玩具、悦耳的声音都会刺激他的感官，给了他前进的动力；二是距离，这个物件在他触手不及的地方，跨过这段不长不短的距离需要他付出一定的智力和体力，摸索并逐步掌握"爬"的技巧。小学生和幼儿虽然所处的年龄阶段不同，但心理特征大致是相同的，那就是有强烈的"好奇心"和"好胜心"。这应该是课堂上引导孩子自主学习的出发点。

在数学课堂上，要满足学生的"好奇心"，就要了解学生的真实的学习起点；满足"好胜心"，就要提供富有挑战性的学习任务。正如教育家苏霍姆林斯基所说：人的内心里有一种根深蒂固的需要——总想感到自己是发现者、研究者、探寻者。

专题1 **大任务驱动**

　　乐于接受挑战是儿童的天性。教学中设计富有挑战性的学习任务，可以有效激发学生学习的内在动力。从认知层面讲，大任务驱动需要学生链接已有的知识和经验，实现新旧知识之间的关联。从思维层面讲，大任务驱动需要学生主动的思维介入，这是训练并提升思维水平的有效途径。

　　在设计学习任务时需要同时考虑学习材料，两者是一个有机整体。好的材料需要大任务来驱动，给予足够的任务空间和探索时间才能保障学生更多地发现材料之间的关联；反过来，好的任务也需要结构性的材料给予支撑。材料是载体，任务是引擎，两者缺一不可。教学中，任务和材料的结构化设计体现的是一堂课的整体构思，往往会决定成败。

案例1 **认识周长**

一、教学分析

　　周长是小学数学"图形与几何"领域的重要概念。人教版教材中，这一内容安排在三年级上册"长方形和正方形"单元。周长描述和刻画的是封闭图形的边界长度，这是学生第一次以定量的方式认识平面图形。人教版教材（2012版）中"周长"分2课时展开教学，先认识周长的概念，再讨论长方形和正方形周长的计算。在实际教学中，这两节课的内容可以进行整合。一方面，从学科的知识逻辑看，长方形、正方形的周长计算是周长概念的自然延伸，通过结构化材料的呈现，在多边形周长计算的大背景中展开讨论，有助于学生对周长概念的进一步理解，更有利于体验计算方法优化的过程。另一方面，从学生的认知逻辑看，前测中我们发现学生可以从字面上理解"周长"的意义，只是对不规则图形（特别是曲线图形）的周长缺乏认同，对"图形一周"的理解有所偏差。基于这样的现实起点，优化教材的内容结构，提供富有挑战性的学习任务，有助于调动内驱力，满足学生真实的学习需求。

二、课堂实践

（一）描一描：建立概念

1.揭示课题，了解知识起点。

师：同学们，今天这节课我们一起来认识周长——知道什么是周长吗？

生1：一个图形外边的长度。

生2：图形的边。

生3：正方形四个边的长度就是它的周长。

2.布置任务：这些图形（图1）有没有周长？有的话，请用水彩笔描出它们的周长。

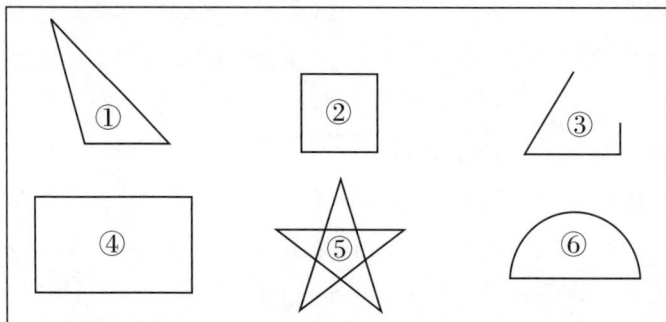

图1

3.学生动手操作。

4.反馈。

（1）关于封闭图形。

师：③号图形有同学描了，有同学没描。你们为什么没描？

生1：③号图形有缺口，没有连起来，不能描一圈。

生2：③号图形不封口，它没有周长。

师：那你们认为怎么样的图形才有周长？

生1：每条边都连起来的，像正方形、长方形那样的。

生2：封闭的。

小结：只有封闭图形才有周长。

（2）关于"一周的长度"。

师：其他几个图形都是封闭图形吗？⑤号图形出现了两种不一样的描法（图2），仔细观察一下，你同意哪一种？为什么？

图2

生1：我觉得第一个是对的，中间部分不用描。

生2：周长是外面边线的长度，五角星里面的边不算。

小结：五角星的周长是指沿着它外面边线这一周的长度。

（3）关于曲线图形的周长。

师：有同学对⑥号图形有疑问。现在你们能确定了吗，它有没有周长？

生1：⑥号图形它的边是弯的，没有周长。

生2：我觉得有周长，它的边是弯的，但它是封闭图形，能描出外面的一圈，所以有周长。

小结：不管图形的边是不是直边，只要是封闭图形，那它一周的长度就是它的周长。

5.提炼：说说到底什么是周长。

生：封闭图形一周的长度叫周长。

【意图说明】这个活动的目的是把握起点，暴露困惑点，从而建立概念。从课堂上我们可以看到，学生的困惑点在于③号、⑤号和⑥号图形。③号图形解决封闭图形的问题，⑤号图形强调周长指的是图形的外面一周，而⑥号图形则提供了一个变式，让学生明白图形的周长未必指的是直线段。

（二）算一算：理解概念

1.布置任务。（图3）

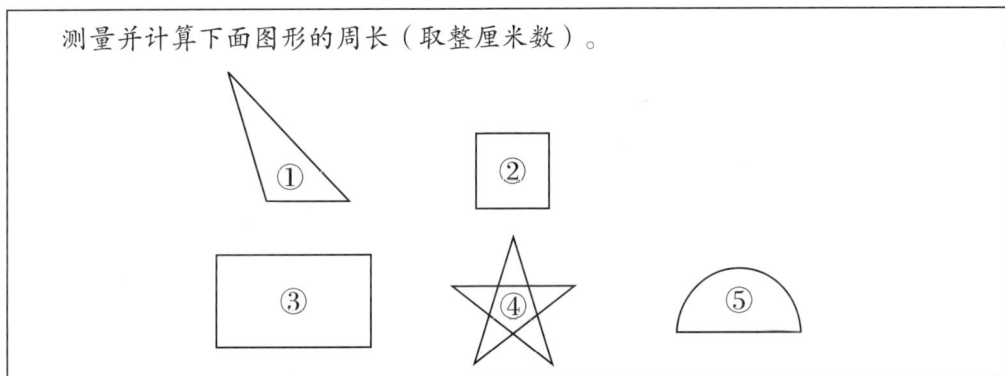

测量并计算下面图形的周长（取整厘米数）。

图3

2.学生动手操作。

3.反馈。

（1）整体反馈各个图形的周长计算方法和结果。

（2）交流方法。

师：那你们觉得哪个图形量起来最方便？

生：正方形。

师：你是怎么量的？

生：我量出一条边长是2cm，2×4=8（cm）。

师：你只量了一次是吗？为什么可以乘以4？

生：正方形四条边的长度都一样。

师：你是根据正方形边的特征来的。还有其他算式吗？

生：2+2+2+2=8（cm）。

师：这两个算式都可以吗？

生：都可以，不管是加法还是乘法，都是算正方形四条边的总长，不过乘法更方便。

师：还有哪个图形也只需要测量一次？

生：五角星，量出一条边长是1cm，乘10就是它的周长。

师：10表示什么？

生：五角星有10条一样长的边，每条边的长度都是1cm。

师：其他图形呢？能不能也只量一次？

生1：其他不行。长方形我量了两次，长是5cm，宽是2cm，5×2+3×2=16（cm）。

生2：三角形要测量三次，2+3+4=9（cm）。

师：为什么长方形四条边只需要测量两次，而三角形三条边却要测量三次？

生：因为长方形对边是相等的，只需要测量长和宽；而这个三角形三条边的长度都不一样，所以都要测一次。

师：测量几次与什么有关？

生：和边的特点有关，相等的边只需要测量一次。

师：这里的计算方法中有的用加法，有的用乘法，还有的既有加法又有乘法。如果只允许用一种方法，你选什么？

生：选加法，不管是什么图形，周长其实就是一周长度的总和，把每条边加起来就行了。

师：⑥号图形没人算出周长，为什么？

生：因为用直尺没办法测量那条曲线的长度。

师：要测量这条曲线的长度，你有什么好的办法吗？

生：可以用软尺来这样来测量。（学生演示）

师：你看懂他的测量方法了吗？还有其他方法吗？

生1：老师，我用直尺这样1厘米1厘米地量过去。

生2：我觉得1毫米1毫米地这样量过去会更精确一些。

生3：用棉线来测量。

师：想一想，几位同学的方法有什么相同的地方？

小结：曲线可以用"化曲为直"的方法测量它的长度，这样就可以计算周长。

4.直观演示，感悟周长本质。

课件呈现动态演示的过程，小结：每个图形的周长都可以看成一条线段，这条线段有多长，图形的周长就有多长。

【意图说明】概念建立之后，这里用同一组材料测算周长。测量过程中，不同图形的特征差异就体现出来了。尽管教师没有任何提示，但是学生会自觉优化。正方形有四条边，五角星有十条边，都只需要测量一次；长方形四条边要测量两次；

而三角形虽然只有三条边，却要测量三次；半圆，用直尺测量是非常困难的。测量的次数体现了学生基于图形直观的算法优化，这是非常自然的。反馈的时候，学生都从边的特征出发进行了合理的解释。算法的不同体现了图形的差异，但仅仅到这里我认为还不够。所以，我后面又积极引导学生进行沟通，试图让学生感悟不管是什么图形，周长都是把各条边的长度加起来，这样才是一周的长度。说到底，只要把图形展开，周长就是一条线段的长度。这样，就又回到了周长的概念。

（三）分一分，巩固深化

1.布置任务：画一条线，你能把④号图形（长方形）分成周长相等的两部分吗？

2.学生动手操作。

3.反馈交流。

师：下面几位同学的分法，甲乙两部分的周长一样吗？怎么知道的？（图4）

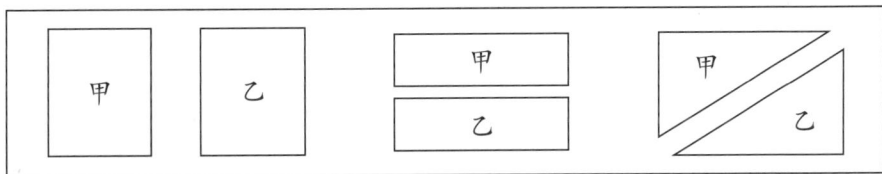

图4

生：他们都是平均分的，这两部分是一样的，周长也一样。

师：如果两部分大小不一样，那么周长还会一样吗？

生：不一样。我觉得大的图形周长长一些，小的图形周长短一些。

师：一定是这样吗？我们看看下面的分法（图5），比一比甲乙两个图形的周长。

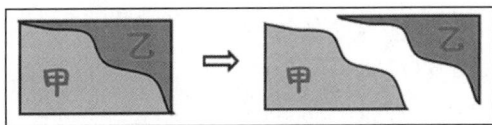

图5

生：这两个图形的周长是一样的。

师：说明理由。

生：因为长方形的对象是一样长的，中间那条曲线是两个图形都有的，所以甲图三条边加起来和乙图三条边加起来是一样长的，所以周长相等。

小结：看来分得的两部分大小和形状都不一样，但它的周长仍有可能是一样的。

【意图说明】"分一分"的活动围绕长方形展开，在图形中画一条线，能不能分成周长相等的两部分？简单的方法孩子都没有问题，只要分成两个一模一样的图形，大小相等、形状相同，周长必然相等。那么，如果大小和形状不同，周长有没有可能相等呢？这就需要学生打破思维定式，排除视觉干扰，重新回到周长的内涵上去展开思考。尽管这道题在思维上有一定的挑战性，但是它的价值其实还是在于理解周长的含义。

案例2 周长拓展练习

一、教学分析

认识周长如果仅仅停留在让学生知道周长的含义是不够的，还应该进一步感悟周长与图形的大小、形状之间的关联。教学中，学生常见的认知误区是认为周长只取决于图形的大小，很少关注形状变化对周长产生的影响。这就需要有针对性地设计相应的教学活动，引导学生对三者之间的关系展开深入的思考和辨析。为此，笔者认为本单元教学之后有必要安排一节拓展活动课，旨在促进学生进一步巩固理解周长的意义，丰富空间感知，积累活动经验，培养空间想象能力。

数学活动课不仅要考虑学科性，更要考虑趣味性。我们试图通过结构性的活动材料和挑战性的学习任务调动学生学习的内在驱动力，让学生体验思维的乐趣。

（一）什么样的材料具有结构性

根据这节课的目标定位和价值取向，我们认为用12个小正方形拼成的长方形（规格是3×4，如图6）是比较理想的素材。操作中可以引导学生通过改变图形的大小和形状观察周长的变化，进而感悟三者之间的关联。这是一组"简约而不简单"的材料。一方面，取走小正方形可以使图形的大小发生变化；另一方面，

图6

取走同样多的小正方形，只要取法不同，就可以得到不同的形状。无论是改变大小还是改变形状，图形的周长都同时存在变与不变两种情况。变化中隐含着不变，不变中又隐含着变化。这对学生来说是非常有趣的，能够调动他们探究的欲望。同时，这组材料所提供的操作空间也比较适宜，结构比较合理。如果小正方形的个数太少，变化的情况就会受到限制，缺乏挑战性；而个数太多，则情况过于复杂，不利于操作和感悟。

（二）什么样的任务具有挑战性

课堂推进需要任务驱动和问题引领。根据材料的特点，我们认为在取走小正方形的过程中，有三个节点是最具思考性和挑战性的。其一，取走1个正方形，图形的周长会不会变？这是研究的起点。学生的直观感受是图形变小，周长随之变短。而事实上周长不仅不会变短，反而有可能变长。这里存在认知上的冲突，可以为进一步探索提供动力。其二，要使周长变短，至少需要取走几个小正方形？这与前一个问题形成了逻辑结构。因为取走1~2个小正方形周长都不会变短，只有到取走3个的时候周长才有可能变短。那么，怎么取才能使周长变短？这就值得思考和讨论。其三，要保持周长不变，最多取走几个小正方形？就3×4的长方形而言，要保持周长不变，最多只能取走6个小正方形。但由于不同的取法有很多，为学生提供了很大的

探索空间，有助于培养他们的空间想象能力。这几个问题前后呼应、层层推进，通过不断地打破已有的认知平衡，引导学生积极展开思考，主动参与探究。

二、课堂实践

（一）取走1个正方形

1.动态呈现3×4的长方形（图7），回顾周长的意义并计算长方形的周长。

反馈：（4+3）×2=14（厘米）。

2.讨论：如果取走1个小正方形，周长会变吗？

反馈中，有学生认为不会，也有学生认为会变长或者变短。

3.操作：按照你的想法，动手试一试，取走1个，观察留下的图形周长是多少。

图7

4.反馈。

生：只要从角上拿走1个，周长就不会变。

师：怎么看出周长没变？

生：比如拿走①号（图8），把两条边移出来，周长还是14厘米。

师：你说的"边"指的是小正方形的边吧？同样的情况还可以拿走哪几个小正方形？

生：④号、⑨号或者⑫号。

师：其他的不行吗？

生：不行。拿走其他的小正方形，周长会变长。

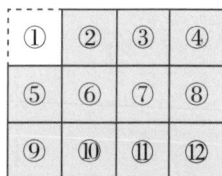

图8

师：能不能举个例子？

生：比如拿走⑤号（图9），周长就变长了。因为如果把边移到外面去，就凸起来了。

师："凸起来了"，周长就变长了——谁听明白了？

生：可以这样看，拿走⑤号之后里面多了3条边，其中1条跟外面的抵消，还多出2条边，所以周长是16，变长了。

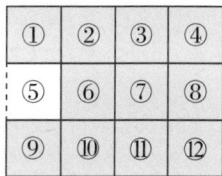

图9

师：还有哪些小正方形拿走之后情况跟⑤号一样？

生1：②号、③号、⑧号、⑩号或者⑪号，也就是边上的小正方形。

生2：我觉得拿走⑥号或⑦号，周长也会变长，里面多了一圈。

生3：我反对。周长是指外面的，如果拿走的是⑥号或⑦号，外面的周长是不变的。

师：是的，拿走⑥号或⑦号就出现了两个周长。今天我们只讨论外周长，所以拿正方形时不能直接从中间挖。前面有同学说周长会变短，大家看有没有变短的情况？

生：没有。

（二）取走3个正方形

1.讨论：拿走1个小正方形，周长是不会变短的——如果要使周长变短，你认为至少要拿走几个？

反馈中，学生认为要拿走4个、3个，也有认为要拿走2个的。

2.操作：动手试一试，看你的想法到底对不对。

3.反馈。

师：动手尝试之后，现在说说至少要拿走几个。

生：至少要拿走3个，周长才会变短。

师：刚才好像有同学说最少要拿走2个，行吗？

生：不行。

师：那随便拿3个小正方形都可以使周长变短吗？

生：不行。一定要竖着拿，拿左边一列或者右边一列都可以。（图10）

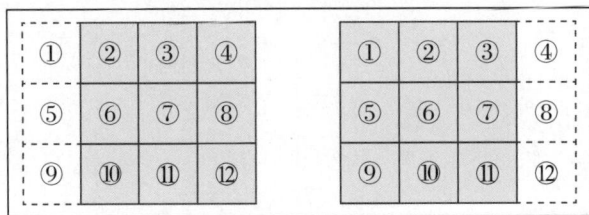

图10

师：这样拿周长变短了，你们是怎么看出来的？

生1：拿走了3个正方形，就变成了1个正方形——正方形的周长要比长方形短。

生2：那不一定，如果正方形很大，长方形很小呢？

生3：我觉得他的意思是说，原来的长方形是3行4列，现在变成了3行3列的正方形——少了1列，所以周长变短了。

生4：是的。可以这样看，少了1列之后，左右的3条边正好抵消，但是上下还少2条边，所以周长变短了。

师：这些理由都很有说服力，取走1列会使周长变短——如果不是整列拿掉，那么还会出现什么情况？

生1：有可能变长，比如拿走③号、④号和⑧号。（图11）

生2：不对，这样还是3行4列，周长没变——里面多出来4条边，外面少掉的也是4条边，正好抵消。

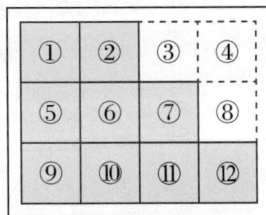

图11

师：是啊，这样拿说明周长有可能不变。那到底会不会变长呢？

生：会的。可以拿走⑤号、⑥号和⑦号。（图12）里面多了7条边，外面只少了1条边，所以周长增加了6厘米。

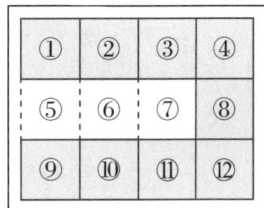

师：果然，不同的拿法，周长的变化情况是不一样的。我们一起来回顾一下：同样是拿走3个小正方形，周长有可能变短，有可能变长，还有可能不变。（课件演示，图13）

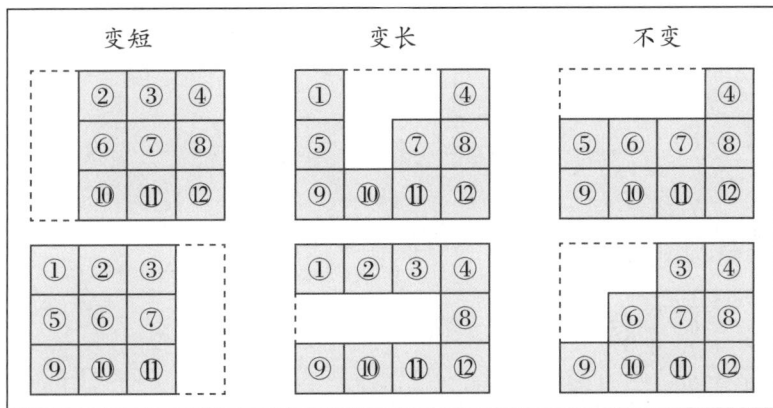

图12

图13

需要说明的是：这个环节的目标是讨论出三类不同的情况，不要求穷尽所有的取法。

（三）取走6个正方形

1.思考：要保持图形的周长不变，最多可以取走几个小正方形？

（提示：两个小正方形之间必须有一条公共的边相连）

学生反馈，4~7个不等。

2.操作。

3.反馈一。

师：刚才有同学说最多取走7个，成功了吗？拿上来展示一下。（图14）

生：这样不行，周长变短了。

师：你怎么看出来的？

生1：可以把里面多出来的和外面少掉的一组一组地抵消，还不够，说明周长变短了。

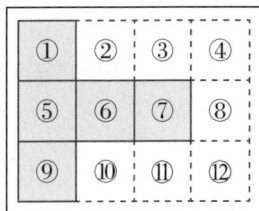

图14

生2：我数了一下，外面少了9厘米，但里面只增加了7厘米，肯定变短了。

生3：我们可以把这个图形平移成一个正方形，比原来的长方形少了1列，所以周长肯定变短了。

师：看来这个办法失败了，有没有拿走7个成功的？（没有）那6个呢？（有）

拿上来展示一下。（图15）

师：数一数，是不是拿走了6个？周长变了没有？

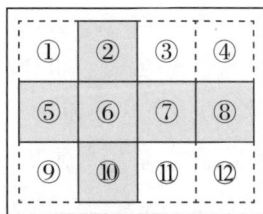

图15

生：周长没变。把里面的边移到外面，还是3行4列的长方形。

师：这样判断果然方便，看来拿掉6个是可以保持周长不变的。

4.思考与操作：取走6个保持周长不变，还有没有其他不同的取法？

5.反馈二。

（1）呈现学生作品。

（2）讨论：有没有画错的或是重复的（图形旋转或翻转后形状一样，看作是重复的）？

（3）把错误的或重复的去掉，余下的图形如下（图16）：

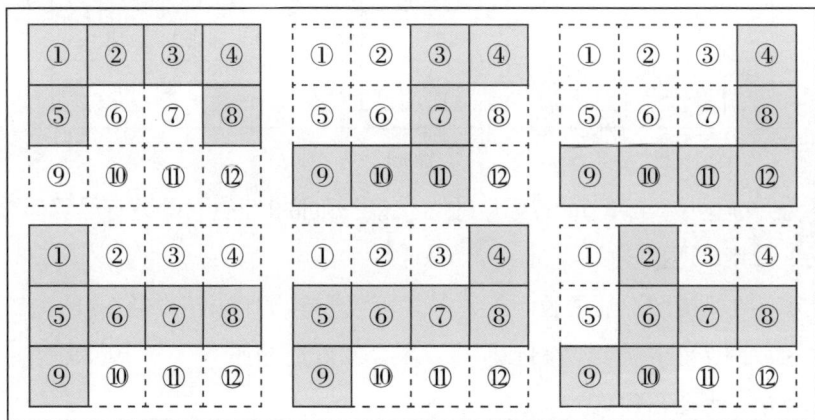

图16

师：现在这里的6幅图周长都没变，你们觉得哪幅图比较特殊？

生：第一幅。其他的图形都是3行4列，只有第一幅图少了1行。

师：刚才讨论的时候，不是说少1行或少1列周长会变短吗，它的周长怎么没变？

生1：因为它是一个"凹"字形，多出了2条边。

生2：少了1行就少了2条边，但是"凹"进去之后会多出了2条边，正好抵消。

师：是啊，少掉的2条边可以通过"凹"字形补起来，太聪明了。除了这里展示的图形外，你们觉得还有没有其他的形状？

生：肯定有。

师：是的。有兴趣的同学课后可以继续探索，看看你能找到多少种不同的方法。

课堂上学生呈现了6种不同的形状，事实上远远不止。但有了方法指导，就可以把探索活动延伸到课后，这对于进一步提高学生的学习兴趣是有帮助的。

专题2 链接思维经验

数学学习的过程，重点在于学生的"悟"而非老师的"教"。"悟"从"心"，是一种智慧。这种智慧很多时候源于经验的积累。因此，《义务教育数学课程标准（2011版）》在课程目标设置方面的重要变化就是从"双基"拓展为"四基"。新增的"两基"中，数学思想是对数学事实与理论提炼概括后的本质认识，属于理性层面。数学活动经验则是学生在经历数学活动的过程中所获得的感性层面的认识和体验，主要包括实践经验和思维经验。其中，思维经验是伴随着思维活动的过程性体验同步产生的最直接、最朴素的感性认识。由于这种认知体验是原生态、碎片化的，故而它的存在状态极不稳定。

数学教学中，一方面需要有意识地帮助学生呵护、固化、积累思维经验，另一方面也要积极引导学生形成链接思维的经验，促进数学认知水平的发展，进而提升数学学科素养。

案例1 "平面图形的认识"教学系列

小学阶段认识的平面图形包括线和角、三角形、四边形、圆和扇形等。一般来说，认识图形的特征需要经历的数学活动包括描绘、抽象、分类等。设计和开展这些数学活动时我们应该具有明确的目标意识和过程意识，这是有效积累思维经验的前提。

一、在图形的描绘中提取思维的元素

思维的元素是指思维活动的基本构成单位，如概念、命题等。在图形认知的思维活动中，基本的思维元素是点、线、面、体，"这些抽象了的概念本身不是现实的存在，只是一种理念上的存在"[①]。我们可以通过图形的描绘认识这些基础的几何概念。

事实上，人们对图形的抽象就是从描绘物体的外部形象开始的，也就是将三维

---

① 史宁中：《基本概念与运算法则》，高等教育出版社2013年版。

空间的物体用线条描绘在二维平面上[1]。同样，小学生认识图形首先也要经历描绘图形的过程。教材中针对小学生的思维特点，一般将生活中的三维物体处理成图片的形式呈现（如图1，《角的初步认识》人教版二上P39），从而简化了抽象的过程。

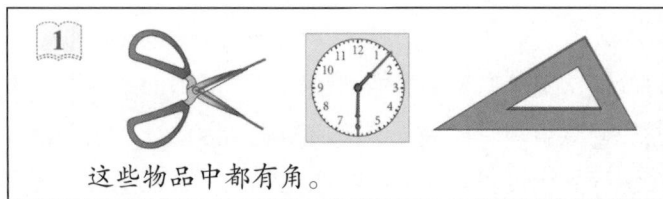

这些物品中都有角。

图1

教材中的图片是静态呈现的，描绘图形则是一个动态的过程。这就需要我们在教学中改变图片的呈现方式，使学生借助观察、操作等实践活动经历从实物图片中描绘、勾勒数学图形的过程，从而积累思维经验。

*教学片断：角的认识

1.出示课本实物，找一找课本封面的角在哪里。学生大都指向角的顶点。

2.多媒体呈现课本图片，并动态演示（隐去原图，留下一个点，如图2）。让学生判断是不是角。

学生都认为这只是一个点，不是角。

隐去原图

图2

3.进一步思考：怎样画才能形成一个角？学生认为还要画上两条边。（动态演示，图3）

4.用水彩笔描出下面图中的角。（图4）

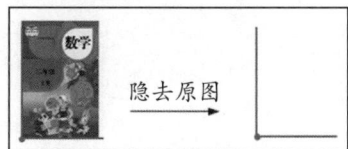

隐去原图

图3

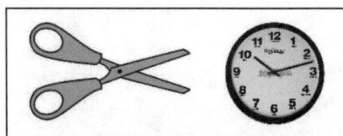

图4

5.反馈后多媒体动态演示。（图5）

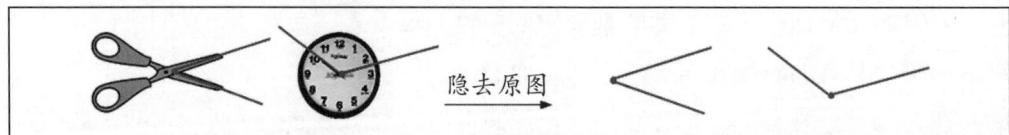

隐去原图

图5

6.说一说数学中的角是什么样的。

从上述教学活动中可以看到，尽管"点、线、面、体"这些概念非常抽象，以

---

①史宁中：《数学思想概论：图形与图形关系的抽象》（第2辑），东北师范大学出版社2009年版。

至于我们都很难用语言来进行描述，学生却可以通过描绘和勾勒，在自然而然的状态下提炼出来。可见，描绘对于图形的抽象是极其重要的，这是从生活到数学的抽象，因而是最直接也是最本源的思维经验。除此之外，在教学活动中还拓宽了学生的思维视角。如一开始学生只关注局部，他们把物体"尖尖的部分"看成是角，这是源于生活中对桌角、墙角等的认识，与作为几何图形的"角"是不同的。但是，错误也是一种经验。在动态演示（舍去实物的图片背景）中，学生逐步认识到尖尖的部分只是一个点，只是角的一个部分。要完整地表示一个角，还需要关注图形的整体，即还要在点的基础上辅上两条边。显然，这样的认识是直观的，也是深刻的。

二、在图形的抽象中实现思维的聚焦

经历图形的描绘过程使学生认识了平面图形的构造方式——点和线的组合。但要深入了解图形，还需要进一步抽象图形的基本特征。所谓抽象，就是"对同类事物抽取其共同的本质属性或特征，舍去其非本质的属性或特征的思维过程"[①]。这个取舍的过程从思维的角度讲就是一个聚焦的过程。以"长方形和正方形的认识"为例。

教学片断：长方形和正方形的认识

1.呈现用各种颜色彩纸剪成的四边形（图6），从中找出长方形。

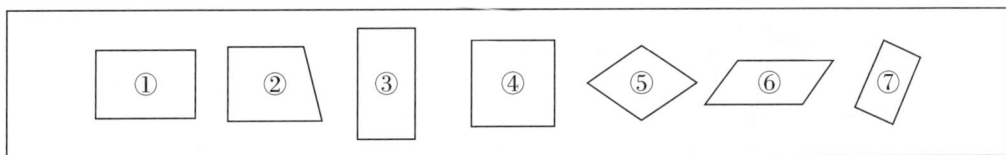

图6

学生一致认为图形①、图形③和图形⑦是长方形，对图形④是不是长方形有争议，大多数同学认为它是正方形而不是长方形。

2.讨论。图形①、图形③和图形⑦颜色不同、大小不同，为什么它们都是长方形，你们是怎么判断的？

讨论后，学生的意见趋于一致。即两条标准：四个角都是直角，相对的边相等。

3.对图形①、图形③和图形⑦进行操作验证（量一量、折一折）。

4.进一步讨论：图形④是一个正方形，如果用长方形的标准去判断，它符合要求吗？

经过充分的讨论和思辨，学生开始认可图形④也是一个长方形。

5.思考：正方形是特殊的长方形，特殊在哪里？

---

①顾泠沅：《数学思想方法》，中央广播电视大学出版社2004年版。

从本质上讲，图形的抽象就是舍去颜色、质地等物理属性，研究形状、大小、位置关系等数学属性。对于长方形和正方形，学生在一年级时已有了初步认识（图7）。这节课的教学任务是认识长方形和正方形的特征，其中难点在于理解和接受"正方形是特殊的长方形"这一具有从属关系的概念。为此，一方面在教学中有意识地设置了

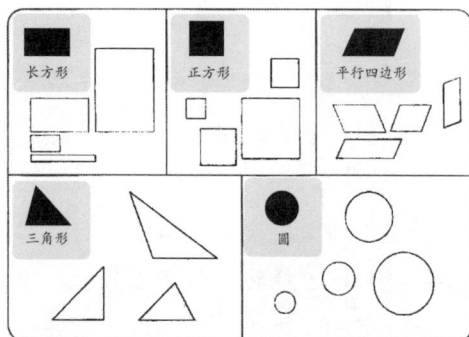

图7

一些干扰因素，如不同的颜色、不同的大小、摆放的角度，还包括长方形的形状也有所区别。这样设计的意图在于延长思维聚焦的体验过程，即摆脱一些非本质因素的影响，有选择地将思维关注点逐步聚焦于决定图形特征的两个要素：边和角。或者说，让学生充分理解只要符合对边相等、四个角都是直角的四边形，不管是什么颜色、大小，长的、扁的，正着放、斜着放，都叫长方形；同样，判断一个四边形是不是正方形也只要看它是不是符合四个直角、四边相等就可以了，与其他因素无关。另一方面，在这个过程中学生还学会了用一个确定的标准去进行判断，并借此认识了长方形和正方形之间的从属关系，突破了教学难点。判断是一种较高层次的思维形式，在这里我们也可以理解为是一种思维经验的具体体现。

三、在图形的分类中梳理思维的脉络

分类是认识事物的一种重要的方法。分类的基础是比较，在认识图形的教学中，分类的过程就是通过比较不断寻找图形之间共性和差异的思维过程，也是对图形本质特征的认识不断深化的过程。如果从思维的角度看，分类活动包含了思维的起点、拐点、条理和层次等，我们称为思维的"脉络"。如三角形的分类。

*教学片断：三角形的分类

1.出示下图（图8），给图中的三角形分一分类。

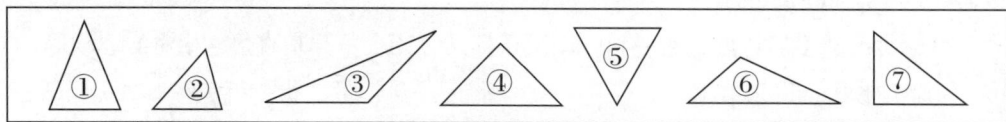

图8

反馈：

方案一：图形④、图形⑦为一类，图形①、图形②、图形③、图形⑤、图形⑥为一类。

理由：有直角的一类，没有直角的一类。

方案二：图形④、图形⑦为一类，图形③、图形⑥为一类，图形①、图形②、图形⑤为一类。

理由：有直角的一类，有钝角的一类，都是锐角的一类。

方案三：图形②、图形⑥、图形⑦为一类，图形①、图形③、图形④为一类，图形⑤为一类。

理由：三条边都不一样长的分一类，有两条边一样长的分一类，三条边都一样长的分一类。

2.比较这三种不同的分法，你有什么发现？

学生讨论后得出：前两种方案都是根据三角形的角来分类的，方案三则是根据边的长度来分类的。

3.揭示。如果按角分，一般分为三类：锐角三角形、直角三角形、钝角三角形。想一想，一个三角形会不会既是直角三角形又是锐角三角形？

生1：有可能，因为直角三角形里也有锐角。

生2：不可能。任何一个三角形里都有锐角，锐角三角形必须三个都是锐角，所以直角三角形不可能是锐角三角形。

师：也就是说，如果按角分类，那么一个三角形不可能同时具备两类不同的特征。这样的关系我们可以用这幅图来表示。呈现模式图（图9）。

图9

4.揭示。如果按边分，有两类特殊的三角形：等腰三角形、等边三角形。想一想，等边三角形是不是等腰三角形？

生：是的。只要两条边长度相等就是等腰三角形，等边三角形三条边的长度都相等，当然也是等腰三角形。

师：我们可以把等边三角形看作是特殊的等腰三角形。它们的关系可以用怎样的图来表示呢？呈现模式图（图10）。

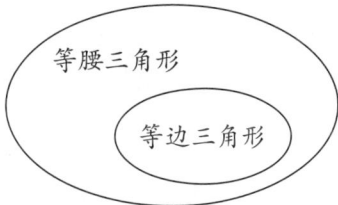

图10

分类时，首先要考虑的是确定分类的标准，这是思维的起点。对于平面图形来说，分类的主要标准是边和角。其中，按边分类主要考虑的是条数、长度和位置关系（如对边是否平行）；按角分类则主要考虑直角，如有没有直角（本质上还是边的位置关系——邻边是否垂直）或者以直角为"分水岭"。这样的经验在前面的学习中学生其实已经有所感悟，因而在上述案例中可以看作是思维经验的运用。教学中要求学生陈述分类的理由，分享分类的经验，这是帮助学生体验思维逻辑性和条理性：思维的起点（分类的标准）不同，所得到的结论迥然相异。进一步地，我们还要引导学生感悟思维的层次性，即按照这两种标准分类后，各类三角形相互之间的关系是不一样的。按角分类重点关注的是差异性，所分得的三类三角形是互不兼容的并列关系；按边分除了关注差异外还要关注共性，如等边三角形既然三条边都相等，则必然其中有两条边相等，也就是具备了等腰三角形的特征，这是一种从属关系（包含关系）。这种思维经验的积累将为学生后续学习中研究图形之间的关系打下良好的基础。

综上，我们可以看到，思维经验是一种基于主观的、富有感性特征的过程性体验。尽管它是一种隐性的数学素养，但在教学中帮助学生有效积累思维经验也并非无迹可寻。只要我们有意识地展开数学知识的发生过程，积极引导学生展开思维活动，那么思维层面的体验与感悟将不断丰富、不断积淀，最终会形成特有的数学思维方式，并逐步建立一定的数学直观。

案例2 三角形的面积

一、教学分析

"三角形面积"是人教版五上"多边形的面积"单元的教学内容。根据教材的编排，本节课是在学习了平行四边形面积计算之后展开教学的。后者不仅为三角形的面积计算打下了认知基础，更奠定了思维基础，即"化归"思想。感悟"化归"思想是平面图形面积计算这个教学板块主要的教学价值所在，而实现"化归"的主要手段则是动手实践。如平行四边形就是通过"剪拼"转化为长方形，进而推导出面积计算公式；而三角形、梯形面积公式的推导则主要通过"拼组"，即将两个同样的三角形（梯形）拼成一个等底等高的平行四边形（如图11）。如果仅以知识技能的掌握为目的，这样的操作活动是直观的，也是有效的。但从思维经验积累和思维能力发展的角度看，如果三节课的活动设计始终停留在动手操作层面，则呈现出一定的局限性。我们有必要逐步加强数学活动的思维介入，让学

用两个一样的直角三角形可以拼出……

哇！用两个同样的三角形可以拼出一个……

图11

生在更富挑战性的问题引领下积极主动地展开思维活动，为汲取思维经验创造更有利的条件。基于这样的考虑，在本节课的教学中，我们在学习材料和活动形式上进行了调整，力求给予学生更大的探索和思考的空间。

二、课堂实践

（一）思考需要直观基础

1.出示任务。（图12）

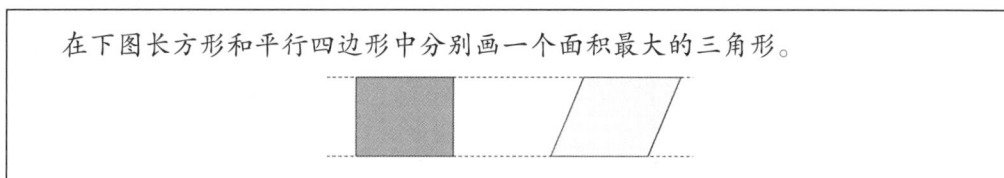

在下图长方形和平行四边形中分别画一个面积最大的三角形。

图12

2.学生动手操作。

3.反馈。（图13）

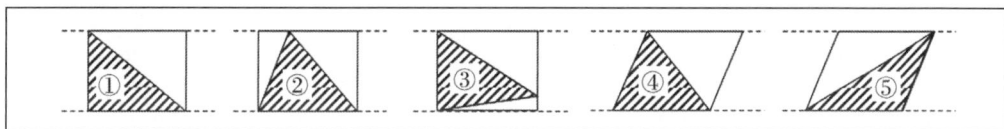

图13

讨论中，多数学生认为长方形中①号三角形是最大的，②号与③号存在争议；而平行四边形中，认为④号、⑤号都是面积最大的三角形。

师：既然②号和③号的画法有争议，我们就暂时不讨论——看其他三个，这些三角形的面积与原图有什么关系？

生：这些图中的三角形面积正好是原图的一半，因为两个三角形（阴影部分与空白部分）一样大。

【意图说明】从反馈的情况看，绝大多数学生都能画出正确的图形。但我们必须认识到这些只是学生未经逻辑分析的直观判断，其中学生在面积学习过程中所获得的经验（对平面图形大小的直观感悟）起着很重要的作用。换句话说，学生知道这样画出来的三角形面积是最大的，但并不知道是为什么。这从随后的课堂争论中可见一斑，很多学生并不认同②号和③号三角形是长方形中面积最大的三角形。即便如此，这里的猜想和操作还是很有价值的。一方面它充分暴露了学情，便于我们把握教学的起点；另一方面则为进一步探索三角形面积计算积累了方法和经验。

（二）思考需要问题驱动

1.出示任务。（图14）

能否求出下面各三角形的面积？试一试。

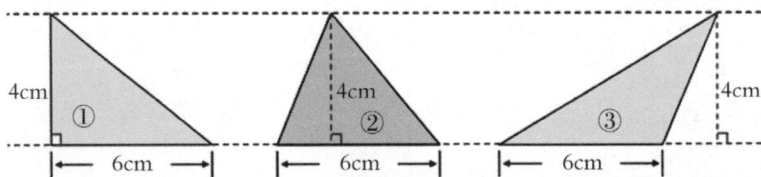

图14

2.学生独立思考，尝试探索。

3.反馈。

（1）直角三角形。（图15）

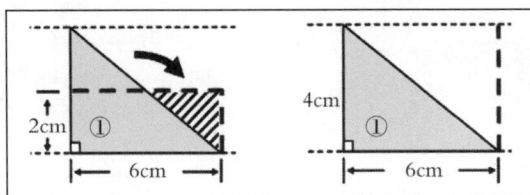

图15

生1：第一种方法是把①号三角形从中间剪开，拼成一个长方形。长方形的长是6cm，宽是高的一半，面积是6×2=12（cm²）。三角形与它面积相等，也是12cm²。

生2：第二种方法是画了一条底边的垂线，得到一个大长方形，面积是6×4=24（cm²）。三角形面积正好是长方形的一半，24÷2=12（cm²）。

（2）锐角三角形。（图16）

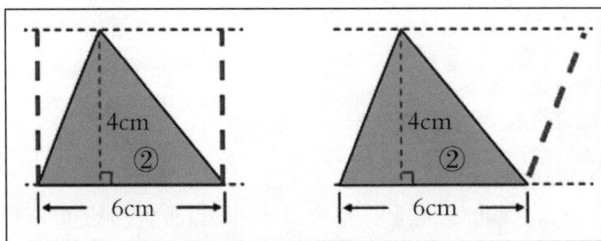

图16

生1：第一种方法在②号三角形左右两边各画一条底边的垂线，就得到一个长方形，面积是24cm²；三角形的面积是它的一半，6×4÷2=12（cm²）。

师：三角形的面积是这个长方形的一半吗？

生：是的。把它看成两个小长方形，左边三角形占了一半，右边也是一半，合起来三角形面积正好是大长方形面积的一半。

生2：第二种方法先画一条平行线，这样就得到一个平行四边形，它的底和高和三角形是一样的，面积是6×4=24（cm²）。而三角形的面积是平行四边形的一半，

$24 \div 2 = 12$（cm^2）。

（3）钝角三角形。（图17）

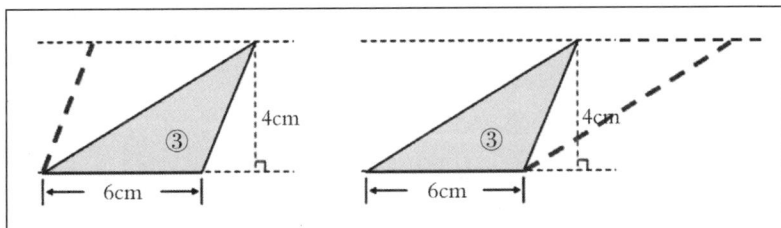

图17

生：这两种方法是一样的。都是先画一条平行线，得到一个平行四边形，面积是$6 \times 4 = 24$（cm^2）；三角形的面积为$24 \div 2 = 12$（cm^2）。

师：回顾刚才的思考过程，我们用什么办法算出了三角形的面积？

生：把三角形先看成长方形或者平行四边形。

师：长方形是特殊的平行四边形。平行四边形与原三角形有什么关系？

生：它们的底相等、高也相等，面积是原三角形的2倍。

师：谁能概括一下三角形的面积计算方法？

生：三角形面积=底×高÷2。

师："底×高"算出的是谁的面积？

生：与这个三角形底相等、高也相等的平行四边形的面积。

【意图说明】教学中，有效的问题设计决定了学生思维活动的开阔性与深刻性。"呈现三类不同的三角形并计算它们的面积"，这样的问题不仅指向明确，而且颇具挑战性。但从反馈的情况看，大多数学生都能积极主动地展开思考并顺利解决了问题。其主要原因在于，学生在前面操作活动中所获得的直观感知为这里的思考奠定了坚实的基础。正因为学生建立了三角形与长方形、平行四边形之间的联系，使得这里的"化归"自然而然（事实上是做了逆向思考，即将三角形还原成长方形或平行四边形）。当然，在这个过程中，学习材料的呈现方式也起到了减缓坡度、指引思考方向的作用，如"将三个三角形置于一组平行线内""三类三角形先后次序的安排"等。值得注意的是，有了问题的驱动，"化归"已不再是操作活动的目的，而仅仅是解决问题的一种手段。

（三）思考需要互动交流

1.讨论一："三角形面积=底×高÷2"是否适用于计算任意三角形的面积？

生1：我觉得可以。三角形按角分类只有三种情况：直角三角形、锐角三角形和钝角三角形，这里的三个三角形包括了所有情况。

生2：不管怎样的三角形，都可以画两条平行线，使它变成一个平行四边形，所以三角形的面积都可以这样计算。

生3：我发现画两条平行线其实就是画了一个一模一样的倒着放的三角形，两个三角形拼成了一个平行四边形。所以"底×高"算出来的就是两个三角形的面积，再除以2就是三角形的面积了。

【意图说明】尽管学生已经初步掌握了三角形面积计算的方法，但前面所讨论的仅仅是个例。由个例到一般，需要运用归纳思维展开合情推理。因而，这里的讨论是必要的。更重要的是，结合问题的讨论引发空间想象，进而完善公式推导过程，这使得学生的思维更为深刻，体验也更为充分。

2.讨论二：刚才同学们对三角形中的②号和③号有争议，现在我们再来看一看它们是不是图中最大的三角形。（图18）

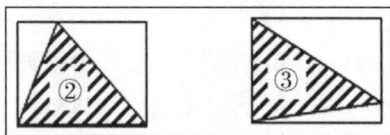

图18

生1：是最大的三角形，它的面积跟①号是一样的，都是长方形面积的一半。

生2：也可以这样看，因为三角形的面积与它的底和高有关，这里几幅图中三角形的底和高都已经是最大的了，所以虽然形状不一样，但是面积肯定都是最大的。

师：那么除了这里的几种画法外，还可以怎么画？

生：只要选一条边做三角形的底，另一个顶点在对边，这样的三角形面积就是最大的。

【意图说明】这个问题的讨论是利用现场生成的资源展开的。学生之前对②号和③号是不是长方形内面积最大的三角形存在疑问，是因为这个结果是"看"出来的。在掌握了三角形面积计算的方法之后再次讨论这个问题，就不再是一种直观判断，而是一种逻辑思考。教学中展开这样的思辨活动，同样有助于将学生的思考引向深入。

3.讨论三：右图是一个梯形，你能在图中找到几对面积相等的三角形？（图19）

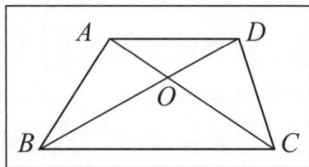

图19

生：三角形ABC和BCD的面积相等，因为它们的底都是BC，高也相等，所以面积相等。

师：我们可以说这是两个等底等高的三角形，所以它们面积相等。还有吗？

生1：三角形ABD和ACD的面积也是相等的，它们也是等底等高。

生2：我感觉三角形ABO和三角形CDO的面积也是相等的。

师：这两个三角形也是等底等高吗？

生：它们不是等底等高，但是因为三角形ABD和ACD的面积相等，只要它们同时减去三角形AOD的面积，剩下的面积就相等了。

师：有没有听明白他的意思？还有什么方法也能证明这两个三角形是相等的？

生：用下面两个三角形ABC和BCD也能证明，它们都减去三角形BOC的面积，余下的面积相等。

【意图说明】这个问题具有一定的拓展性。在问题的讨论中涉及两个层次：第一层次主要是利用"等底等高"来判断面积相等的三角形；第二层次（梯形蝴蝶定理）则要用到几何推理。找到面积相等的三角形并说明面积相等的理由，这是一个思维水平不断深入的过程。结合教学内容适当引入合适的学习材料加以拓展，对于积累思维经验而言，也不失为一条有效的途径。

4.回顾与反思：这节课你学了什么，你是怎么学的？

生：今天学习了三角形的面积计算方法，三角形的面积=底×高÷2。

师：回忆一下，我们是通过什么办法得到这个计算公式的？

生：画两条平行线把三角形转化成一个等底等高的平行四边形，平行四边形面积除以2，就得到了三角形的面积。

师：那我们再回忆一下，前面平行四边形的面积公式又是怎么得到的？

生：把平行四边形转化成长方形。

师：是的，"转化"是一种很重要的数学思想——同样是转化，它们有什么区别吗？

生：平行四边形转化成长方形，面积是不变的；三角形转化成平行四边形，面积要扩大2倍。

师：三角形转化成平行四边形，面积一定要扩大2倍吗？

生：也可以不变。如果面积不变的话，那么底或者高就要缩小到原来的一半。

【意图说明】对于学习过程的回顾与反思对于思维经验的积累是极其重要的。经验是需要交流和分享的，而交流的过程恰恰是固化的过程。也就是说，在学习活动中所获得的感性层面的体验需要借助语言的描述逐步积淀下来，成为相对稳定的认知状态，这就是经验的积累。与此同时，从上述讨论中我们还可以看到，通过联系与比较，前后获得的经验还可以链接、整合，融会贯通。因此，对于课堂小结，我们决不能走过场，也不能仅仅停留在"学了什么"，而更应关注"怎么学的"。

思维经验具有综合性、内隐性的特征，使得我们难以像知识技能那样分门别类地展开教学。但正如史宁中教授所说，"如果能设计出好的教学方案，一定能够成为'帮助学生积累数学思维经验'的有效载体"。这就需要我们在课堂上坚持以生为本、以学为本，尽可能地创造条件，引导学生主动参与学习，积极展开思考，从而获得更为丰富的感悟与体验。这绝非一朝一夕之功，而是一个长期的累积过程。

专题3 构建几何直观

小学阶段儿童思维的基本特点是什么？根据我国著名心理学家朱智贤的研究，是"从以具体形象思维为主要形式逐步过渡到以抽象逻辑思维为主要形式。但这种抽象逻辑思维在很大程度上，仍然是直接与感性经验相联系的，仍然具有很大成分的具体形象性"。因而，小学数学教学中尤其强调直观。

《数学课程标准（2011版）》（以下简称《标准》）首次提出了几何直观这一核心概念，并指出：借助几何直观可以把复杂的数学问题变得简明、形象，有助于探索解决问题的思路，预测结果。几何直观可以帮助学生直观地理解数学，在整个数学学习过程中都发挥着重要的作用。并且，养成良好的几何直观的作用不局限于数学，对于其他学科（特别是物理学）的学习都是非常重要的。几何直观甚至可以影响到日常生活和生产实践，比如，人们在表述几种事物之间的关系时，通常都会利用几何的图形或者符号，并且用这样的直观来辅助思考、理清思路，使得表述更加清晰、结论更加可靠。

鉴于此，小学数学教学中不仅要重视学生几何直观能力的培养，更要善于借助几何直观帮助学生理解和感悟抽象的数学内容。以形助数，既体现了小学阶段儿童的思维特点，也是基于数学研究和数学学习本身的需要。

案例1 几何直观能力的培养

关于几何直观，《标准》做了如下阐述："几何直观主要是指利用图形描述和分析问题。"这里的解释并非严格的概念界定，但我们也可以从中把握几个关键特征。其一，几何直观是一种描述和解决数学问题的方法。它与"直观几何"的区别在于，后者是指几何学中的一个研究领域，主要研究包括认识图形、进行立体图形与平面图形的转换等内容。其二，"几何"二字应理解为研究工具。即几何直观是借助几何图形的形象关系来研究问题的，这就体现了与实物直观（以实物为直观工具，如小棒等）的差异。特别需要指出的是，几何直观研究的对象并不局限于几何学范围，更多的是研究数量之间的关系。其三，"直观"是指研究问题的方式和手段。直观是指对事物进行的不经过逻辑分析的直接判断。这里包含了两层意思：一是通过对事物的直接接触而获得的感性认识；二是通过直观感知对事物本质的直接洞察和直接把握。有了以上认识，我们可以进一步分析几何直观的能力结构。（图1）

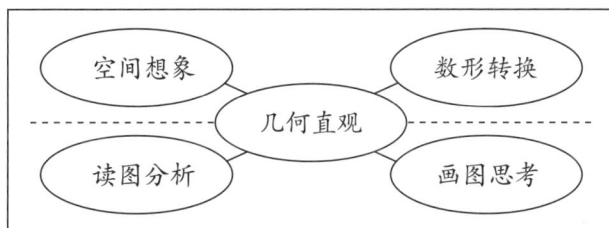

图1

其中，空间想象能力和数形转换能力是几何直观的基础层面。几何直观以几何图形为研究问题的工具，这就需要对几何图形的特点有准确的认识，并具有较强的空间想象能力。此外，数形转换能力也是几何直观的重要内容，即在符号语言（数）与图式语言（形）之间建立联系，能熟练地进行互译。读图分析能力和画图思考能力是几何直观的表现形式。前者主要体现了借助图形描述数学问题，后者则是借助图形分析和思考数学问题。因而，小学生的几何直观能力必然有一个发生发展的过程。笔者将其大致分为四个阶段：孕育阶段→过渡阶段→萌发阶段→生长阶段。各个阶段培养的侧重点应有所不同。

一、孕育阶段——关注直观载体的逐步抽象

几何直观发展的孕育阶段主要是指一、二年级。这个阶段的儿童以动作思维、形象思维为主，数学学习很大程度上依赖直观教学。但这里的直观教学主要借助实物、图片、符号等直观载体，从严格意义讲还不能称为几何直观（以几何图形的形象关系为直观载体）。因而适当进行抽象和提炼，由实物、符号直观逐步向图形直观过渡是很有必要的。如人教版一下"100以内数的认识"教学中，教材上借助回形针、小棒、正方体木块等实物帮助学生认识数的组成、理解计数单位（图2）。

图2

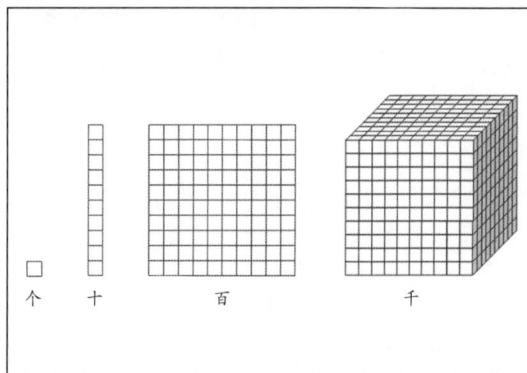

图3

这是以实物为直观载体来认识数学对象，我们可以称为实物直观。从几何直观的角度看，这三种实物中哪一种最具价值？我们不妨做一个比较：用回形针计数，"10个回形针一小堆""100个回形针一大堆"分别对应计数单位"十"和"百"；用小棒计数，则是"10根一小捆""100根一大捆"；用小木块计数，1个小木块对应"一"，10个小方块排成一行对应"十"，而10行拼成一片对应"百"。如果仅从促进本课时知识内容的理解来看，三者差异并不大，但是从后续发展来看显然小木块更有价值。因为尽管在这里小木块只是作为实物呈现，但它的构建方式具备了"点—线—面"的几何图形特征，并为进一步认识"千"（体）积累了直观经验（图3）。这样的构造系列更有利于帮助学生建立计数单位与几何模型之间的关联，从而促进几何直观能力的发展。

二、过渡阶段——关注几何活动经验的积累

直观是对事物的直接判断，是属于经验层面的。从某种意义上说，几何直观就是数学活动经验不断积累所形成的数学素养。数学基本活动经验主要包括两个方面，即实践的经验和思维的经验，两者均有赖于学生参与数学活动，获得切身的过程性体验。小学阶段的几何课程以直观几何、实验几何为主，包括通过直观感知认识各种图形的特征，进行立体图形与平面图形的转换等。其中，平面图形的认识大部分编排在三、四年级，如线段、直线、射线、角、多边形（正方形、长方形、平行四边形、梯形、三角形等），我们将这一阶段称为几何直观能力发展的过渡阶段。教学中，一方面要重视开展看一看、做一做、拼一拼、搭一搭、折一折、画一画等实践活动，积累实践经验；另一方面更要重视反思和提炼，进一步将实践经验上升为思维经验。以"三角形的内角和"教学为例。

一般来说，探究三角形内角和的方法有以下几种：

方法一，度量三个内角的度数，求和。

方法二，把三个内角撕下来，再拼成一个平角（图4）。

方法三，通过折纸，把三个内角向内折叠，拼成一个平角（图5）。

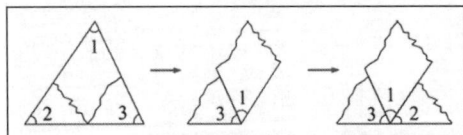

图4

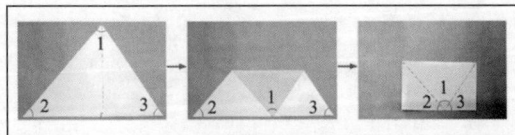

图5

显然，这三种探索的方法都是基于实践操作，它的价值不在于结果，而在于过程，在于实践活动中所积累的活动经验和获得的直观体验。在此基础上，我们可以进一步对这三种方法的思维方式进行沟通，即想方设法将三个内角拼起来，体现出

"求和"的思想。这样，实践的经验上升为思维的经验，为初中阶段的演绎几何奠定基础。

三、萌发阶段——关注几何直观意识的培养

一般来说，进入第二学段（四年级），小学生的几何直观进入萌发阶段。这是因为一方面学生开始具备一定的几何知识基础；另一方面数学学习内容的抽象程度逐步提升，越来越需要借助直观形象的手段来提供支撑。由于简洁表达的需要，这时的直观载体逐步由实物变为图形，初步呈现出几何直观的特点。这个阶段尤其要注重培养学生几何直观的意识，也就是说要促使学生在理解数学知识和解决数学问题时主动地与几何图形建立联系。意识的培养取决于价值的认同。教学中我们可以积极引导，让学生不断体验几何直观的价值和作用。

如"异分母分数加减法"教学中，计算"$\frac{1}{2}+\frac{2}{5}$"，一般会出现以下情况：

$$\frac{1}{2}+\frac{2}{5}=\frac{3}{7}$$

$$\frac{1}{2}+\frac{2}{5}=\frac{5}{10}+\frac{4}{10}=\frac{9}{10}$$

$$\frac{1}{2}+\frac{2}{5}=0.5+0.4=0.9$$

在这里，理解为什么必须先通分才能相加是教学的关键，直指分数加减法也是"相同计数单位累加"的教学本质。我们可以借助"分数墙"（图6）这一几何模型进行解释。

从图中我们可以很明显地看出，由于每一份大小不同，不同的分数单位是不能直接累加的。进一步引导学生从图上寻找与$\frac{1}{2}$和$\frac{2}{5}$相等的分数（等价类分数），发现1个$\frac{1}{2}$相当于5个$\frac{1}{10}$，2个$\frac{1}{5}$相当于4个$\frac{1}{10}$，由于每一份的大小相同，相同的分数单

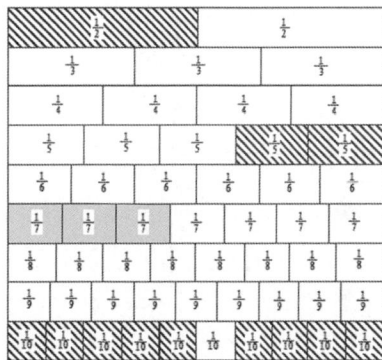

图6

位可以进行累加，得到9个$\frac{1}{10}$。而转化为小数进行计算，其原理与通分是一致的。

四、生长阶段——关注数形之间的转换训练

五、六年级学生几何直观能力的发展进入生长期。几何直观能力的发展要求学生具备较强的数形转换能力。数形转换，也就是数与形之间的互译，即能从数（式）想到图式，能从图式想到数（式）。教学中一方面我们可以针对具体的教学内容加强图式表征的训练，如"看图写数（式）""看数（式）画图"等；另一方面也可以开展综合实践活动，培养数形转换的能力，感悟数与形的互助性。如"正方形数"的认识。

呈现图7，首先引导学生观察并思考：这些点子图分别表示哪些数？点子图的

排列有什么特征？通过讨论和交流，揭示像这样的数叫"正方形数"。进一步地，通过图形操作（分一分、连一连）寻找"正方形数"的数学模型，如表示为"完全平方数n^2"；可以表示为从1开始的连续奇数之和，$1+3+5+\cdots+n$；也可以"回"形构造，$4+3+3+2+2+1+1$；甚至可以表示为两个"三角形数"之和，$1+2+3+\cdots+n+\cdots+3+2+1$。（图8）

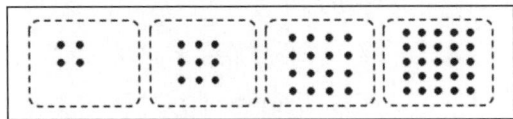

图7

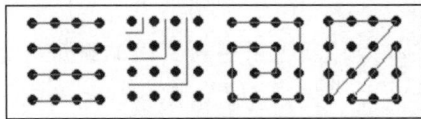

图8

像"三角形数""正方形数"等都是比较特殊的数，具有明显的图形特征。运用这样的教学素材引导学生感悟数的几何特征，反复进行数（式）与形（构造方式）之间的转换训练，对于发展学生的几何直觉，感悟数形之间的密切关联，都是很有价值的。

必须指出，就整体而言，小学生几何直观能力的发展是不平衡的，甚至表现出很大的差异性；就个体而言，其发展过程也不是直线型的。因此，很难做严格意义上的划分。本文所阐述的四个不同的发展阶段也是相对的，没有一个绝对意义上的时间分割点。但是其发生发展的一般规律性还是存在的，针对不同阶段的特点采取相应的培养策略才能事半功倍，这正是本文的用意所在。事实上，基于小学儿童的年龄特点和教学内容的局限，几何直观能力在小学阶段还不能完全显现（特别是直观洞察性），但几何基础知识的掌握、几何活动经验的积累、几何直观意识的培养必然能为几何直观水平的发展奠定良好的基础。

案例2 画出来的口诀（拓展）

一、教学分析

这堂课是二年级上册"表内乘法"大单元教学的拓展课。是在单元整体教学的基础上，引导学生在方格图上用长方形或正方形画口诀，数形结合，拓展认知。通过拓展性的学习活动，试图让学生进一步认识口诀的特点和口诀之间的联系，并借助数形结合感悟乘法和图形面积的关系，为学生今后学习长方形和正方形的面积积累活动经验。

二、课堂实践

（一）在方格图上画口诀

1.布置任务：用图上的小方格（10×10的方格图）表示"二六十二"这句口诀。

2.反馈。（呈现学生作品，如图9）

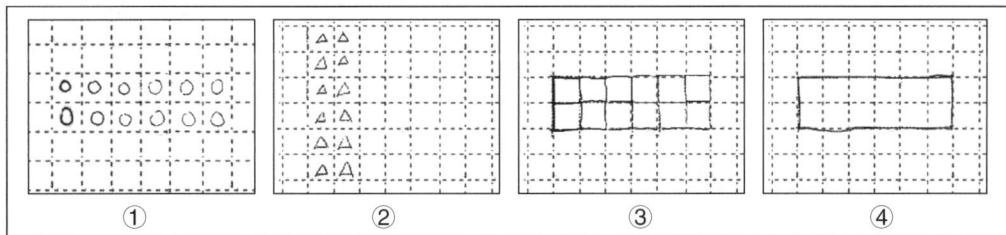

图9

师：这些图形各不相同，为什么表示的都是"二六十二"？

生1：他们都画对了。因为他们画的都是"2个6相加"或者"6个2相加"，一共是12个小方块。

生2：④号不对，因为他没分好。

生3：我觉得④号也是对的，虽然他没分好，但这里本来就有格子，也可以看出"2个6相加"或者"6个2相加"。

师：④号画的是一个长方形，这个长方形也可以表示"二六十二"这句口诀的意思——一行有6个小方格，有这样的2行，一共是12个小方格。那么，其他的乘法口诀也能像这样画成长方形吗？

3.任务跟进：请你再想一句口诀，也像④号那样用长方形表示出来。

4.反馈。（图10）

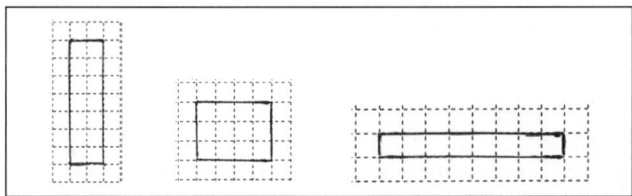

图10

生1：我画的是"二七十四"，每行2个小方格，有7行，表示7个2相加。

生2：我画的长方形每行4个小方块，有3行，表示的是"三四十二"这句口诀。

生3：这是"一八得八"，每行8个小方格，只有1行，表示1个8。

【意图说明】从"二六十二"切入，画图表征口诀的意义。反馈的四幅作品体现了学生还处于简约符号直观的阶段，但也能理解简单的图形直观。用长方形表征口诀初步具备了几何直观的特点，即借助面积模型解释乘法的意义。

（二）比较长方形的形状和方格数

1.讨论：比较"二六十二"和"三四十二"这两个长方形（图11），你发现了什么？

生1：我发现这两个长方形总共都是12个小方格。因为不管是"二六十二"还是"三四十二"，最后的得数都是12。

师：哦，格子的总数是一样的。那有什么不一样呢？

生2：它们的形状不一样。因为"二六十二"表示2个6相加，一行有6个，只有2行，所以看起来瘦瘦长长的；

"三四十二"表示的是3个4相加，每行4个，有3行，有点方方正正的。

师：是的。我们发现"二六十二"和"三四十二"这两句口诀乘数不一样，所以画出来的长方形形状就不一样；但它们的得数一样，所以长方形的格子总数是一样的。

2.任务跟进。像这样"乘数不同，得数相同"的口诀还有吗？请你想一想，写一写，看看你能写出几组。

3.学生自主活动后反馈。（图12）

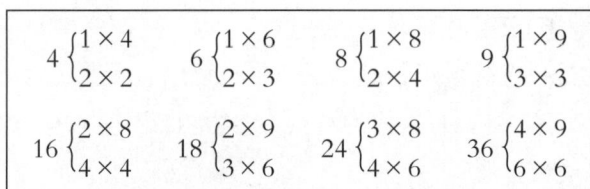

$$4\begin{cases}1\times4\\2\times2\end{cases}\quad 6\begin{cases}1\times6\\2\times3\end{cases}\quad 8\begin{cases}1\times8\\2\times4\end{cases}\quad 9\begin{cases}1\times9\\3\times3\end{cases}$$

$$16\begin{cases}2\times8\\4\times4\end{cases}\quad 18\begin{cases}2\times9\\3\times6\end{cases}\quad 24\begin{cases}3\times8\\4\times6\end{cases}\quad 36\begin{cases}4\times9\\6\times6\end{cases}$$

图12

4.思考："24个小方格"已经有2个长方形，还有其他不同形状的长方形吗？

生1：可以把24个小方格摆成2行，每行12个，就是一个长方形。

生2：还可以把24个小方格摆成一行，也是一个长方形。

（课件动态演示，如图13）

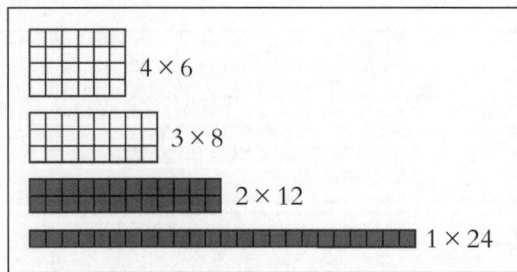

图13

4×6

3×8

2×12

1×24

师：那么这里其他的数也能变出更多不同形状的长方形吗？

生1：我觉得36这个数还可以变成3行，每行12个小正方形——只要把"6×6"

从中间切开，移下来就行了。

生2：也可以变成"18×2"，就是放2行，每行18个，18+18=36。

生3：摆一行也行，就是36个。

（课件动态演示，如图14）

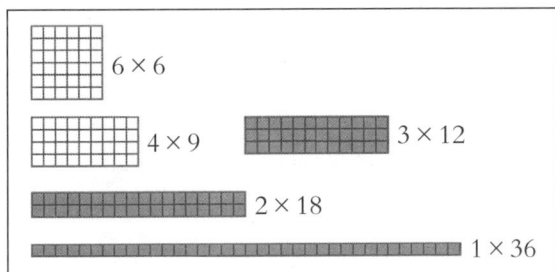

图14

【意图说明】沟通"二六十二"和"三四十二"两句口诀的联系，进而寻找口诀表中得数相同的口诀，具有知识巩固的意义。更重要的是，这里以长方形的形状特征为直观支撑，渗透了几何领域"等积变形"的思想方法。这里的24和36突破了口诀表的限制，出现了"两位数乘一位数"的口算乘法。但借助几何直观，回归乘法的本源意义（连加），学生也是能理解的。

（三）观察正方形的特点

1.布置任务：找一找，哪些口诀画出来是正方形？

生：我发现"二二得四""三三得九""四四十六""六六三十六"这几句口诀画出来的图形是正方形。

师：请你再想一想，在我们的口诀表中，还有哪些口诀画出来的图形也可能是正方形？

生：我觉得像"一一得一""二二得四""三三得九"……一直到"九九八十一"，这样的口诀画出来的就是正方形，一共是9句。

师：为什么？能说说理由吗？

生：因为这些口诀的乘数是一样的，每行几个，就有这样的几行，画出来就成了正方形。

师：说得真好。"乘数相同，得数不同"的口诀画出来的是正方形，一共是9句。

2.任务跟进：能不能在一张方格纸上画出所有的9个正方形？

生：我发现要在这张方格纸上画出所有9个正方形，方格数是不够的，所以只能把这些正方形重叠起来。（图15）

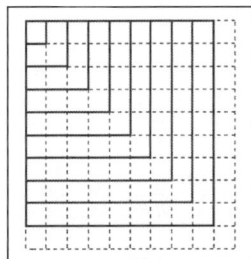

图15

123

师：仔细观察，我们发现正方形在慢慢地变大。你觉得增加的格子数有规律吗？请你想一想。

生1：我发现，从"一一得一"到"二二得四"，格子增加了3个；从"二二得四"到"三三得九"，格子增加了5个；从"三三得九"到"四四十六"，格子增加了7个……增加的格子是有规律的。

生2：增加的格子都是单数，而且每次比前面多2。

师：是的。在图上，我们可以把增加的部分表示出来。一起看：最小是"一一得一"，变大，右边增加1个，下面增加1个，注意要变成正方形还要在角上增加1个，一共增加3个；现在是"二二得四"，再变大，右边增加2个，下面增加2个，角上增加1个，一共5个；再变大，右边3个，下面3个，角上1个，一共7个……以此类推。那么，比"九九八十一"再大一点的正方形应该增加几个呢？

生3：右边增加9个，下面也增加9个，角上增加1个，一共19个——这个正方形是10×10=100。

【意图说明】"正方形数"的特征是比较明显的，这里表征的是乘数相同的口诀。要求学生在一张"10×10"的方格图内表示口诀表中全部9句得数为"正方形数"的口诀，具有一定的挑战性。但它的价值在于可以建立正方形数之间的关联，即通过如何使小正方形逐步变大的直观演示，发现内在的规律。当然，在本阶段并不要求学生人人能理解和掌握，但适当有所感悟还是有必要、有价值的。

第五章
转变学教方式

当今世界已进入知识爆炸的时代。知识更迭速率的不断加快，需要人们具有更强的学习能力、实践能力和良好的思维品质。因而，新课程改革积极倡导"先学后教""以学定教"的教育教学理念，其目的就是培养学生的自学能力，为终身学习奠定基础。

"自学—导学"模式就是在这样的背景下探索尝试的一种新的学习方式。即，课前通过前置性学习对内容有一个认识和了解，并质疑问难。课堂上结合学生的疑难困惑提炼重点问题展开讨论，进而完成学习任务。

在"自学—导学"的过程中，学生的自学固然重要，但更重要的是教师的导学。导学分两个阶段：一是课前的导学，通常是以导学单的形式明确学习任务。而教师的主导作用恰恰体现在导学单的任务设计上。二是课内的导学，学生在自学过程中会提出一些疑难问题，但并非所有的问题都有探讨的价值。教师要加以梳理和提炼，把学生的困惑点和教学内容本身的重难点有机地融合起来，并在讨论的过程中适时跟进，组织深度思辨，这也体现了教师的主导作用。

根据"自学—导学"范围的不同，可以构建三种不同的实践样态：课时导学、单元导学和领域导学。

专题1 **课时导学**

　　"课时导学"是以课时内容为视角，引导学生自学新知内容，链接已有知识经验，在相互联结的基础上，围绕重难点展开课堂讨论的学教方式。

　　"课前导学"不同于预习。小学数学课是否需要预习，一直存在争议。争议的焦点在于预习之后知道了知识的结论，会不会在客观上弱化学生对新知的好奇，进而给课堂学习带来负面影响。因而，长期以来，数学课的预习成了"禁区"。"课前导学"则是在传统预习的基础上，加强了教师的引导，拓展了自学的形式和内容，强调知识整体背景的呈现和与现实生活的联系。其主要依据在于：其一，知识具有不同的属性和特点，并非所有的知识都需要讲解和探索，有的内容完全可以通过自学去理解和掌握；其二，尽管学生可以通过自学了解知识结论，但大多数学生是"知其然而不知所以然"。这样的状态或许比一无所知的时候更好奇，更想知道来龙去脉。从这个意义上讲，什么样的教学内容可以尝试采用"课时导学"的方式，自学之后课堂如何跟进，才是我们需要着力思考的问题。

案例1 **圆的认识**

一、课前导学

　　"圆的认识"是人教版教材（2012版）六年级上册第五单元的教学内容。本节课涉及的知识点很多，其中有相当一部分是属于"是什么"的陈述性知识，如什么是圆心、什么是半径、什么是直径、分别用哪个字母表示，等等。这些知识没有探究的必要。还有一些知识点，如半径、直径的特征，两者之间的关系等，则需要学生感悟、理解。基于这样的认识，我们采用了"自学—导学"的方式。导学单设计如下：

　　"圆的认识"导学单

　　1.自学课本第57~58页内容，了解圆的相关知识。说一说什么是圆心、半径和直径。

　　2.想一想：圆的半径和直径分别有什么特征，它们之间有什么关系？

　　3.怎样用圆规画圆？试着画一个半径是3厘米的圆，并用字母表示圆心、半径和直径。想一想：如果没有圆规，你会画圆吗？

　　4.生活中你看到过圆吗？试举一例。你还知道哪些有关圆的知识？

从自学反馈的情况看，对圆心、半径、直径等概念的理解，学生不存在困难；对其特征也有所了解，并且很多学生对圆的了解已远远超出本节课的要求，如圆周率、圆的面积计算公式等。但学生之间也表现出一定的差异性。因而，课堂上应把探究的重点放在理解、验证课本已经给出的结论上。在基础知识目标落实以后，我们力求在数学思考上有所拓展，一是让学生利用圆的特征来解释生活中的现象，二是让学生寻找圆心。本堂课还有一个内容，就是用圆规画圆。画圆要有方法，但画圆是一种技能，技能的熟练需要反复训练，所以没有把它作为本节课的重点。

二、课堂实践

（一）知识整理

1.揭示课题。

2.学生汇报自学情况，教师板书整理。

（二）建立概念

1.找一找圆的半径和直径。（图略）

2.说一说圆的直径和半径应符合哪些条件。

3.画出圆的半径和直径，并标上相应的字母。

（三）验证理解

1.布置任务。大家通过自学，已经知道了半径和直径的特征以及它们之间的关系——这些特征我们都要进行验证，怎样验证呢？

2.学生合作交流。

3.反馈。

师：谁能证明半径确实有无数条？

生1：用"画"的方法，画不完。

生2：圆上有无数个点，任意一点与圆心相连都是半径，所以半径有无数条。

生3：从一点可以引出无数条射线，所以半径有无数条。

师：所有的半径都一样长吗？你们是怎样验证的？

生：我是用量的方法，半径都是3厘米。

师：你量的是哪个圆的半径？量了几条？

生：我量的是一号圆，量了5条，都是3厘米。

师：还有哪位同学也是用"量"的方法进行验证的？介绍一下你的情况。

生：我也用的是量的方法。我把尺的"0"刻度对准圆心，然后把尺转一圈，发现半径都是3厘米。

师：这个方法怎么样？

生：我觉得这个方法更好，这样其实量了无数条半径。

师：哪位同学量了二号圆的半径？说说结果。

生：我量了二号圆，半径是2厘米。

师：2厘米？你们刚才不都说是3厘米吗？

生：这两个圆不一样啊！

师：那你们认为"所有的半径长度相等"这句话完整吗？怎样补充？

生：同一圆内，所有的半径长度相等。

师：直径一样长，直径长度是半径的2倍，需要这个前提吗？（板书补充完整）

师：刚才我们验证了半径的特征，用这些方法能验证直径的特征吗？直径的特征还能怎样验证？

生：半径有无数条，一条直径就是两条半径，所以直径也有无数条；同样，直径长度也相等。

师：同一圆内，直径长度一定是半径的2倍吗？怎样验证？

生1：我还是用量的方法。一号圆的直径是6厘米，半径是3厘米；二号圆的直径是4厘米，半径是2厘米。说明同一个圆内直径是半径的2倍。

生2：我是看出来的。圆心在圆的中心，所以把直径分成了两条一样长的半径，所以直径的长度是半径的2倍。

师：一条直径可以看作是两条半径，那么两条半径就是一条直径，对吗？

生：不对。如果两条半径不在同一条直线上，就不是一条直径。

师：怎样的两条半径才能看作一条直径？

生：在同一直线上的两条半径才能看作是一条直径。

师：图1中提供的条件，你想到了什么？

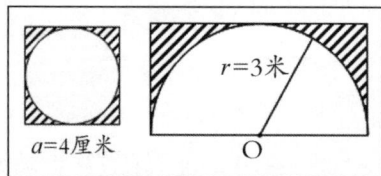

图1

（四）解释生活现象

师：篝火晚会上，人们总会自然而然地围成一个圆，这是为什么呢？你能不能解释一下？（反馈略）

师：生活中有很多现象都是利用了"半径一样长"这个特征，比如圆形的餐桌、车轮等等。

（五）画圆

1.说一说用圆规画圆的方法。

2.任意画一个圆。说说画圆时要注意什么。

3.画一个$d=4cm$的圆。

4.不用圆规怎么画圆？

（反馈略）

（六）寻找圆心

师：这张圆形纸片上的圆心没有标出来，你能不能找到它？

生：对折一下，再对折一下，这个交叉点就是圆心。

师：黑板上这个圆的圆心也没有标出来，谁来折一折？

生（笑）：折不动。

师：那怎么办？

生1：用尺在圆内找一条最长的线段就是直径，再找一条，两条直径相交于一点，这就是圆心。

生2：我想问一下，这条最长的线段怎么找？

生1：把尺的"0"刻度对准圆上一点，另一端在圆上移动，最长的一条线段就是直径。

师：找到了一条直径，还要找第二条吗？

生：只要找到这条直径的中点就行了。

师：还有不同的办法吗？

生：在圆的四周紧紧围一个正方形，再找到四条边的中点，连起来，相交的点就是圆的圆心。（如图2）

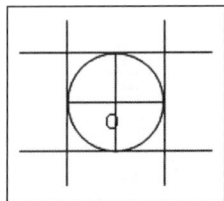

图2

师：画出了正方形，还一定要找四条边的中点吗？

生：画两条对角线，交点就是圆心。（如图3）

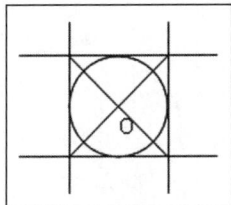

图3

师：如果擦掉一条呢？

生：找到竖着的那条线的中点，再通过这个点画一条和横线平行的线，就能找到直径，再找直径的中点，就是圆心。（如图4）

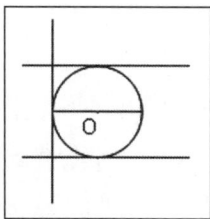

图4

师：再擦掉一条呢？

生：把直线和圆碰到的两个点连起来（学生不知道切点），就是直径，再找圆心。（如图5）

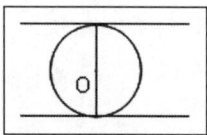

图5

师：如果只画一条，行不行？

生：画出这条直线的垂线，垂足就是那个相交的点，这条垂线就是直径，也能找到圆心。（如图6）

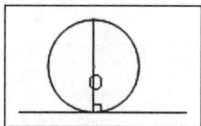

图6

三、课后反思

（一）课前自学使"双基"得到了有效的落实，提高了课堂教学效率

知识技能的理解和掌握是数学学习是否有效的重要尺度之一。本节课的知识目标是知道圆是平面上的曲线图形，建立圆心、半径和直径的概念，理解半径、直径的特征及相互间的关系；技能目标是会用圆规画圆。从知识目标看，概念的建立是基础。一般认为，数学概念的解释可以通过三类语言：文字语言、图形语言和符号语言。以往，概念教学可以概括为从感性积累到文字提炼的过程。换句话说，学生首先学会用"图形语言"解释，继而抽象成"文字语言"。但是，用精练的数学语言描述事物的特征，对小学生来说非常困难，因而我们往往要花费大量的教学时间。这堂课，先让学生通过课前自学了解概念的文字定义，再通过"是""非"判断和"画一画"的操作活动完成意义构建，达到了建立概念的目的。从效率上讲，这更省时省力。"优化课堂教学过程的最终目的是为了提高课堂教学的效率。"正

因为如此，画圆技能训练的时间有了保证。技能一定要通过反复的实践操作才能达到熟练的程度。课堂上，我们先后两次进行了操作。第一次是任意画，旨在掌握基本的操作方法；第二次是画 $d=4cm$ 的圆。按要求画圆，也是本堂课的具体目标之一。这样，技能目标就落实到位了。

（二）课前自学有效地促进了课堂探究活动

探究活动能否成功，很大程度上取决于两个因素：一是学生有没有探究的愿望和需要；二是学生是否已经具备了认知基础。本堂课探究的问题是"怎样验证半径、直径的特征以及它们之间的关系"。学生已经比较好地建立了半径、直径及圆心等概念，这就为探究提供了认知基础。再者，在预习过程中，学生同样在思考这些问题："半径有多少条？它们的长度相等吗？""直径有多少条？它们的长度相等吗？""半径和直径的长度有什么关系？"等等。只有当探究的问题成为学生的内在需要时，探究才具有了生命力，才会在课堂上出现这么多精彩的发言。

（三）课前自学拓展了数学思考的空间

课前自学使本堂课的知识技能目标在短时间内得到了有效落实，因此也就赢得了知识拓展延伸的时间。"生活中圆的现象如何解释？""没有圆规怎么画圆？""怎样寻找圆心？"这些具有数学思考价值而又富有挑战性的问题，使学生充满了探究的渴望，更点燃了他们智慧的火花。"火堆就是圆心，人们围成一个圆，因为圆的半径都是相等的，那么每个人与火堆的距离就一样长了，就一样温暖了。""在周长相等的情况下，圆的面积最大，所以人们会围成一个圆。""先画一个正方形，人站在中间，然后多量几个与人距离相等的点，连起来就是一个圆。""在圆的四周紧紧围一个正方形，再找到四条边的中点，连起来，相交的点就是圆的圆心。"……

案例2　长方体和正方体的认识

一、课前导学

"长方体和正方体的认识"是人教版（2012版）五年级下册第三单元的教学内容，也是学生系统认识立体图形的开始。本节课的特点类似"圆的认识"，即知识点繁多且散乱。如长方体、正方体面、棱、顶点的数量和特征，认知难度不大，但量比较多，记忆负担比较重。针对这样的内容特点，我们也采用了"自学—导学"的方式。导学单如下：

“长方体和正方体的认识”导学单

1.自学课本第19~20页内容，了解长方体、正方体的相关知识，完成下面表格。

图形	相同点	不同点		
		面的形状	面的大小	棱的长度
长方体				
正方体				

2.想一想，长方体和正方体有什么关系？说说理由。

3.生活中你看到过长方体或正方体吗？试举例。你还知道哪些有关长方体和正方体的知识？

从学生的反馈情况看，由于学生在日常生活中已经积累了很多有关长方体和正方体的感性认识，所以从教材上理解它们的特征不存在认知障碍，大多数学生能正确填写表格，并借助表格梳理两个图形的特征。此外，多数学生能认可“正方体”是特殊的“长方体”，主要的理由是从面的形状特征来解释的，因为正方形是特殊的长方形，这是一种迁移性理解。能从棱的特征来解释的不多。基于此，这堂课的课堂教学目标主要是构建长方体和正方体的关联，让学生把两种图形纳入一个整体展开学习。主要的目标是通过从二维空间拓展到三维空间，发展学生的空间认知和空间想象能力。

二、课堂实践

（一）在自学反馈中进行知识梳理

1.呈现学生的自学材料（图7），反馈交流。

观察长方体和正方体找一找长方体和正方体有什么相同特征和不同特征。

名称	相同点	不同点		
		面的形状	面的大小	棱的长度
长方体	都有： 6 个面 12 条棱 8 个顶点	一般都是 长方形，可能有 2个面 是正方形	相对的 面积相等	平行的 条棱长度相等
正方体		6 个面都是正方形	6 个面的面积都相等	12 条棱长度都相等

图7

（1）观察这位同学的“导学单”，有没有修改意见？

（2）出示长方体和正方体模具，解释表中的相同点和不同点。

结合学生的解释，明确面、棱、顶点的位置，进一步指出：长方体"平行的棱"也可以叫"相对的棱"。

2.交流：生活中，你见过长方体吗？举个例子。

生：铅笔盒、冰箱……

【意图说明】自学反馈的过程是相关知识点的梳理过程，教学中需要引导学生展开有序思考，认识立体图形的相关知识概念。与此同时，直观认识长方体和正方体的模型，以及寻找生活中的实物图形都是为了帮助学生进一步建立空间表象，为下一步探究长方体和正方体的特征做好铺垫。

（二）在图形构造中认识棱的特征

1.布置任务。从下面四组小棒中选一些搭成不同形状的长方体，怎么搭？想一想，有多少种不同的搭法？把选用小棒的方法记录在纸上。（图8）

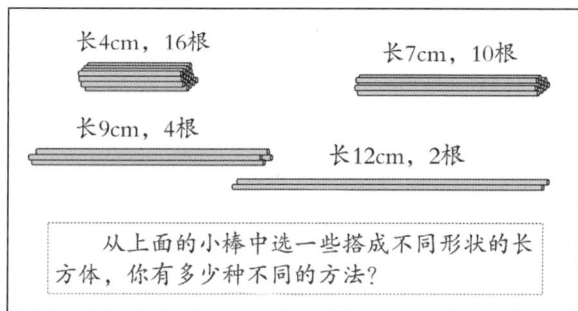

长4cm，16根　　　　　　长7cm，10根

长9cm，4根　　　　　　长12cm，2根

从上面的小棒中选一些搭成不同形状的长方体，你有多少种不同的方法？

图8

2.反馈交流。（图9）

方案	长4cm 16根	长7cm 10根	长9cm 4根	长12cm 2根	总根数
①	4	4	4	0	12
②	8	0	4	0	12
③	8	4	0	0	12
④	4	8	0	0	12
⑤	0	8	4	0	12
⑥	12	0	0	0	12

图9

（1）第一层次。

师：我们来看，这么多的方案，有什么共同的特点吗？

生1：都用了12根小棒，因为长方体有12条棱。

生2：D组（12cm）的小棒大家都没选。

师：为什么不选D组的小棒呢？

生：2根没办法搭成长方体，至少要4根才行，因为相对的棱有4条。

（2）第二层次。

师：继续观察，它们有什么不同的地方？如果分类，可以分成几类？

生：可以分成三类：①为一类，②③④⑤分为一类，还有⑥为一类。

师：说说这样分类的理由。

生：选择小棒的组数不一样。第一类选了3组小棒，第二类2组，第三类只用了1组。

师：大家想象一下，这几类长方体的形状会是什么样的呢？

生：我觉得第三类搭出来应该是一个正方体。

师：是吗？为什么搭出来会是一个正方体？

生1：因为它只用了1组小棒，所有的12条棱长度都相等，只有正方体是这样的。

生2：因为小棒的长度都一样，所以这个图形是每个面都一样大的正方形。

（展示正方体框架）

师：其他两类搭出来会是正方体吗？

生：不会。不过第二类长方体中会有2个正方形，但其他4个面都是长方形。

师：是吗？说说你是怎么想的。

生：因为这里用了两组小棒，有一组是8根，能搭成两个一样大的正方形，另外的4根小棒把它们连起来，就是一个长方体。

（展示有两个面是正方形的长方体框架）

师：那么第一类长方体会不会出现正方形？想象一下会是什么形状。

生：第一类没有正方形，每个面都是长方形。因为它3组小棒的长度都不一样。

（展示长方体框架）

师：从一个顶点出发的三条棱分别叫作长方体的长、宽、高。数一数长方体分别有几条长、几条宽、几条高。

生1：我觉得第一类长方体有4条长、4条宽和4条高，第二类有8条长、4条高。

生2：不对，第二类也有4条长、4条宽和4条高，只不过它的长和宽相等。

生3：如果这样看，那么正方体也有4条长、4条宽和4条高，只不过它的长、宽和高全都相等。

师：是的，如果长方体长、宽、高都不一样，它们每个面都是长方形；如果特殊一点，有两组相等，就会有两个正方形；如果再特殊一点，三组都相等，就成了正方体。由此可见，正方体和长方体有什么关系？

生：正方体也是一个长方体，只不过它是最特殊的一个长方体。

（3）第三层次。

师：现在我们要用接头把小棒连起来，搭成长方体，你觉得需要多少个接头？

生：8个。接头就是长方体的顶点，长方体有8个顶点。

【意图说明】在学生自学的基础上，课堂上通过选小棒搭长方体的活动帮助学生进一步感悟长方体和正方体的特征。只不过这里的活动不是实践操作，而是空间想象，是一种思维层面的操作活动。在选小棒的过程中，学生的思维已经开始介入，需要充分考虑棱的特点。而在反馈中，更需要展开空间想象，在脑海中描绘长方体的形状特征。反馈分三个层次：一是寻找棱的共性，即都是12条，且每组至少4条；二是通过分类寻找差异，不同的选法得到的长方体形状特征是不一样的，在空间想象后再给出模型框架，以直观印证想象；三是认识和理解顶点。在这样的大背景下，学生深刻地理解了正方体和长方体之间的关系。

（三）在表面积计算中认识面的特征

1.布置任务。（图10）

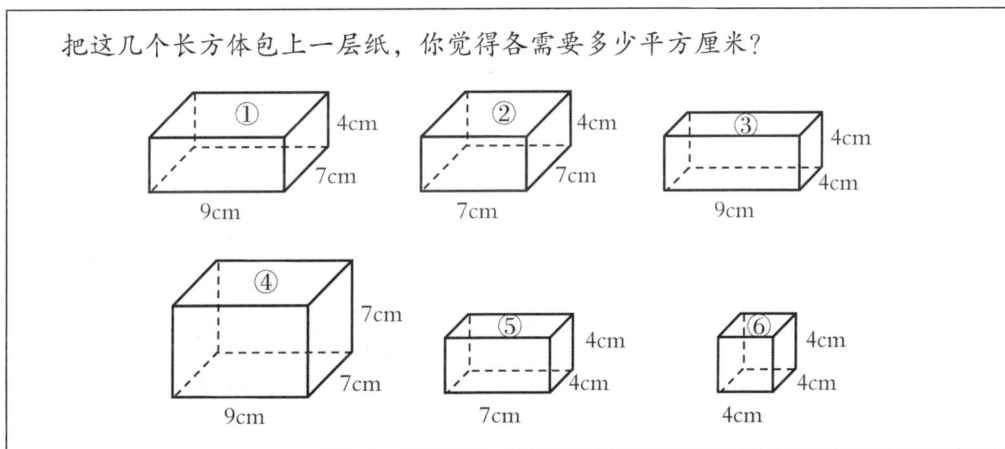

图10

2.学生尝试计算。

3.反馈。

师：你们觉得哪个算起来最简单，哪个算起来最麻烦？

生：⑥号最简单，①号最麻烦。

师：说说为什么。

生1：因为⑥号是一个正方体，6个面都是大小相等的正方形，先用4×4算出一个面的面积，再乘6就行了。

生2：①号前后、左右、上下面的面积都不一样，要算3个面，然后分别乘2。

师：为什么要乘2？

生：因为①号长方体相对的面面积相等，算出的3个面都要乘2，就是6个面的面积。

师：其他四个长方体怎么算呢？

生1：要算两个面，算出的正方形乘2，长方形乘4。

生2：这几个长方体对面的正方形面积是相等的，侧面的4个长方形面积也是相等的。

……

师：计算包装纸的面积其实就是求长方体的表面积——说说什么是长方体的表面积。

生：长方体的表面积就是长方体6个面的总面积。

师：刚才同学们计算时出现了三种不同的方法，你觉得哪一种是可以通用的？

生：计算①号长方体的表面积的方法最麻烦，但它是通用的；其他的长方体也可以先算3个面，再乘2，得到6个面的面积总和。

【意图说明】以计算长方体的表面积作为任务驱动，引导学生在计算过程中不断理解和感悟长方体面的特征。这几类长方体面的特征不同，所以表面积的计算方法也不尽相同。在求异的基础上，还要引导学生求同，通过比较得到最一般化的方法。这就回到了最一般的长方体的特征——对面相等。

（四）在拆小棒的过程中构建三维观念

思考：刚才用小棒搭了很多个长方体，以①号长方体为例，现在取走其中1根小棒，你还能确定这个长方体的大小吗？

生：能，这个长方体的长还是9厘米，宽还是7厘米，高还是4厘米。

跟进：继续拆除小棒，只要保留几根，你就能确定长方体的大小？

生：只要保留3根就够了。

师：任意三根都行吗？

生：不是的，这三根小棒必须分别是长方体的长、宽、高。

【意图说明】从平面到立体，核心是帮助学生构建起三维的观念。即长方体的形状和大小是由长、宽、高三个维度决定的。拆除小棒同样是一个思维层面的操作，一方面巩固长方体特征的认识并发展空间想象能力，另一方面为后面学习长方体的体积积累思维经验。

专题2 单元导学

"单元导学"是以单元内容为视角，引导学生进行单元整体自学，并结合学生的疑难困惑进行单元内容重组，有针对性地组织课堂教学活动。单元视角下的前置性学习，更具整体性学习的特点，有助于学生了解知识之间的结构关联。同时，以问题为导向的课堂学习，具有项目化学习的特点，有助于激发学生学习的内驱力，调动积极性。

结合单元内容的不同特点，"单元导学"可以分四种不同的实施策略。但具体实施中，这几种策略可以组合式使用。（如图1）

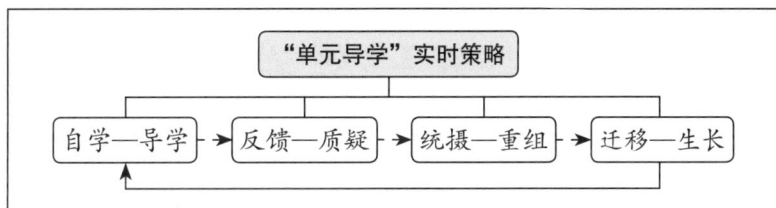

图1

"自学—导学"策略： 以长作业的方式通过任务驱动引导学生自学单元内容。通过思维导图等形式梳理单元知识脉络，形成结构。结合自学情况提出质疑。

"反馈—质疑"策略： 以单元开启课的形式反馈自学情况，汇报和交流单元知识的结构关系，提出疑难困惑。根据学生的"疑难点"重点展开教学。

"统摄—重组"策略： 学科大观念和领域大观念统摄，提炼单元大观念，并围绕大观念重组教学内容，优化单元知识结构，帮助学生构建更合理的认知线索。

"迁移—生长"策略： 通过学习能认识到"任何知识可被已学知识所解释，而新学知识都可用来解释未学知识"。能逐步构建起相对完整的知识体系，将"碎片化学习"转变为"整体性学习"，主动地进行关联与迁移，促进生长。

下面以人教版（2012版）四年级下册"三角形"单元为例，阐述具体的操作过程。

一、单元内容分析

"图形与几何"领域主要包括图形的认识、测量、图形的运动、图形与位置等四个方面，分别对立体图形和平面图形的特征、大小、运动和位置进行描述与刻画。其教育价值在于通过图形的认识和理解，发展学生的空间观念和推理能力。

几何图形是对客观事物空间位置的抽象。抽象的过程是舍去事物的一切物理属性，抽象的结果是得到几何研究的对象，即点、线、面、体。几何学的本质就是研究这些对象的性质及其关系。小学阶段"图形的认识"板块所涉及的图形有直线及其位置关系、射线与角、三角形、四边形、圆和扇形、长方体和正方体、圆柱和圆锥。其中，平面图形相关内容在人教版教材中的编排如图2所示：

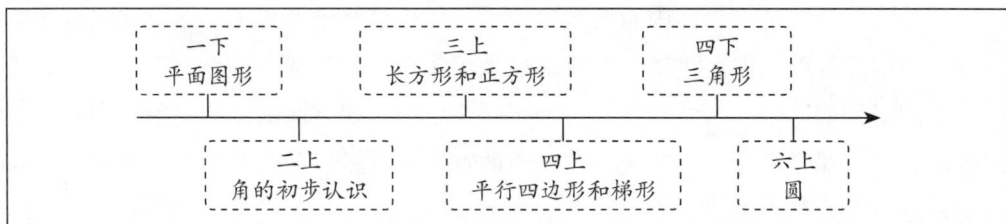

图2

可见，在"三角形"单元教学之前学生已经具备了一定的平面图形知识基础。特别是在认识四边形的过程中，学生已经知道认识平面图形的特征可以从"边"和"角"两个维度展开研究，这是重要的学习经验。本单元教材的主要内容和编排结构如图3：

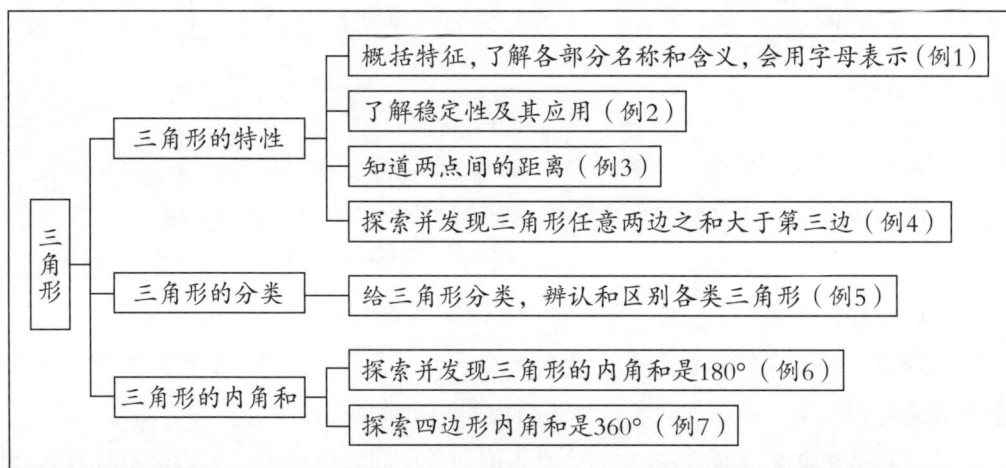

图3

从图中可以看到，教材从特性、分类、内角和三个方面来认识三角形。设计的教学路径：概念→特性（稳定性）→边的关系→分类→角的关系（内角和）。这样的路径设计从知识内容本身的逻辑看是合理的，但教学中却不时会遭遇一些尴尬。

二、教学分析

（一）尴尬一：关于三角形的高

高的认识关系到三角形大小的刻画，是一个非常重要的概念。不同类型三角形高的位置特征并不相同，有的在三角形内，有的与边重合，还有的在三角形外。但教材中只给了高的定义（第1课时），并未分类展开讨论，原因在于还没有认识三角形的分类。以至于教材例1之后的"做一做"中只要求"各画一条高"（图4）。这样降低要求对深入理解高的内涵是非常不利的。

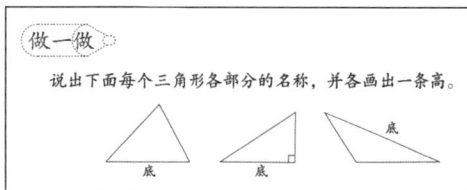

图4

（二）尴尬二：关于三角形的分类

分类是认识图形的重要工具，这在三角形的认识过程中作用尤为明显。一方面，借助分类学生可以更准确地把握三角形的形状特征；另一方面，三角形分类时依据不同的标准（边或角）会得到完全不同的结果，有助于学生更好地感悟分类思想。然而，在本节课教学中，我们同样很难对各类三角形的特征深入展开讨论。比如，为什么直角三角形和钝角三角形中，直角或钝角只有1个，锐角三角形则必须3个角都是锐角？（图5）等腰、等边三角形如果按角分类会出现什么情况，两套分类系统如何形成关联？这需要借助内角和的知识展开推理，而内角和是下一节课的内容。

图5

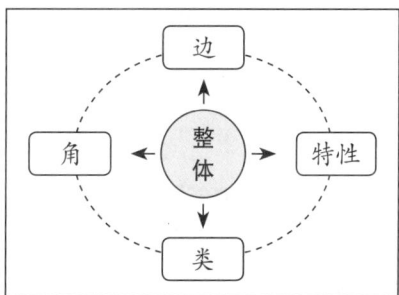

图6

出现类似问题，根本原因在于三角形的特殊性。平面图形的形状和大小取决于边和角两个要素，而三角形的边和角是相互依存、互为制约的函变关系。如果线性推进，无论先讨论哪一块内容，都会陷入孤立。并且，这样的内容也不适合采用纵向链接或者横向并联的策略。于是，我们选择了"单元导学"，试图通过前置性学习，使学生对单元内容有一个整体性的把握，那么课堂上无论从哪一个点切入展开讨论，知识之间都可以相互关联，彼此印证，形成结构。（图6）

三、单元导学操作模式

在具体实施中，"单元导学"的课前导学是指设计导学单，引导学生自学单元内容，梳理单元框架，提出疑难问题；课内导学则是指围绕单元"核心概念"，有针对性地组织课堂教学活动，帮助学生释疑解难。操作模式如下（图7）：

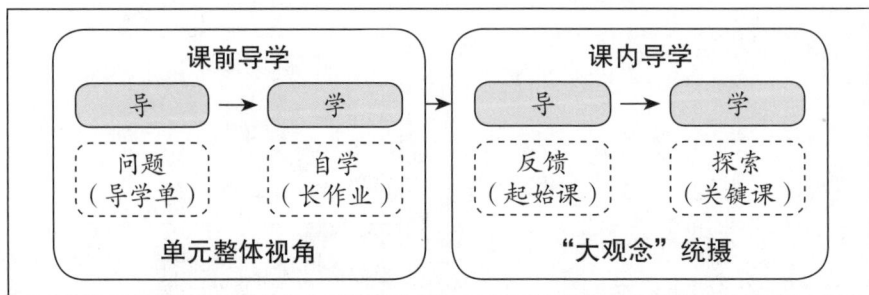

图7

（一）课前导学

以单元为视角的前置性学习一般采用为期1~2周的长作业形式，并借助思维导图梳理单元知识框架。从实施情况看，大多数学生能完成自学任务。所绘制的思维导图尽管形式各异，但都能较为准确地捕捉到单元中的知识要点，较完整地呈现教材的知识结构。部分学生还能通过画图举例的方式，阐述自己对知识的理解。

一个比较有趣的现象是，学生在自学之前对三角形几乎没有什么疑难问题，自学之后反而产生了很多困惑（图8）。可见，在自学过程中，学生虽然知道了教材呈现的结论性知识，但对于知识形成的过程是缺乏理解的。也就是说，他们知道了"是什么"，但不知道"为什么"。学生的困惑是课内导学的引擎，可以有效地驱动学生投入课堂学习中。

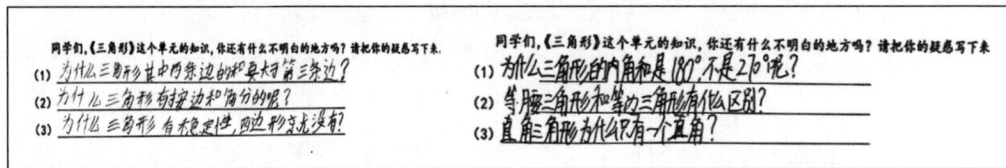

图8

（二）课内导学

课内导学是"单元导学"策略实施的重点和难点。也就是说，学生通过自学已经对单元内容有所了解。课该怎么上？对此，我们需要充分考虑两个问题：一是基于学生立场，了解学生已经知道了什么，还有什么是迫切想知道的；二是基于学科逻辑，围绕单元核心概念，对学生的疑难困惑进行甄别和筛选，寻找合适的、有价值的问题展开讨论。

单元核心概念是学科"大观念"或领域"大观念"在具体单元中的表达，是指能够揭示单元本质的基本概念、原理或思想方法。北京师范大学张丹教授曾就"图形的认识"提炼了五条"大观念"。下面引述其中两条。

大观念1：从现实空间中抽象出平面和立体图形，认识图形要素并研究要素之间、图形与图形之间的关系。

大观念2：分类、分析和表示是认识图形的三个主要工具。

这两条"大观念"分别指向核心内容和研究方法。就"图形的认识"教学而言，它们"普遍能被运用，能通过不同内容来展开"。具体到"三角形"单元，图形的要素是边和角。无论借助哪一种工具来认识三角形，最后都会落实到边和角及其关系。因此，本单元的核心概念可以提炼为：三角形的形状和大小是由边和角及其关系决定的。教学中，一方面有必要围绕核心概念设计教学流程，推进教学活动；另一方面，也有必要让学生在学习过程中不断理解和感悟核心概念。

为此，我们对单元教学路径进行了重构，具体如下（图9）：

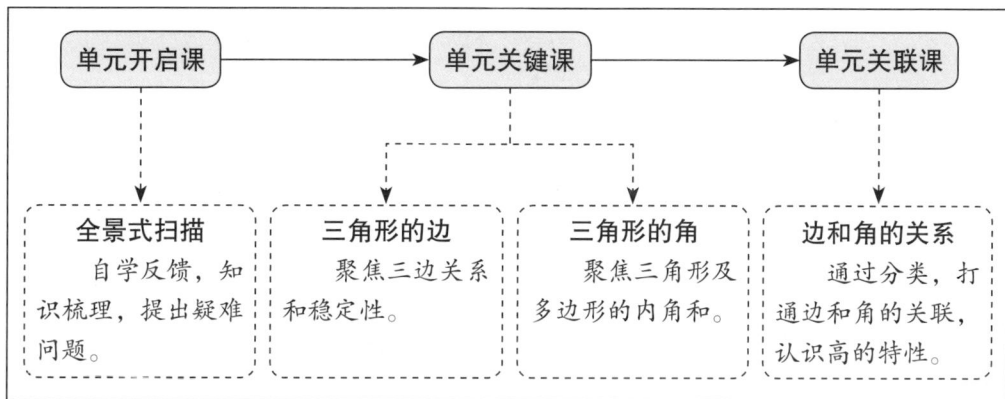

图9

案例1 "三角形"单元起始课

一、教学分析

单元起始课的主要任务是反馈自学情况，通过修改和完善思维导图进行知识梳理，搭建单元框架。在梳理的过程中，教师要有意识地引导并提炼学生的疑难问题，为后续教学明确方向，积累素材，做好准备。

一、课堂实践

（一）呈现思维导图，交流反馈

呈现学生在前置性学习中完成的单元内容思维导图（图10），组织交流，相互学习。

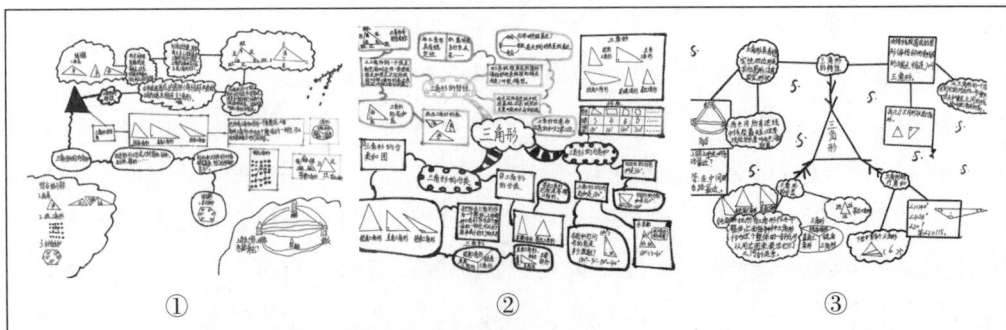

图10

（二）梳理知识结构，提炼问题

1.布置任务。（图11）

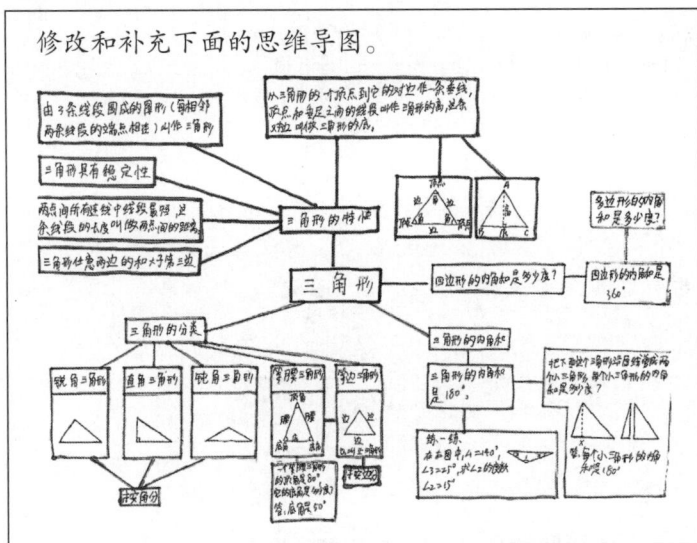

图11

2.整体思考：可以从哪几个方面认识三角形？

结合学生讨论，梳理本单元的知识框架：三角形的特性、分类及内角和。

3.深入交流。

（1）讨论一：三角形的特性。

①梳理。

定义：由3条线段（每相邻两条线段首尾相连）围成的图形。

高：从一个顶点到它的对边作一条垂线段，顶点和垂足间的距离叫作三角形的高。

三角形具有稳定性。

三边关系：任意两边之和大于第三边。

②跟进一：什么是三角形的稳定性？

生1：三角形拉不动，四边形易变形，比如长方形一拉就变成了平行四边形。

生2：我觉得是3根小棒只能围成一个三角形，而4根小棒能围成多个不同的四边形。

请学生尝试拉动固定不动的四边形木框，产生认知冲突。

提炼问题1：数学上三角形的稳定性到底是什么含义？

③跟进二：是否任意两边之和大于第三边？

生1：是，因为如果不大于的话三角形就围不起来。

生2：如果两条边的和小于第三条，就会有缺口，就不是三角形；等于的时候是一条线。

生3：我觉得不一定，小于的时候不能围成三角形，但是等于的时候好像能围成三角形。

结合学生回答，提炼问题2：三角形的两边之和能否等于第三边？

（2）讨论二：三角形的分类。

①学生呈现两种分类方法（图12）。

②跟进：一个三角形，其中一个角是直角，两条直角边都是19厘米，它应该怎么归类？

生1：如果按角分，可以放在直角三角形这里。

生2：如果按边分，它是一个等腰三角形。

生3：两种分类方法是有联系的，这是一个等腰直角三角形。

提炼问题3：如果将三角形分类的两幅图合并成一幅图，应该怎么画？

（3）讨论三：三角形的内角和。

①提问：三角形的内角和是多少？

生：三角形的内角和是180°，我还知道四边形的内角和是360°。

生2：我用量角器量过内角和是180°，还可以把三个角剪下来拼成一个平角。

②追问：三角形有很多不同的形状，所有的三角形内角和都是180°吗？

生1：我画过三个不同的三角形，量出来再相加，结果都是180°。

生2：我量过五个，其中四个加起来是180°，一个是178°，可能量得不准。

师：操作的时候难免会出现误差，那么量出来的180°，一定是准确的结果吗？

生：不一定。

师：三角形有无数个，你能测量所有的情况吗？

生：不能，万一出现一个例外呢？

提炼问题4：是否所有的三角形内角和都是180°？

（三）课堂回顾，补充疑难问题

1.呈现学生课堂上提出的四个疑难问题。

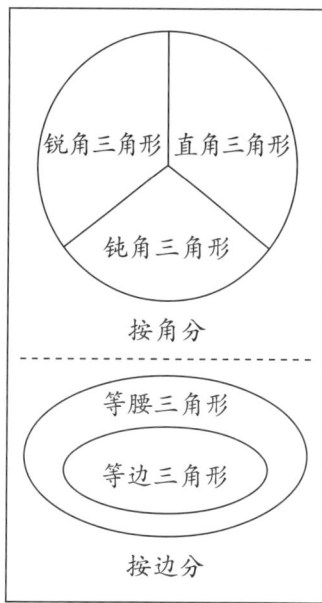

图12

2.结合前置性学习情况，引导学生补充其他疑问。

生1：所有三角形都有三条高吗？分别在哪儿？

生2：三角形、四边形、多边形内角和之间有什么联系？

3.总结。这节课我们对三角形的单元知识进行了整理，也提出了很多疑问。接下来的学习中，我们将围绕这些疑难问题进一步展开讨论。

【意图说明】从课堂实施情况看，学生通过课前自学，对整个单元的知识点和知识线索有了一定了解，思维导图所呈现的大多是教材的内容框架。通过修改指定作品，一方面进一步完善知识结构，另一方面梳理和提炼了学生的疑难问题。课堂上出现的四个问题：①数学上三角形的稳定性到底是什么含义？②三角形的两边之和能否等于第三边？③如果将三角形分类的两幅图合并成一幅图，应该怎么画？④是否所有的三角形内角和都是180°？均指向对单元大观念的理解与感悟。因而，两堂关键课的设计考量的不仅仅是学科逻辑，也是对学生质疑问难的积极回应。

案例2　三角形的边

一、教学分析

课前导学仅仅是对单元内容的"全景式扫描"，课堂上还需要把"镜头"对准局部，深入展开探讨。围绕本单元的核心概念，可以从边和角两个维度设计两堂关键课。本课时教学是其中之一，着重讨论三边关系和稳定性。试图达成两个目标。

1.感悟可以从边的维度认识三角形的特征。

2.通过想象与思辨，进一步明确三角形的三边关系；通过操作与感悟，深入理解三角形稳定性的数学内涵。

二、课堂实践

（一）想象与思辨，理解三边关系

1.任务：一条线段，剪两刀，围成一个三角形，可以怎么剪？

2.学生自主尝试（在线段图上切分）。

3.反馈思辨。

（1）讨论第一刀的位置。

①第一刀可以剪在哪里？所有地方都能剪吗？

部分学生认为都可以剪，部分学生认为中点不能剪，产生分歧。

追问：如果第一刀剪在中点，会发生什么情况？

生1：得到两条一样长的线段，三角形的三条边会重合。

生2：不管哪条线段上再剪第二刀，两边之和都会等于第三边。

②引导学生空间想象后进行演示。

③小结：任意两边之和等于第三边，不能围成三角形。

（2）讨论第二刀的位置。

①如果第一刀剪在这里（如下图），第二刀应该剪在哪条线段上？

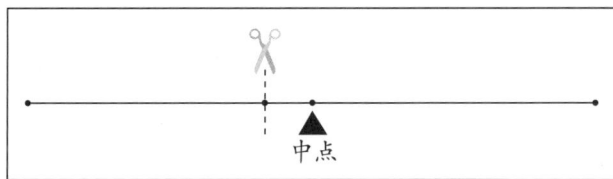

图13

生1：一定要剪在长线段上。

生2：如果剪在短线段上，两边之和小于第三边，就无法围成三角形了。

追问：长线段上任意位置都能剪吗？

生1：我觉得可以随便剪，不管怎么剪，两边之和一定大于第三边。

生2：不对，我觉得原来线段的中点位置不能剪，不然又会出现两边之和等于第三边的情况。

生3：原来线段中点的左侧都不能剪，不然的话两条短边之和会小于第三边，更不能围成三角形了。

师：那原来线段中点的右侧任意位置都能剪吗？

生4：我觉得也不能剪在太右边。如果剪在太右边，两条短边在两侧，它们的和会小于中间的长边。

生5：右侧有一个范围不能剪，长度应该和左边第一刀到中点的距离一样。

②小结：如下图，第二刀必须剪在下图中B、C两点之间。

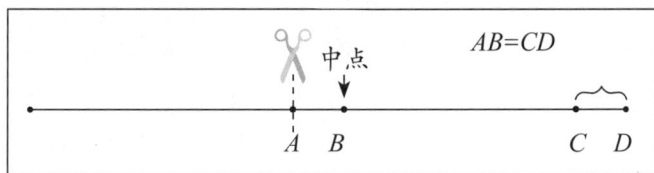

图14

（3）如果这条线段长12厘米，有多少种不同的剪法？（边长取整厘米数）

生1：有五种剪法，1-5-6，3-4-5，4-4-4，2-5-5，3-3-6。

生2：我觉得不对，1-5-6和3-3-6这两种情况属于"两边之和等于第三边"，是不能围成三角形的。所以只有三种情况，2-5-5，3-4-5和4-4-4。

（4）在边长为3-4-5这个三角形中，如果把3厘米这条边用其他长度（整厘米

145

数）替换，能够替换成几厘米？

学生讨论后认为，最短到2厘米，最长到8厘米，共7种换法。

小结：在两条边长度已经确定的情况下，第三边的长度应大于其余两边之差，且小于其余两边之和。

【教学意图】学生通过前置性学习已经知道了三角形的"三边关系"，但仅仅知道结论是不够的，还需要在课堂上进一步理解和感悟。本环节围绕"一条线段，剪两刀，围成一个三角形，可以怎么剪"的任务展开，第一刀的位置讨论"两边之和能否等于第三边"，第二刀的讨论则是为了让学生感悟：判断"两边之和大于第三边"，要始终关注两条短边之和。

(二)操作与感悟，认识稳定性

1.任务。用6厘米、8厘米、10厘米三根小棒，搭一个三角形。完成后小组内比较，搭成的三角形形状是否相同？

2.学生自主尝试。

3.反馈交流。

①直观感知：小组内比较，班内再进行比较：发现这三根小棒所搭成的三角形形状、大小完全相同。

②小结：数学上，三角形的稳定性指三条边长度确定后，形状和大小具有唯一性。

4.深入讨论：为什么三条边长度确定了，形状大小就唯一了？

①回顾、演示三角形的构造过程，引导学生观察角的大小。

学生观察后发现，两根小棒相连后，角的大小可以发生变化。但第三根小棒头尾相连后，角的大小就被固定了，这时三角形的形状和大小也没法再发生变化了。（图15）

②演示四边形的构造过程，观察角的大小。

学生观察后发现，如果再连两根小棒，角的大小无法固定，四边形的形状很容易随着角的变化而变化。（图16）

③小结：通过观察可以看到，三角形具有稳定性，而四边形具有易变形的特性。

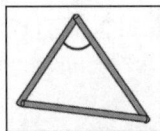

图15

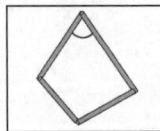

图16

【教学意图】三角形稳定性的数学内涵是比较抽象的，学生在自学过程中很难达到这样的理解水平，需要在课堂上借助动手操作和直观演示深入展开探讨。本环节中，还原三角形和四边形的构造过程，引导学生观察角的大小变化，一方面是为了让学生进一步理解"稳定性"的原理，另一方面则是借此帮助学生感悟三角形"边"与"角"之间的函变关系。

案例3 三角形的角

一、教学分析

这堂课主要讨论三角形的内角和。小学阶段认识三角形内角和主要采用合情推理，从大量的个例中归纳得到一般性的结论：三角形的内角和为180°。在"单元导学"背景下，学生通过前置性学习已经知道了结论，课堂教学该如何跟进？一种选择是仍然通过"量一量""拼一拼"等操作活动求证结论，求证的过程依然属于合情推理的范畴。但问题在于学生的操作往往并非求证，而是在"凑"180°。比如我们看到不少学生只测量两个角，再用180°减去这两个角的度数之和算出第三个角，反过来再把三个角的度数相加得到结论。这就成了循环论证，操作活动也就失去了意义。另一种选择是在合情推理的基础上，尝试通过演绎推理的形式进一步确信结论。小学阶段能否通过演绎推理论证三角形的内角和，一直存在争议。从学科的角度讲，绕开平行公设，从"长方形四个直角之和为360°"开始推导，这算不上是严格的演绎证明。但换一个角度看，如果能从学生确信的数学事实出发，体验演绎推理的思维形式，培养说理和论证的意识和习惯，就是非常有价值的尝试。我们认为，学科的知识逻辑与学生的思维逻辑之间，应该优先考虑后者。在小学阶段，相对于数学的严谨，我们更应该为学生提供思考和表达的机会。因此，这节课的教学目标定位如下：

1.感悟可以从角的维度认识三角形的特征；

2.通过演绎推理认识三角形及多边形的内角和，初步体验演绎推理的思维方式。

二、课堂实践

（一）提出问题，引入新课

回顾前置性学习和单元起始课的情况，引发"三角形内角和"的质疑，引入新课。

（二）放大背景，演绎论证

1.下面各图的内角和分别是多少？

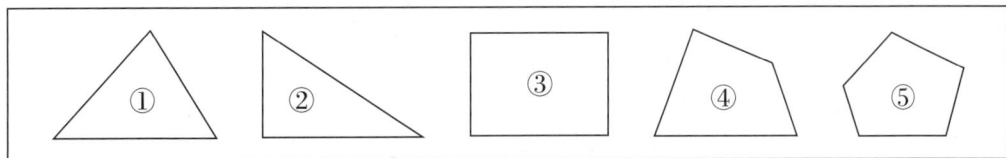

图17

学生反馈情况：知道图形①和图形②内角和为180°，图形③内角和为360°，图形④和图形⑤的内角和不知道。

2.这几幅图中，你最确定哪个图形的内角和？

学生讨论后认为,长方形的内角和可以确定是360°。因为长方形有四个直角,而直角都是90°,90×4=360°。

追问:是否所有的长方形内角和都是360°?

3.长方形内角和确定为360°,你还能确定哪个图形的内角和?

生:直角三角形的内角和是180°,因为它正好是长方形的一半,360÷2=180°。

师:只有在内角和相等的情况下才能用除法,两个直角三角形的内角和一样吗?

生:沿对角线剪开,这两个直角三角形能完全重合,说明它们的内角和就是一样的。(图18)

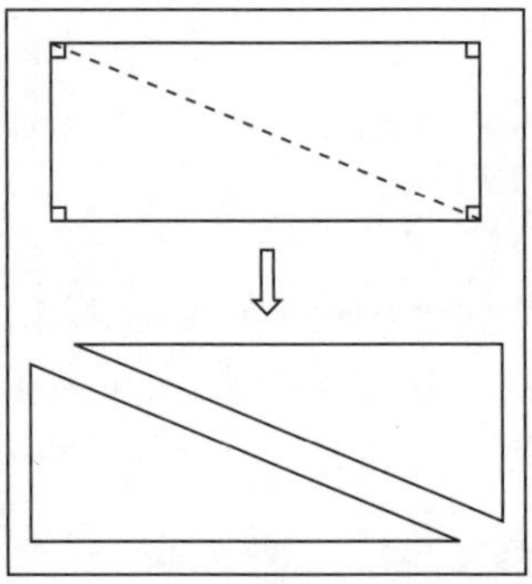

师:操作总是有误差,通过操作的方法来证明还是不够严谨。如果不操作,你能说明这两个直角三角形对应的角相等吗?

图18

(学生出现困惑)

师:要说明对应的角相等比较困难,那对应的边相等吗?

生:对应的边是相等的,因为长方形对边相等,对角线是公共的边。

师:对应的边全都相等,你想到了什么?

生1:我想到了三角形的稳定性。

生2:我觉得这两个三角形对应的角一定是相等的。如果三条边的长度确定了,那么围成的三角形形状和大小是唯一的。

生3:对应的角相等,说明这两个三角形的内角和是相等的,360÷2=180°。

追问:是否所有的直角三角形内角和都是180°?

【教学意图】从长方形到直角三角形是推理的一个难点。学生能想到操作已经很不容易,要摆脱操作就更难。这里,我们利用三角形的稳定性展开推理,这个解释是有说服力的,也有利于学生进一步感悟三角形"边"和"角"的关系。

4.直角三角形很特殊,那么一般三角形的内角和也是180°吗?请想办法证明。

(呈现学生作品,图19)

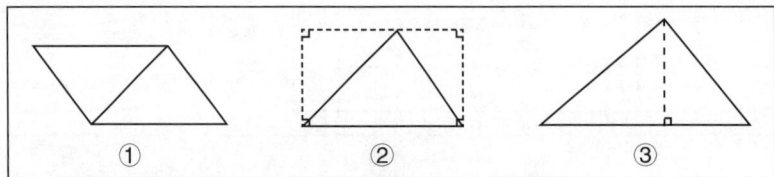

图19

师:这几种方法都能证明三角形的内角和是180°吗?

生1:方法③是可以的。沿高把三角形分成两个直角三角形,内角和是

$180 \times 2=360°$；去掉两个直角，剩下的就是原来这个三角形的内角和，360-180=180°。

生2：方法②也可以。图中三个三角形的内角总和等于长方形内角和加中间一个平角。去掉两个直角三角形，原来三角形的内角和相当于一个平角，也就是180°。

生3：方法①也可以，平行四边形分成两个一样的三角形，平行四边形的内角和是360°，360÷2=180°。

生4：我觉得这种方法不行，你怎么知道平行四边形的内角和是360°？

生3：只要把长方形拉一下就成了平行四边形了（图20），所以内角和还是360°。

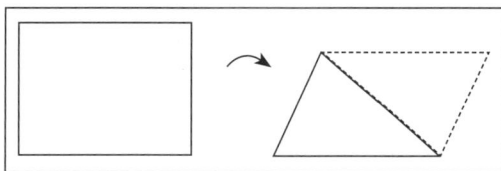
图20

生4：拉一下，四个角全变了，你怎么知道内角和不变呢？

师：有道理。既然平行四边形的内角和没有确定，那就不能用来证明三角形的内角和。除非你先证明平行四边形内角和的确是360°，课后同学们可以去试一试。

追问：那么是否所有的三角形内角和都是180°？

【教学意图】一般三角形内角和的证明过程是重点。上述讨论中，方法①（转化为平行四边形）是有逻辑漏洞的，但也是最有价值的。对这种办法的质疑和思辨，价值在于能够帮助学生获得这样的体验：在演绎推理过程中如果前提不可靠，那么结论也是不可靠的。而这，恰恰是演绎推理最大的特点。

5.四边形和五边形内角和分别是多少度？

生1：图④四边形分一下就可以得到两个三角形，内角和是180×2=360°。

生2：图⑤五边形可以分成三个三角形，180×3=540°。

生3：图⑤也可以分成一个四边形和一个三角形，180+360=540°。

追问：是否所有的四边形内角和都是360°，所有的五边形内角和都是540°？

案例4 "三角形"单元关联课

一、教学分析

单元关联课相当于单元复习，通过三角形两种分类方法的比较和融合，打通"边"和"角"之间的关联，完善认知结构。进一步地，通过三角形的形状变化，了解不同类型三角形高的位置特征，深入理解高的内涵并掌握画高的一般方法。

二、课堂实践

（一）复习回顾，沟通联系

1.回顾三角形的两种分类方法，呈现韦恩图。（图21、图22）

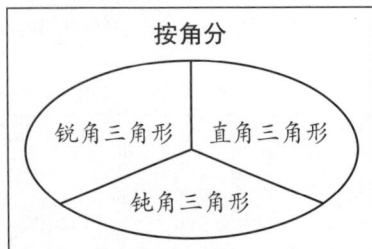

图21

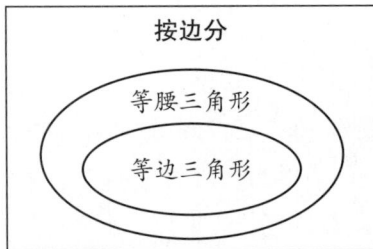

图22

2.思考：如果把这两幅图合并，该怎么画？说明理由。

生1：我觉得等腰三角形要放在锐角三角形这里，因为等腰三角形两条边相等，有三个锐角，是锐角三角形。

生2：等腰三角形也可能是直角三角形或钝角三角形，要放在图1的中间。

生3：等边三角形只能放在锐角三角形这里，它不可能是直角或者钝角三角形。

师：同学们认为等边三角形一定是锐角三角形，而等腰三角形却不一定，是这样吗？

（二）操作感悟，深化认识

1.任务：以方格图中6cm长的线段AB为一条边，你能分别画一个等腰直角、等腰锐角和等腰钝角三角形吗？试一试。

（1）学生自主尝试。

（2）呈现学生典型作品。（图23）

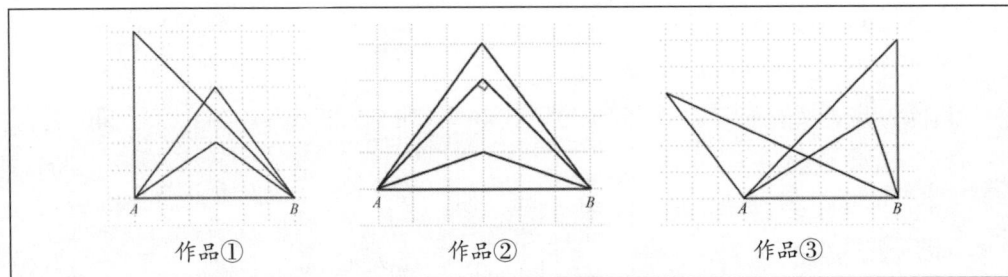

作品①   作品②   作品③

图23

（3）交流反馈。

师：这几幅作品都符合要求吗？

学生汇报，通过量一量、比一比的方法进行正误判断。

师：哪幅作品不通过测量就能直接判断？

生1：作品③的三角形对折后左右两边完全重合，都是等腰三角形。

生2：作品③中间那个三角形的顶角是由两个45°角拼成的，是等腰直角三角形；顶点上移后两个底角变大，内角和不变，顶角就变小了，是等腰锐角三角形；同样的道理，顶点下移后两底角变小，顶角变大，就成了等腰钝角三角形。

师：按照作品③的画法，能画多少个等腰锐角三角形和等腰钝角三角形？说明理由。

生1：顶点上移或下移有无数种情况，得到的等腰锐角和等腰钝角三角形都有无数个。

生2：我补充一下，顶点不能落在线段 AB 上，不然的话"两边之和等于第三边"，不能围成三角形。

小结：锐角、直角和钝角三角形都可能是等腰三角形。图中（图24）可以这样表示：

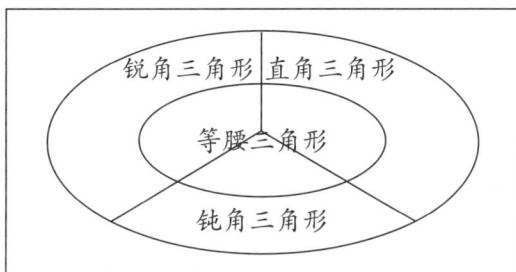

图24

2.讨论：等边三角形的情况跟等腰三角形一样吗？

生：等边三角形每相邻的两条边都是相等的，那么相应的底角也都是相等的。这说明等边三角形的三个角全都相等，180÷3=60°，所以等边三角形肯定是锐角三角形。

小结：等边三角形三个角都是60°的锐角，一定是锐角三角形。（图25）

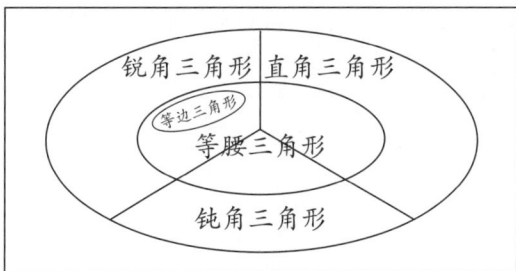

图25

【教学意图】本环节的目标是沟通两类三角形之间的联系。首先，要判定等腰三角形，学生除了从边的长度进行判断外，还想到了轴对称性。其次，作品C中间的是等腰直角三角形，通过顶点的上下移动引起底角和顶角的变化，可以得到等腰

151

锐角和等腰钝角三角形，而等边三角形只能是锐角三角形，这是几何推理的结果。经历这样的过程，有助于学生体验几何推理的独特魅力。

（三）去异求同，感悟关联

1.任务：在格子图中画出以线段AB为底，高为3厘米，且形状不同的三角形。

（1）学生自主尝试。

（2）呈现学生典型作品。（图26）

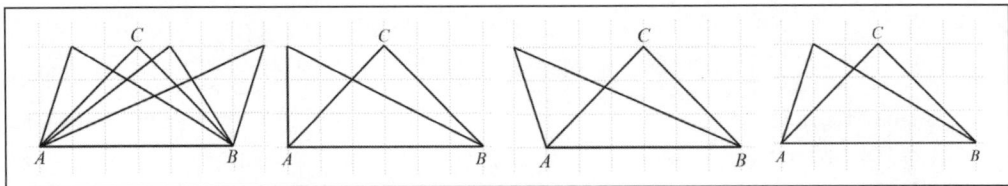

图26

（3）交流反馈。

师：这几位同学画的三角形都符合要求吗？

学生汇报判断结果，并指出三角形的高。

师：像这样的三角形你可以画多少个？说说你是怎么想的。

生：可以画无数个，只要顶点落在这条平行线上。

师：这些三角形高的位置在哪里？请你分分类。（几何画板播放动态过程）

生：有时候高在三角形里面，有时候高和边重合，有时候高会跑到三角形外面。

师：跑到三角形外面了，还是高吗？

生：是的，因为高指的是顶点到对边的垂直距离。（动态演示）

师：这些形状各不相同的三角形之间有什么联系？

生：这些三角形的底都是同一条，高都是相等的。

（4）小结：虽然这些三角形的顶点取的位置不同，高的位置发生了变化，但是高的长度始终相等，我们把这些三角形称为等底等高的三角形。

2.画出下面三角形的三条高。（图27）

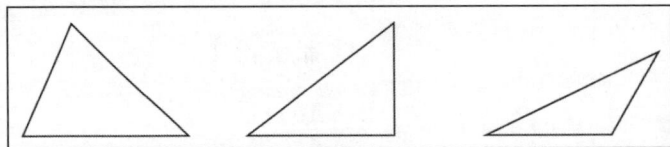

图27

【教学意图】教材中只给了高的定义，仅仅通过自学学生是很难理解到位的，需要课堂跟进。三角形的高本质上是点到直线的距离，其位置会随着顶点的移动而移动。本环节通过等底等高的三角形的变形，引导学生关注高的位置变化。在此基础上，进一步讨论不同类型三角形高的位置特征，从而深入理解高的内涵。

专题3 **领域导学**

这里的"领域导学"主要是指毕业总复习阶段是以领域内容为视角，引导学生进行自主复习。小学生数学学习的过程是一个循序渐进、螺旋上升的过程，同一领域的知识内容分散在各个年级各个单元。总复习阶段则要引导学生进行梳理，连点成线，构建起基于领域视角的知识体系。课堂上则要强调大观念统摄下的整体性学习，建立相互之间的内在关联。因而，领域导学指向具体学习方法的指导。

这里，以六年级下册"图形与几何"总复习为例，介绍具体的实践策略。

一、教学内容分析

六年级下册"图形与几何"总复习是对小学阶段"图形与几何"知识的系统整理与复习，使学生进一步沟通几何图形知识之间的关系，形成良好的认知结构，发展空间观念。人教版教材中，本单元的内容编排如下（如图1）：

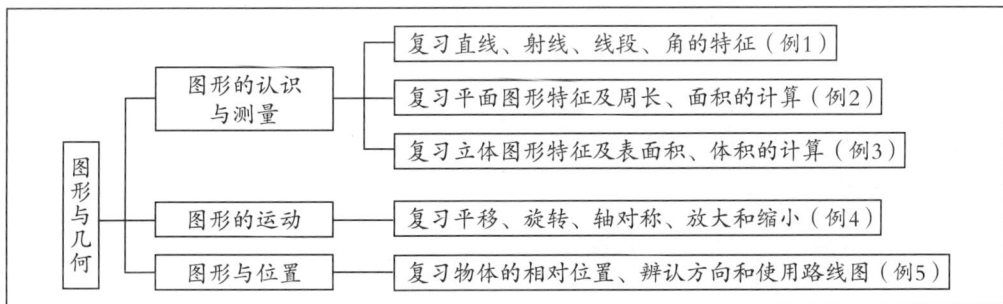

图1

可知，教材分图形的认识与测量、图形的运动、图形的位置三个板块进行复习，设计的教学路径是，先研究一维图形的特征及度量，再研究二维图形、三维图形；对比平移、旋转、轴对称等几何变化间的联系，最后讨论图形的位置变化。这样的编排，知识板块是比较清晰的，但在实际教学中也遇到了一些问题。

（一）关于图形的特征

从本质上看，"线的长度、线的位置关系"影响了图形的特征，但教材上从一维、二维、三维的角度分课时整理复习，使图形的特征变得相对孤立，不利于学生从整体上进行沟通和联系。

（二）关于图形的测量

按照教材的编排，平面图形周长、面积的计算公式的推导和立体图形计算公式的推导是分课时复习的，学生难以对所有公式之间的联系展开深入讨论。另外，教材没有专门安排计量单位的复习，无论对于知识的梳理还是度量思想的感悟都是有缺失的。

（三）关于图形的运动与位置

图形运动前后必然会涉及位置的变化与描述，而教材上将这两块内容分2个课时教学，其实弱化了图形运动和位置的联系，不利于学生将两者关联。

"图形与几何"领域的核心是发展空间观念。在小学毕业总复习阶段，一方面要引导学生对小学阶段所有的知识点进行自主复习和系统梳理，另一方面要借助知识梳理的过程进一步促进空间观念的发展。因而，在实际教学中可以对教材内容进行重新架构。

二、学情分析

对学情的把握，我们重点关注两个问题：一是该领域的知识内容学生通过自主复习能达到什么程度；二是学生在复习图形与几何有哪些难点和困惑。

（一）关于学习起点

为了解学生对整个领域的掌握情况，我们通过长作业的形式，让学生围绕导学单上的学习任务自主复习单元内容，并用思维导图分块梳理知识结构。结果表明，学生对该领域内容能较完整地回忆并罗列所学知识，但相互之间的联系掌握得不够。（如图2）在自主复习的同时，我们也对部分学生进行了访谈，了解到由于学习过程中的间断性，学生对知识内容之间的结构性认识相对不足，进而影响了对知识本质的理解。

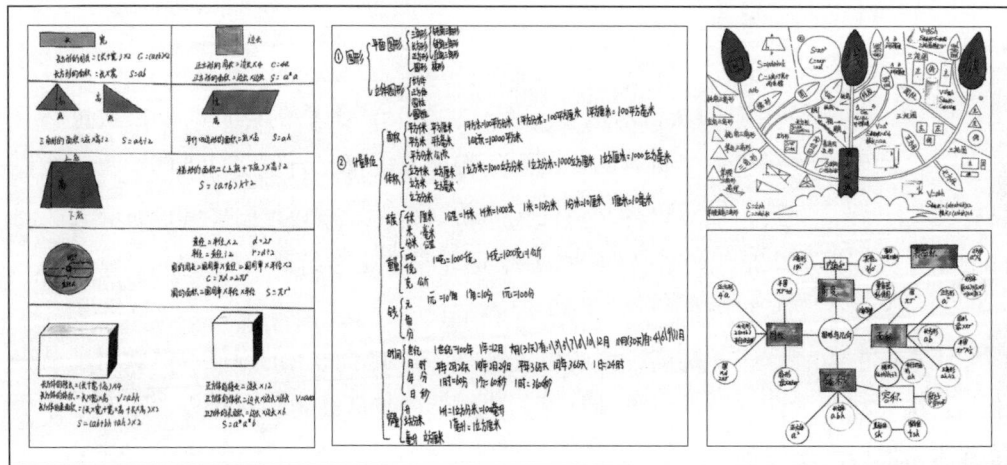

图2

（二）关于复习的难点和困惑

学生通过自主复习，能较好地回忆起教材中所学过的结论性知识，也遗忘了部分知识的形成过程；也有较多的学生表示本块内容要记忆的知识点较多，容易混乱和记错；还有学生想进一步了解知识的本质。（如图3）这些复习难点非常真实，能有效驱动学生有目标地进行复习，也为我们教学的设计提供了方向。

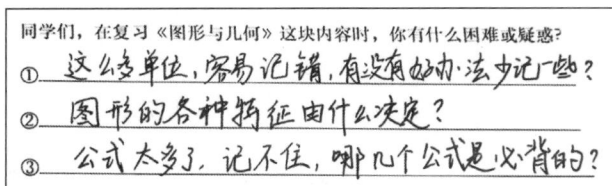

同学们，在复习《图形与几何》这块内容时，你有什么困难或疑惑？
① 这么多单位，容易记错，有没有好办法少记一些？
② 图形的各种特征由什么决定？
③ 公式太多了，记不住，哪几个公式是必背的？

图3

三、教学活动设计

结合教材分析和学情了解，本单元从图形的特征、图形的度量、计量单位、图形运动与位置四个维度设计了四堂关键课。我们将"图形与几何"的领域大观念提炼为：图形的形状和大小都是由边的长度和位置特征决定的。围绕这一大观念，四堂课都从学生自主复习过程中所提出的疑难困惑切入，有针对性地展开教学活动。

（一）"图形的特征"复习

着重讨论图形的特征由什么决定。从思维导图的情况反馈看，虽然学生对特征的认识更多停留在直观层面的结论，但是学生都能从边和角两个维度梳理出每个图形的特征，这是本节课很好的切入点。我们将抓住"边"和"角"两个角度，规整零散的知识点，实现概念统整，通过思辨让学生感悟所有图形的空间特征都是由边（包括边的长度和位置关系）来刻画，从而发展学生的空间观念。

（二）"图形的度量"复习

聚焦于计算公式的整理复习。教材上是通过"这些公式是怎么推导出来的"这个问题，试图寻找公式间的联系。基于学生前期的自主整理，设计"去掉一些公式，少记一些"的大任务，驱动学生自主回顾和关联公式的联系，让学生经历"记具体公式→记三个维度→记度量本质"的过程，深入感悟度量的本质。

（三）"计量单位"复习

强调从七类计量单位的角度，梳理单位的种类和单位所度量的属性，感受单位的适用性，而打通单位之间的联系，再次深入感悟度量的本质。同时，将数学中的度量方法延伸到更广的领域，掌握度量的方法：制定度量标准→用工具度量→数出标准的个数。

（四）"图形运动与位置"复习

我们把图形的放大和缩小放在比和比例板块，这里重点研究平移、旋转、轴对称三种刚体运动，从而凸显刚体运动"不改变图形的形状和大小"的共同特点。进一步地，关注图形运动前后的位置变化，打通图形运动与位置刻画两者之间的关联。此外，学生在本阶段已经认识了负数，可以把讨论的范围从平面上的第一象限拓展到四个象限，把负数引入图形所在位置的刻画中。

重构之后的单元框架如下：

课时序号	课题	内容与目标
1	图形的特征总复习	规整图形与几何领域零散知识点，感悟所有图形的特征都是由边来刻画，实现空间与几何的价值追求
2	图形的度量总复习	通过结构性对比、思辨、感悟，沟通度量公式间的联系和度量公式的本质
3	计量单位总复习	梳理"单位"的种类，感受单位的适用性。回顾度量的过程，打通单位间的联系，感悟度量的本质
4	图形运动与位置总复习	进一步掌握轴对称、平移、旋转等图形运动的特征，并探究图形运动的本质

案例1 图形的特征总复习

一、梳理知识，对照补充

师：图形与几何主要包括图形的特征和图形的度量，这节课我们重点来研究图形的特征。课前同学们已经对这个领域的知识内容进行了自主复习，一起交流一下。

（呈现完整的知识结构图（图4），认真对照，查漏补缺）

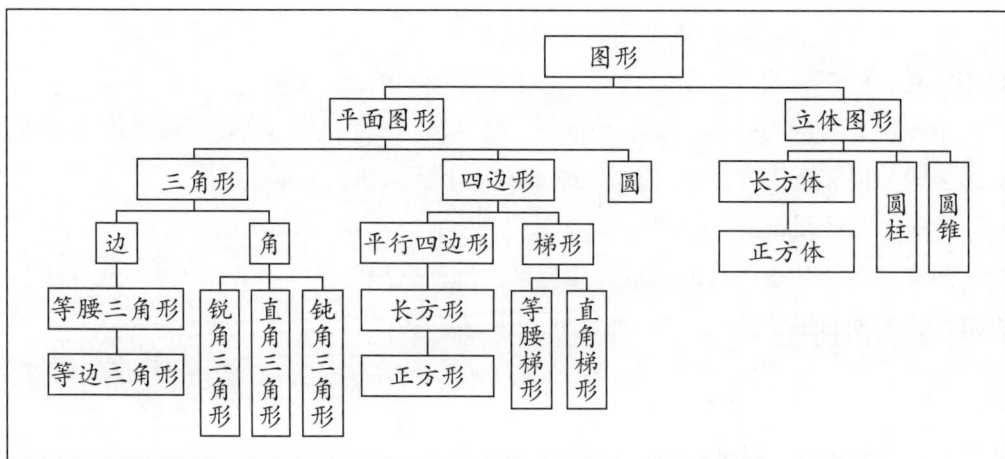

图4

【意图说明】自主复习的能力是学习能力的重要体现。在小学毕业总复习阶段，有意识地引导学生对已学的知识内容进行梳理和关联，不仅有利于知识内容本身的理解和掌握，也有利于提高学生展开自主学习的意识和能力。复习能力的培养有一个过程，且学生之间的差异性也比较大。因此，教学中给出范式让学生比对、补充和完善，是很有必要的。

二、交流思辨，深化认识

（一）初步感悟图形特征的决定要素

1.布置任务：结合上图，说一说这些图形的特征是由什么决定的。

2.学生独立思考。

3.交流反馈。

（1）图形的特征是由什么决定的？

学生认为图形的特征一般是由边和角决定的。

（2）为什么说图形的特征是由边决定的？举例说明。

生1：正方形一组对边拉长后变成了长方形，长方形两条邻边相等时就变成了正方形。

生2：在边的变化过程中，只要增加一些条件，形状就发生了变化，比如四条边都相等就是正方形了。

生3：梯形中不平行的一组对边也平行，梯形就变成了平行四边形。

生4：刚才的情况是，边的位置关系变了，图形特征也会改变。

小结：图形的特征是由边的长度和边的位置关系决定的。

（3）为什么说图形的特征是由角决定的？

生1：一般三角形分别变成直角、钝角、锐角三角形的过程中，是角的大小发生了变化。

生2：一般梯形变成直角梯形的过程中，一个角变成了直角，说明特征是由角决定的。

小结：图形的特征有时候也是由角的大小决定。

4.比较提炼：在"边"和"角"这两个维度中去掉一个留一个，你觉得留下哪个比较合适？

生1：去掉"角"合适，因为角的大小指两条边叉开的大小，所以角可以归到边那里。

生2：我也觉得去掉"角"比较合适，因为两条边相交形成角，所以角的大小和边有关系，角又是分在边的位置关系这一类里的，所以可以去掉"角"这个维度。

小结：因为角也跟边有关，所以图形的特征其实就是由边决定的。

【意图说明】这里围绕"图形的特征是由什么决定"这样一个大问题展开思辨。学生的讨论主要聚焦于平面图形，意见也比较一致，即"边"和"角"。进一步讨论"去掉一个留一个"，学生认识到"角"的大小事实上也是由"边"的位置关系决定的。这样的讨论过程是学生对概念的内涵和外延不断进行思辨和感悟的过程，从而在大背景中理解和掌握图形的特征。

（二）进一步感悟图形特征的决定要素

1.布置任务。在这个领域，有这么多图形，每个图形都有各自的特征，如果要记下所有图形的特征显然比较麻烦，能不能少记一些？如果要记，你会记点什么？

2.交流反馈。

生1：我会选择去记一个普通平行四边形的特征。

师：怎样通过记住平行四边形特征一步步记住所有四边形的特征呢？

生：平行四边形的角发生改变时就有了长方形、直角梯形或梯形，边再发生改变时就有了正方形、等腰梯形或一般四边形。

生2：我选择特征最好记的正方形，通过改变正方形角的大小、对边位置关系及边的长度可以得到长方形、平行四边形、直角梯形、等腰梯形及一般四边形。

生3：也可选择一般四边形，通过改变对边的位置关系可以得到梯形、平行四边形，当角是直角时便是长方形，若邻边相等又能得到正方形。

小结：记住一个图形的特征，再通过改变边的长度或位置关系来记所有四边形的特征。

师：不管选择哪个图形，只要改变边的长度或者边的位置关系，这个图形的特征也就会跟着发生变化。这个特征的变化是由谁决定的？

生：是边的长度和边的位置关系，它们决定了图形特征的变化。

师：同样道理，三角形板块中你会选择记什么？

小结：以上我们讨论的三角形、四边形，这些图形的大小和形状都是由边决定的。

【意图说明】"知多记少"是知识整理和复习的主要目的。这里通过"能不能少记一些"这个问题的引领，让学生进一步关联图形的特征，密切图形之间的联系。在讨论的过程中，学生对此感悟比较深刻，即无论从哪个图形出发，变化"边"的长度和位置关系，就可以推演得到整个图形结构，从而实现了减轻学生记忆负担的目标。

三、去异求同，感悟关联

（一）布置任务

师：结构图中还有哪些图形也能像圆一样通过图形的运动得到？

（学生独立思考）

（二）交流反馈

生1：一条边通过平移一定距离得到长方形，若平移距离正好等于边的长度则是正方形。

生2：一条斜的边通过平移一定距离得到的是平行四边形。

生3：一个长方形通过平移一定距离得到长方体，一个正方形通过平移一定的距离可以得到长方体，如果平移的距离正好等于正方形的边长得到的就是正方体。

生4：一个长方形如果绕着它的一条边旋转可以得到圆柱，一个直角三角形绕着它的一条直角边旋转可以得到圆锥。

生5：一个圆如果向垂直于它的方向平移一段距离也能得到圆柱。

小结：通过图形的运动（如平移、旋转），不仅可以得到平面图形，也能得到立体图形。

（三）沟通本质

师：通过刚才的过程，我们知道了不管是平面图形还是立体图形，它们的特征都是由边决定的。那么，决定这些图形特征的边又在哪里呢？

学生交流：教师结合动态演示（通过平移、旋转等运动形成各类图形）进行小结。

得出结论：图形的特征是由边决定的。

【意图说明】这里从圆的特征切入，引导学生从图形运动的视角认识和把握图形的特征。在几何领域中，点动成线、线动成面、面动成体构建了从一维到三维空间的联系。因而，这里的讨论不仅有利于学生更深刻地了解图形（特别是立体图形）的形成过程，进一步理解图形特征，更重要的是能有力地促进空间想象能力的发展。

案例2　图形的度量总复习

一、呈现思维导图，交流反馈

先呈现学生在前置性学习中完成的单元内容思维导图，组织交流，相互学习。再呈现完整的知识结构图（图5），认真对照，查漏补缺。

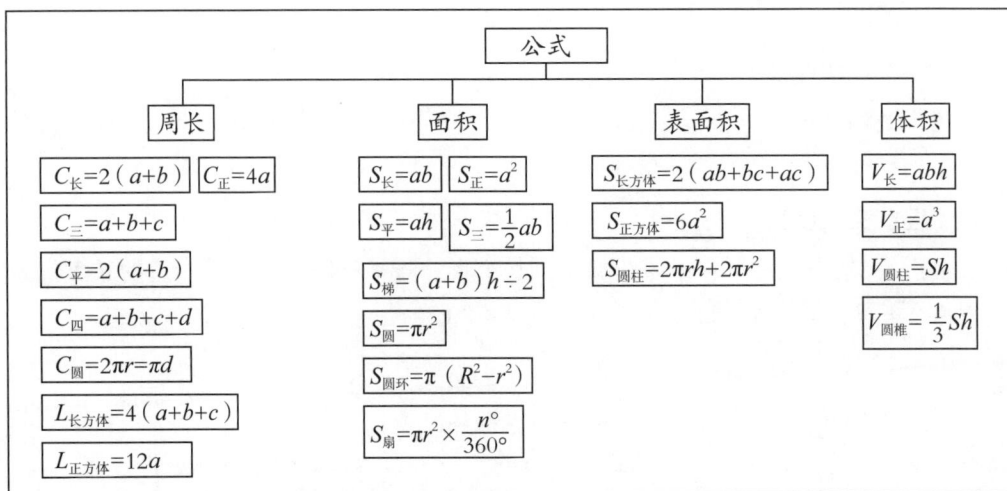

图5

公式

| 周长 | 面积 | 表面积 | 体积 |

$C_长=2(a+b)$ $C_正=4a$

$C_三=a+b+c$

$C_平=2(a+b)$

$C_四=a+b+c+d$

$C_圆=2\pi r=\pi d$

$L_{长方体}=4(a+b+c)$

$L_{正方体}=12a$

$S_长=ab$ $S_正=a^2$

$S_平=ah$ $S_三=\dfrac{1}{2}ab$

$S_梯=(a+b)h\div 2$

$S_圆=\pi r^2$

$S_{圆环}=\pi(R^2-r^2)$

$S_扇=\pi r^2\times\dfrac{n°}{360°}$

$S_{长方体}=2(ab+bc+ac)$

$S_{正方体}=6a^2$

$S_{圆柱}=2\pi rh+2\pi r^2$

$V_长=abh$

$V_正=a^3$

$V_{圆柱}=Sh$

$V_{圆锥}=\dfrac{1}{3}Sh$

思考：这些公式都在测量什么？

结合学生讨论，小结：这些公式都是从不同的维度来度量图形的大小。

【意图说明】复习能力的培养是一个长期的、渐进的过程，因而本节课的教学也是在学生课前自主整理和复习的基础上展开的。图形的度量主要涉及一些计算公式，这些公式的学习跨度比较大、比较分散，梳理是有必要的。同样，这里也给出范式，引导学生比对、补充和完善。

二、"砍"掉公式，删繁就简

（一）布置任务

1.任务布置：这么多的公式，能不能"砍"掉一些？想一想最少留几个？

2.学生独立思考。

（二）交流反馈

1.数一数，你留了几个？

学生汇报，大部分学生留了4~10个公式。

2.请留下四个的同学来说一说，你为什么留这几个？

生：每种只留下一个计算公式，可以通过转换得到其他计算公式。

学生对他的说法产生困惑与争议。

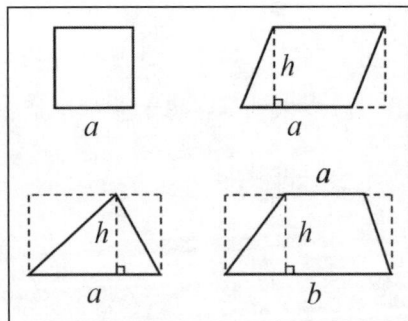

图6

3.为什么每一类留下一个公式就可以了？举例说明。

生1：以面积公式为例，正方形、平行四边形、三角形、梯形都可以转化为长方形去计算面积大小，都可以砍掉，只留下长方形的面积公式。（图6）

生2：我们在推导圆的面积公式时把它分割成很多小扇形，再把这些小扇形拼成一个大的长方形，从而得到了圆的面积公式，圆的面积公式也可以砍掉。

小结：面积公式都能化归为长方形的面积公式。

4.那么其他计算公式呢，可以少记一些吗？

生1：表面积就是把所有面的面积加起来求和，比方说长方体的表面积就是6个长方形的面积和，所以全都可以砍掉。

生2：所有立体图形的体积公式都可以看成底×高，所以只留下长方体的体积公式。

5.还留下了这么多的周长公式，不能再砍了吗？

生1：周长求的是图形的所有线段的长度和，所以留下四边形和圆的周长公式就行了。

生2：圆的周长可以看成是曲线段的长度，圆的周长公式也可以砍掉。

6.思考：现在我们只剩三个公式了，你们觉得还能再砍吗？

生1：第一个公式是求线段有多长，第二个公式是求面积有多大，第三个公式是求体积有多大，因此不能再砍了。

生2：我也认为不能再砍了，因为第一个公式是一维的，第二个公式是二维的，第三个公式是三维的。

【意图说明】"砍公式"是很有意思的过程。这个过程类似上节课关于图形特征"能不能少记一些"的问题讨论，目的也是沟通图形之间的联系，减轻记忆负担。这样的复习方法需要结合不同的内容循环渐进地强化训练，只有这样才能帮助学生养成良好的意识和习惯。这一层次的讨论停留在计算方法层面，学生最终留下三个公式，分别指向长度、面积和体积三个维度。

三、回顾计算过程，理解测量本质

（一）布置任务

1.出示任务。（图7）

（二）交流反馈

生1：4+2+4+2=12（cm），也就是12个1cm。

生2：一行有5个，有这样的3行，所以有15cm²。

生3：$4 \times 3 \times 3 = 36$（cm³）。

小结：周长就是数有几个长度单位，面积就是数有几个面积单位，体积就是数有几个体积单位。

追问：这三个算式有什么共同点？

（交流反馈略）

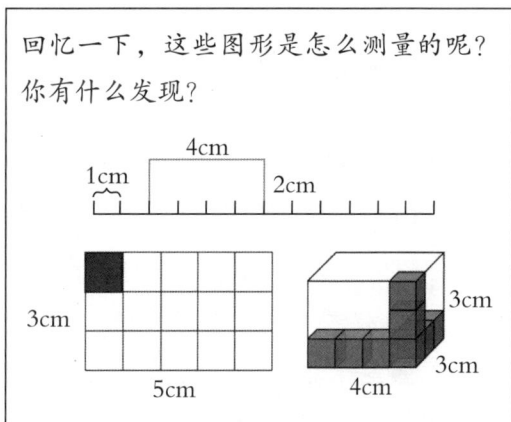

回忆一下，这些图形是怎么测量的呢？你有什么发现？

图7

161

第六章
培育学习情感

　　数学总是以一张冷冰冰的面孔出现在我们面前。枯燥的数字、抽象的公式、繁杂的运算、严格的证明……令人望而生畏。如何在数学教学中培育学生积极的学习情感，让这张冷峻的面孔变得生动而亲切？这既是数学学习本身的需要，也是课程教育目标的一个重要维度。

　　对此，我们一方面要不断丰富内容的呈现方式，创新课堂的组织形式，调动学生多种感官参与学习，拉近学生与数学之间的距离；另一方面，要联系现实背景，创设故事情境，开展合作式竞争……这些都是有效的措施和手段。

　　但是，一味追求形式的变化也会使学生产生"审美疲劳"。尤其是到了中高年级，随着年龄的增长，学生不会只满足于形式的生动，更关注的是内容的深刻。因此，我们还应该注重挖掘内涵，让学生感受数学学科本身的魅力。

　　数学的魅力在哪里？

　　魅力在于数学的结果总是恒定的、精确的、无歧义的，体现为"真"；魅力在于数学的过程是讲道理的，有着完备的逻辑和令人信服的理由，体现为"善"；魅力在于数学总给人"山重水复疑无路，柳暗花明又一村"的别样幸福，体现为一种惊诧之"美"。

　　可见，领略数学的魅力离不开思维的深度介入，而思辨的乐趣恰恰蕴藏在对数学真、善、美的探索和体验过程中。

专题1 # 感受数学的"精确之美"

数学学科的客观性、精确性和无歧义性是它区别于人文学科的主要特征。数学教学中，引导学生经历"从定性描述到定量刻画"的过程，有助于帮助学生感悟数学学科的思想内核，进而体验学科的独特魅力。

话题1 在平面上如何确定位置

一、教学分析

在平面上"确定物体"是新课程改革实施后引进小学数学的。现行人教版教材（2012版）关于"方向与位置"系列的内容编排如下（图1）：

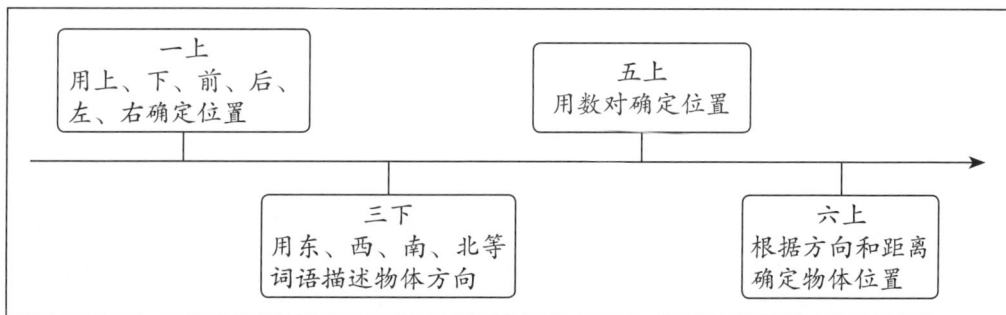

图1

可见，教材中第一学段主要是对位置的定性描述，第二学段则需要进行定量刻画。这样的编排也体现了《数学课程标准（2011版）》对这块内容的目标要求。定量刻画主要涉及两种方法：一是用数对确定位置（平面直角坐标系）；二是用方向和距离确定位置（极坐标系）。教学中，这两节课的内容都可以很好地帮助学生感悟数学的精确性和唯一性。

二、课堂实践

*教学片段一：用数对确定位置（人教版五年级上册）
1.布置任务。（图2）

用尽可能简洁的方式准确地表示棋子的位置。比一比谁想到的方法最多。

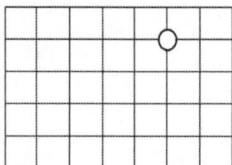

图2

2.学生自主尝试。

3.呈现学生作品。（图3）

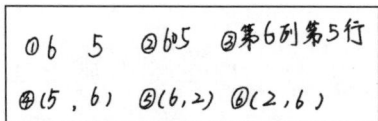

① 6　5　②6和5　③第6列第5行

④(5，6)　⑤(6，2)　⑥(2，6)

图3

4.反馈交流。

（1）你能看懂哪一种方式？

生1：前三种方法的意思是一样的，都表示第6列第5行。第①种方法最简洁。

生2：后三种方法也可以，方法④表示第5行第6列，方法⑤表示第6列，从上往下数第2行，方法⑥表示从上往下数第2行的第6列。

（2）还有其他的表示方式吗？

学生补充完整：（5，6）；（3，2）；（2，3）；（5，3）；（3，5）。

（3）这些方法都能准确地表示棋子的位置，它们有什么共同点？

生：它们都用了2个数。

提问：为什么要用2个数？用1个数行不行？用3个数呢？

生：用1个数，只能确定棋子在第几列，或者在第几行，无法精确地表示到底在哪个点；用3个数的话，肯定有一个数是多余的。

追问：那同一个位置为什么有这么多的表示方式？

生1：因为观察的角度不一样，有的是从左到右，有的是从右到左；有的是从上往下看，有的是从下往上看。

生2：也就是数的方向不一样。

小结：看来，如果每个人从自己的角度、用自己的方法来确定位置，就会出现争议。因此，数学上规定：横行自下而上数，竖列从左往右数；先列后行，中间用逗号隔开——上面的方法中，第①种方法符合规定，但要写作（6，5）。

【意图说明】这里的学习任务是在棋盘上描述棋子的位置。这是一个起点低，但开放性很大的问题情境。要注意两个关键词：简洁、准确。反馈正是围绕这两个关键词展开的。怎样才能最简洁而准确？讨论的结果是至少要用两个数表示，否则就无法精确表示。这是由平面的空间维度（二维空间）所决定的。但随之而来的问题是，同样用两个数描述位置，从哪里开始数，不一致就会出现歧义，从而带来交流上的困难。这在数学上是不被允许的。因而，需要做出一系列规定：自下而上、自左而右（第一象限）和先列后行。这些规定都是人为的，目的是确保位置确定的唯一性。

＊教学片段二：用方向与距离确定位置（人教版六年级上册）

1.任务布置：茫茫大海上，有一艘船（C船）导航系统失灵，无法确定自己的经纬度，如何向救援基地（图中A、B）描述自己的位置？（图4）

2.学生自主尝试。

3.整体呈现学生作品，并展开讨论。（图5）

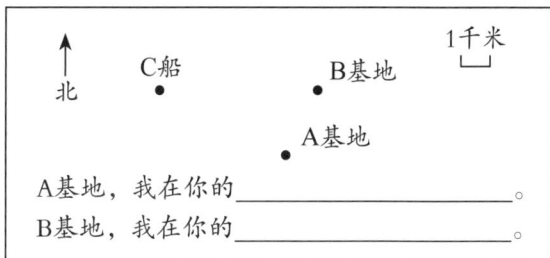

图4

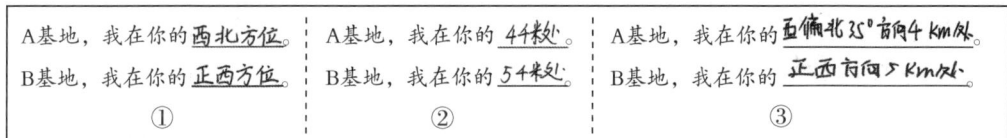

图5

提问：你觉得哪种描述最准确？

通过对比，学生认可③的表述最准确，对前两种有异议。

追问：可以从哪几个角度准确描述位置？

结合学生讨论，小结：方位、角度、距离三个角度。

4.深入交流：感受方位、角度、距离三个要素的重要性。（图6）

（1）讨论一：只有方位可以准确描述位置吗？

生1：说西北方位，只能知道C船在西北面。

生2：西北方向是一个区域。

小结：西北方位是一个区域。

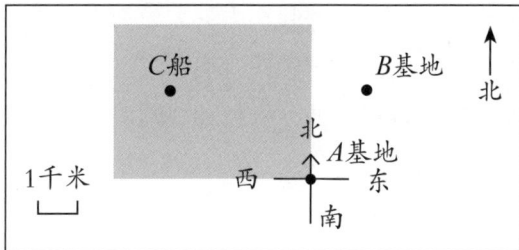

图6

（2）讨论二：只有方位不够准确，那怎么办？

生1：加上角度，我们就知道C船所在的"线"。

生2：对于B基地来说，C船在B基地的正西方向，不需要角度。

师：想一想，需不需要角度？

生3：正西这条线没有偏转，就是0°。

生4：也可以是北偏西90°。

生5：0°更方便简单，北偏西90°说起来很麻烦。

小结：正西方向其实就是正西0°，一般可以省去不写，其他的角度需要写出来。

（3）讨论三：知道了方位和角度，就能确定C船的位置了吗？

生1：如果没有距离，那么这条线上的任何一个点都有可能。

生2：应该加上距离，这样就知道C船所在的点了。

生3：从方位、角度到距离，让这个点所在的面、线、点逐渐明确。

小结：在一个平面内精确定位，要从方位、角度、距离三个角度共同描述。

【意图说明】用极坐标系确定位置，方位、角度和距离三要素缺一不可。"方位"只能描述物体相对于观测点所在的区域（象限），"方位＋角度"所呈现的也只是一条射线。而仅根据"距离"的描述，得到的则是一个圆（以观测点为圆心，以距离为半径）。只有射线与圆相交才能得到一个点，而三要素所描述的就是这个点的位置。上述讨论中，引导学生展开充分思辨和空间想象，经历从模糊到精确的过程，从而感悟数学特有的思维方式。

话题2 计数规则是如何制定的

一、教学分析

"十进制计数法"堪称人类历史上最伟大的发明之一，其核心在于"0~9"10个数字组成的符号系统和"满十进一"的计数规则。符号系统和计数规则是密切相关的，正如"二进制"中只需要两个符号。认识和理解两者之间的关系，对于感悟数学的严密性、精确性有积极意义。为此，可以在四年级上册"大数的认识"单元教学后安排拓展课，借助计数器对"二进制计数法"展开研究。通过"二进制"与"十进制"的比较，了解计数的方法和原理。

二、课堂实践

*教学片段一：理解"十进制"

1.出示计数器。（图7）

2.思考：在这个计数器上，能表示的最小的数是几，最大的数是几？

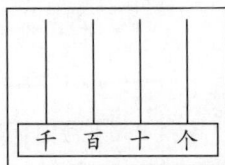

生1：最小可以表示0，就是一颗珠子也没有。

生2：最大可以表示9999，就是每一位上都有9颗珠子。

师：是不是0~9999之间所有的数都能在这个计数器上表示出来？

生：是。

师：举个例子，怎样表示1~9？

生：只要在个位上拨1~9颗珠子，就表示1~9。

3.讨论：10这个数怎么表示？

生：十位上拨1颗珠子。

师：为什么十位上1颗珠子就可以表示"10"？

生：因为个位满十了要向十位进一。

师：是的，因为我们制定了"满十进一"的计数规则，所以规定十位上的1颗珠子就表示1个十。

4.比较：图8中的两颗珠子，有什么不一样？

生1：它们的位置不同，表示的意思也不一样。

生2：十位上的这颗珠子表示的是1个十，个位上的这颗珠子表示的是1个一。

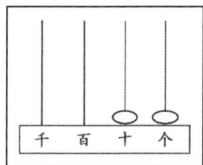

图8

5.思考：为什么这里的计数规则是"满十进一"？改成"满九进一"或者"满八进一"行吗？

生1：不行，因为这是十位，十位就一定要"满十进一"。

生2：十位上的1颗珠子表示十，只有满十了才能用这颗珠子表示。

师：那我用这颗珠子表示"9"呢？可以"满九进一"吗？

生1：9已经有了，个位上有9颗珠子，不用"进一"。

生2：这颗珠子表示"9"的话，就重复了。

师：是的，个位上只有9颗珠子，最多表示9，所以要规定"满十进一"。那么两个数位最大表示多少？

生：99。

师：100怎么办？

生：在百位上拨1颗珠子，表示1个百。

师：百位和十位是什么关系？

生：也是"满十进一"。

师：是的，计数规则是统一的，按照这样的规则我们可以表示更大的数。

【意图说明】理解"十进制"是进一步探索"二进制"的基础。而我们对"十进制"是那样熟悉，以至于常常忽略它深刻的内涵。"十进制"的原理主要体现在符号系统和计数规则的匹配，即"满十进一"的规则适应10个符号（最大表示9）。这样，计数系统就表现出完备性，数量的表征方式是唯一的，既不会遗漏也不会重复。

*教学片段二：认识"二进制"

1.思考：把这个计数器改成每档只有1颗珠子。这个计数器最小能表示几？最大能表示几？能不能表示中间所有的数？

生：最小还是表示0，最大表示1111。但是没法表示0~1111中间所有的数。

师：举个例子，哪些数没法表示？

生1：2就不能表示，因为个位上只有1颗珠子。

生2：2能表示。

（演示：在十位、个位各摆一颗珠子）

师：他表示的是2吗？

生1：不对。他表示的是11，不是2。

生2："满十"才能"进一"，现在是2，没有"满十"，不能在十位上表示。

师：看来是计数规则出问题了。如果每档只有1颗珠子，"满十进一"的规则就不合适。

2.布置任务：用这个计数器表示从0开始的连续自然数，最大可以表示到几，计数规则是什么？

3.学生独立思考后相互交流。

4.反馈。（呈现学生作品，图9）

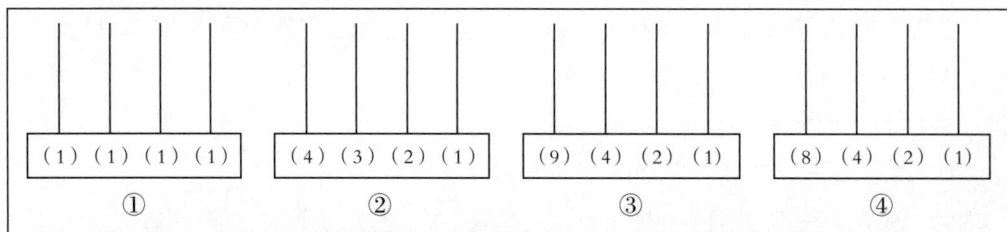

图9

师：比一比，哪幅图能表示的数最大？

生：③号最大，珠子拨满了表示9+4+2+1=16。

师：③号能表示0~16所有的自然数吗？

生：不行，8没法表示。因为后面三个数位最大只能表示7，第四位表示9，那么8就漏掉了。

师：可以修改一下，使它满足要求吗？

生：只要把9改成8就行了，这样就和④号一样了，④号是对的。

师：④号最大能表示多少？

生：1+2+4+8=15。

师：我们再回过来看看①号和②号，这两幅图符合要求吗？最大表示多少？

生：符合要求，都可以表示连续自然数，但是①号最大只能表示4，②号最大也只能表示10。

师：想一想，为什么这两幅图表示的范围这么小？

生1：因为括号里写的数字不一样，也就是珠子表示的大小不一样。

生2：这两幅图出现了重复的情况。

师：举个例子。

生1：比如②号，3就有两种表示方法，可以用后两位两颗珠子表示，1+2=3；也可以直接用第三位的1颗珠子表示。

生2：①号重复更多，1就有四种表示方法，所以范围更小。

师：④号有没有这样的重复现象？

生：没有。它是一位一位往上考虑的。个位最多表示1，所以前一位就表示2，两个数位合起来能表示3，前一位就是4，所以没有重复，也不会遗漏。

师：现在④号最大能表示到15，再前一位应该表示几？

生：表示16。

师：这种计数方法的计数规则是什么？

生1：2倍2倍地增加。

生2：就是"满二进一"。

师：是的，我们把这样的计数方法叫作"二进制"计数法。

【意图说明】认识"二进制"，我们首先改变了它的符号系统。即计数器每档只留下1颗珠子（对应0和1两个符号）。这样，就需要对计数规则进行修改，以适应新的符号系统。教学中，我们围绕如何构建新的计数单位展开讨论。学生逐步认识到为了体现计数系统的完备性，只有"满二进一"的规则才能匹配。在这个过程中，学生认识到一种有效的计数方法必须由符号和规则两个系统相互作用才能实现，这样的感悟是本质的，也是深刻的。

*教学片段三："十进制"和"二进制"的对比

1.思考并讨论：观察下面两个计数器（图10），"二进制"计数法和"十进制"计数法有什么相同和不同的地方？

2.反馈。

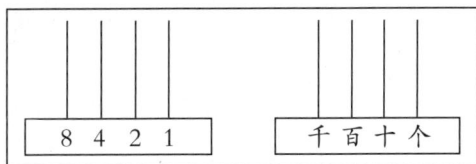

图10

生1：它们表示的方法不一样。

生2：每档上珠子的个数不一样，"二进制"每档只有1颗珠子，"十进制"每

169

档有9颗珠子。

生3："二进制"每档只能表示0和1两个数，所以满二就要进一；"十进制"每档可以表示0~9十个数，满十了才进一。

生4：这两个计数器表示数的时候，都不会出现重复表示的情况。

生5：只要按照规则不断地规定新的计数单位，它们就能表示所有的自然数。

小结：虽然"十进制"和"二进制"的计数规则不同，但是原理都是一样的。虽然我们日常生活中一般使用"十进制"计数法，但计算机运算时用的却是"二进制"，这是为什么呢？有兴趣的同学课后可以去查一查资料。

【意图说明】通过"十进制"和"二进制"两种计数方法的结构性对比，并从直观的计数器抽象到符号层面，学生能更清晰地理解计数的原理。进一步地，可以介绍二进制的价值和用途，从课内延伸至课外。

话题3 为什么要引进负数

一、教学分析

"负数"是人教版教材（2012版）六年级下册的教学内容。尽管小学阶段有关负数的内容安排得不多，但认识负数是学生"数的认识"过程中一个重要的节点，是数系的扩张。负数在生活中比较常见，学生有着较高的认知起点。课前调查中（样本容量：1个教学班52人）我们了解到，约67%的学生已经认识了负号，能正确读写负数；约54%的学生能结合生活情境说出负数所表示的意义，如"–16℃"表示零下16℃、存折上"–500.00"表示支出500元等。但这样的认识还不够，教学中有必要让学生进一步理解为什么要引进负数，什么情况下会用到负数。这有助于学生感悟数学的严谨、精确和简洁。

二、课堂实践

*教学片段一：解读生活信息

师：我们已经认识了正数和负数，两者之间有着什么样的关系呢？能不能举例来说一说。

生：我觉得正数和负数的意思是相对的，比如温度计上负数表示零下几摄氏度，正数表示零上几摄氏度。

生：我觉得是相反的，电梯里"–1"是地下一层，"1"是地上一层。

……

师：老师也找了一些材料，请大家分析一下。

1.欣欣服装店的财务报表。

日期	收入/支出（元）
11月16日	+2540
11月30日	−5600

图11

2.两只股票的涨跌情况。（单位：元）

▼	代码	名称	涨幅%	现价	日涨跌
1	601398	工商银行	-1.13		
2	600291	西水股份	5.63		

图12

3.妈妈的银行透支卡。

日期	存入	支取	余额	操作员
20090812			2000.00	
20091106			−2000.00	

图13

4.根据气象预报，明天湖州天气情况。（图14）

（板书整理，如图15）

4℃ / −4℃

图14

正数	收入	上涨	多余	零上
负数	支出	下跌	亏欠	零下

图15

师：像这样意思相反的一对量，叫作两种"相反意义的量"。

片段二：正负数的相对性

1.练习：在括号里填上合适的数。（先后呈现图16、图17，并讨论）

太湖今年5月份的水位高于警戒线1.6米，记作+1.6米；11月份低于警戒线2.2米，应记作（　　　）米。

图16

生：−2.2。

师：你是怎么想的？

生：因为高于警戒线用正数表示，低于警戒线正好相反，所以要用负数表示。

在某一场足球赛中，德国队上半场丢了两球，记作-2分；下半场德国队队员加强进攻连进三球，记作（　）分。

图17

生：+3。

师：说说你的想法。

生：丢球用负数表示，进球就要用正数表示，因为意思是相反的。

2.出示任务。

小军和小华从大树的位置出发向不同的方向走去，小军现在的位置记作+200米，小华的位置记作-200米。请你猜一猜两人的行进方向。

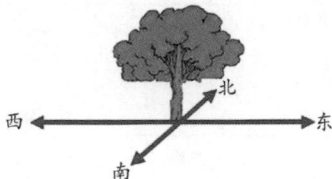

图18

（板书整理，如图19）

| 小军 | 南 | 东 | 北 | 西 | 西北 | …… |
| 小华 | 北 | 西 | 南 | 东 | 东南 | …… |

图19

师：这么多答案，说明他们的行进方向无法确定，但可以确定的是什么？

生：他们的方向肯定是相反的。

师：为什么？

生：因为他们现在的位置分别用负数和正数表示，表示相反意义的量，所以行进方向一定是相反的。

【意图说明】上述两个片段始终围绕正负数的相对性展开。负数是相对于正数而存在的，两者意义相反，如果不引进负数就会出现歧义。因而，单纯讨论负数并没有任何意义。在讨论的过程中，反复引导学生表达这样的意思：如果这样为正，那么那样为负。这样的感悟需要不断地强化和积累。

*教学片段三：认识"0"的意义

师：小红还站在大树底下，她现在的位置你认为用哪个数表示比较合适？

生：用"0"表示，因为小红没动，还站在大树底下。

师：那么"0"算正数还是负数呢？

生：我觉得既可以算正数也可以算负数。

生：我觉得0既不是正数也不是负数。因为小华向东走，小军向西走，方向相反的时候用正数和负数表示；小红站着没动，不知道向东还是向西，所以既不是正数也不是负数。

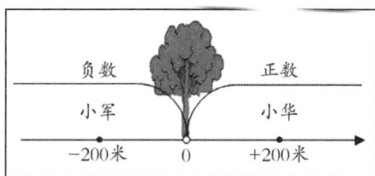

图20

师：说得很好。正数和负数表示相反意义的量，从图20上看0表示小红站在原地，没有出现相反意义的量，所以数学上规定0既不是正数也不是负数，是正数与负数的分界点。这样，我们可以把我们所认识的数分为几类？

生：三类——正数、0和负数。

*教学片段四：深化"0"的意义

1.比赛用羽毛球规定了标准质量，4只羽毛球称重并和标准质量比较后记录如下（图21）：

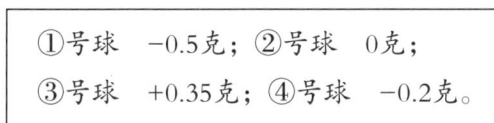

①号球　－0.5克；②号球　0克；
③号球　+0.35克；④号球　－0.2克。

图21

师：这里的"－0.5""+0.35"分别表示什么意义？

生："－0.5"表示比标准质量轻0.5克，"+0.35"表示比标准质量重0.35克。

师：②号球真的重0克吗？

生：不是，这个"0"表示②号球和标准质量相差0克。

师：也就是说②号球的质量正好与标准质量相等。这些羽毛球中哪个最重，哪个最轻？

生：我觉得③号球最重，④号球最轻。

师：有不同意见吗？

生：我也认为③号球最重，但我认为最轻的应该是①号球。

师：说说理由。

生：因为①号球是－0.5克，也就是比标准质量轻0.5克，而④号球是－0.2克，只比标准质量轻了0.2克，所以我觉得①号球更轻。

图22

师：是吗？我们画图看一看。（板书，如图22）

师：从图上我们可以比较明显地看到①号球比④号球更轻。

2.通常，我们规定海平面的海拔高度为0m。

师：珠穆朗玛峰和吐鲁番盆地的海拔高度应该怎样表示？（图23）

生：珠穆朗玛峰海拔高度为+8843.86米，因为它比海平面高8843.86米；吐鲁番

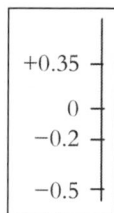

盆地的海拔高度应为–155米，因为它比海平面低155米。

师：图瓦卢是南太平洋上一个非常小的岛国，该国平均海拔高度为+1.2米，表示什么意义？

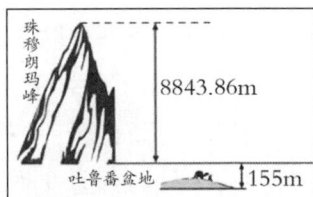

图23

生："+1.2米"表示这个国家的平均海拔比海平面高1.2米。

师：如果海平面上升2米，以上这些海拔高度会发生什么变化？

生：珠穆朗玛峰海拔高度变为+8841.86米，因为海平面上升了，海拔高度缩短了2米；而吐鲁番盆地的海拔高度变为–157米，它离海平面更远了。

生：图瓦卢的平均海拔高度会变成–0.8米。

师：为什么变成用负数来表示了呢？

生：本来它的平均海拔在海平面以上，用正数表示，现在海水上升2米，它已经在海平面以下了，2–1.2=0.8（米），所以用"–0.8米"表示。

师：你们认为地球上海平面上升这种情况会不会出现？

生：会——如果全球气候变暖，两极冰川融化，海平面就会上升。

师：看来保护环境，低碳生活真的非常重要。

【意图说明】负数的出现丰富了"0"的内涵。在学生原有的知识体系中，"0"表示没有，是最小的数。然而负数的出现使"0"成为正数与负数的分界点（原点），即"0"既不是正数也不是负数。从逻辑上看，确定原点是构成相反意义两个量的前提条件。但从学生的学习心理看，"0"的抽象性高于负数，是学生理解的难点。体验"0"的意义对于深化概念理解有着重要意义。教学中采用教材上例3的大树图，借助数形结合形象地解释了"0"作为正、负数分界点的意义，有效地突破了难点。更重要的是，这幅图为学生呈现了数轴的雏形，构建了完整的有理数系，为后续学习做了有益的铺垫。

附 用"数学"理解古诗合适吗

2015年3月，浙江省启动实施了以体现"选择性教育思想"为重点的深化课程改革。此次深化课改，小学阶段的主要任务是开发和实施拓展性课程，进而完善课程体系。但在总课时量不变的前提下，拓展性课程的实施需要通过基础性课程的整合为其创造条件。也就是说，"整合"是"拓展"的前提。为此，2016年4月，省厅再次下发文件，强调要"加大课堂教学改革的力度"，并提出了"以生为本，因材施教，既做加法，又做减法"等具体要求。这里所谓"减法"指的就是积极推进国家基础性课程的校本化和区域化实施，具体包括两个方面：一是打破学科之间的壁垒，实现学科之间的整合；二是优化课程内容的结构，实现学科之内的整合。

在这样的背景下，2016年前后有关"课程整合"的讨论方兴未艾。笔者偶然看到一篇有关语文与数学跨学科整合的文章，讲到用数学理解古诗。笔者很感兴趣，写了一篇回应的文章。这篇文章通过人文学科与数理学科的对比，或许可以帮助我们更好地认识数学的学科特质。

近日拜读了一篇有关学科拓展性课程建设的文章，题为《用"数学"理解古诗》[①]。文中指出："语文中包含了数学内容，数学内容的渗入给语文内容增添了理趣，从而更能引起学生的学习兴趣。"并列举了《寻隐者不遇》《送孟浩然之广陵》《送元二使安西》三首唐诗，用"可能性""方向与位置"等数学知识对诗文内容进行了分析和解读。所谓"诗无达诂"，这无疑为古诗赏析提供了一个新的视角。中国古代的诗歌作品浩如烟海、博大精深。一些诗作从数学角度进行诠释，颇具雅趣。北宋邵雍有一首《山村咏怀》："一去二三里，烟村四五家。亭台六七座，八九十枝花。"全诗用10个数字勾勒出一幅自然朴实而又朦胧的山村风景画，清新怡人，意境悠远。苏东坡的《题西林壁》更是千古绝唱："横看成岭侧成峰，远近高低各不同。不识庐山真面目，只缘身在此山中。"从不同的观测角度可以看到不同的事物特征，这不仅是空间观念的重要内容，也是重要的数学思想方法。诗中所体现的理性思辨精神甚至超越数学，达到了哲学的高度。但必须指出的是，就总体而言，这样的诗作毕竟属于少数，因而对古诗的数学化解读是否具有普适意义是一个值得讨论的话题，本文就此谈一些自己的想法。

诗歌是一种抒情言志的文学体裁。南宋诗人、诗论家严羽有一句话："诗者，吟咏性情也。"因而，尽管古诗中不乏对景物、事件进行直接的、细腻的描绘和描述，但诗人的真实意图和创作目的往往不在于此，而是在托物言志、借景抒情。读诗，我们更应该关注的是诗文的整体意境，并从中感悟作者所要表达的思想情感。如《寻隐者不遇》一诗："松下问童子，言师采药去。只在此山中，云深不知处。"诗人寻友不遇，怅然若失的心情，我们可以通过"只在此山中"的"只"这个字强烈地体会到。进一步地，我们还可以从诗中读出作者内心深处对隐士生活的向往。而如果仅从概率的角度分析"隐者"在家还是不在家（各占50%），这样的

①杨颖颖：《用"数学"理解古诗》，载《教学月刊·小学版》2016年第12期，第6-8页。

数学化解读显得牵强、生硬。笔者认为不利于对诗歌意境的感悟，必要性并不大。同样，《送孟浩然之广陵》《送元二使安西》均为送别诗，诗人要表达的显然是依依惜别之情。我们要品味和学习的是诗歌通过什么样的方式表达这样的情感。比如，前一首中"唯见长江天际流"中的"唯"字，后一首中"劝君更尽一杯酒"中的"更"字，值得细细品味，千言万语、无限唏嘘尽在其中。至于友人去哪里、去多久、去多远，笔者认为并不重要。当然，为了更好地理解诗文，适当地了解创作背景是必要的。但如果我们从数学（"方向与位置"）、历史学、地理学的角度对诗中一个"西"字进行精确化解读，并提升到课程整合的高度，或有失偏颇。

因而，笔者认为用数学化的思维方式理解古诗在大多数情况下并不合适。因为古诗的意境往往是微妙的、含蓄的、隐喻的，甚至是暧昧的，这与数学的客观性、恒定性和必然性截然不同。品味古诗的意境，最好的方式是情感共鸣，也就是通过唤醒读者类似的经历来体会诗人当时的心境。因而对任何文学作品的解读都是因时而异、因人而异的，即所谓"一千个人有一千个哈姆雷特"。试图用"定性把握"和"定量刻画"的方式理解和表达复杂多变的思想情感不仅力不从心，而且会对文学作品的人文性和艺术性带来负面影响。进一步地，如果我们从"人的发展"高度看这个问题，数学思考强调严密的逻辑思维，培育的是人的理性精神；人文艺术则致力于想象力和创造力的发展，指向培养人的感性精神和人文情怀。两者位于人类智能系统的两个极端，强行整合，往往适得其反。

那么，语数两门基础性课程究竟能不能整合呢？答案是能。因为语文是一门"学习语言文字运用的综合性、实践性课程"，其基本特点是"工具性与人文性的统一"。着眼于语文学科的工具性，可以为两者的整合提供一种思路。比如有关说明文的撰写，为了对客观事物做出准确的说明或对抽象事理进行确切的阐释，我们必须确保我们所提供的数据是真实可信的，所做的逻辑论证是无懈可击的。数据从哪里来？本着科学的精神和态度，借助科学的方法和途径进行收集，如文献检索、实验设计、观察记录等。同时，为了更准确、更直观地呈现数据信息，我们还要借助数学的方法和手段，如分类整理、数据统计等。在此基础上，我们一方面借鉴数学中逻辑论证的方法，另一方面则运用准确的、简练的、生动的语言文字来说明事物和现象，显然这就属于语文的范畴了。事实上，《数学课程标准（2011版）》提出由"双基"拓展为"四基"，"两能"发展为"四能"。新增的"两基"（基本数学活动经验、基本数学思想）和"两能"（发现和提出数学问题的能力）很大程度上都需要运用语言文字进行表达，这就使得语、数课程在整合方面还有很大的发挥空间。

学科拓展性课程建设是一个方兴未艾的新课题，在探索和讨论的过程中需要进行大胆的尝试，更需要观点的碰撞。本文意在抛砖引玉，欢迎专家、同人批评指正！

专题2 **感受数学的"逻辑之美"**

逻辑这个词源于希腊语，有多种含义，如语言、命运、智慧、尺度、原则、规则、必然性等。古希腊哲学家赫拉克利特最早使用这个词，意指贯穿变化过程中的必然性。亚里士多德甚至用这个词表示事物的本质，并把这个词用于推理的过程。

数学的逻辑性主要表现为它的推理过程。数学推理是指得到数学命题或者验证数学命题的思维过程。如果这些命题的内涵之间具有传递性，有一条主线能够把命题从头到尾地串联起来，推理就是有逻辑的。这种传递性通常表现为因果、转折、递进等关系。从这个意义上说，数学不仅仅是一门学科，更是对现实世界逻辑本源的探求，是人类思维的表达方式，是一种哲学，一种理性精神。数学之所以迷人，很重要的原因就在于它逻辑完备、无懈可击，让人信服。

话题1 **估算中的推理**

一、教学分析

在我国，关于估算的教学要求最早可以追溯到1963年版的《全日制小学算术教学大纲（草案）》。但传统教学中，估算的目的主要是提高计算（精算）能力（如用估算判断计算结果的合理性等）。在新课程背景下，我们需要重新认识估算教学的教育价值。

估算不同于精算。除了运算结果的精确程度不同外，其差异性还体现在以下几个方面。**从实用性看**，由于现实生活中人们遇到的大量计算都是估算，因而估算比精算更具现实意义，更能直接体现一个人的数学素养。**从本质上看**，精算是对数的运算，估算是对数量的运算。数和数量的区别在于，后者依托于一个具体的现实背景。因而，史宁中教授指出，"小学阶段的数学教育，估算问题要有合适的实际背景，否则就失去了估算的教育意义"[①]。**从功能上看**，精算有利于培养抽象能力，估算有利于培养直观能力。这是因为根据大脑与认知科学的研究，"精算主要激活脑左额叶下部，与大脑的语言区有明显重叠；估算主要激活脑双侧顶叶下部，

[①] 史宁中：《基本概念与运算法则》，高等教育出版社2013版。

与大脑运动知觉区联系密切"[②]。

由此可见，精算重在"算"，估算重在"估"。就小学阶段而言，估算教学的核心价值主要体现在两个方面：一是"想估"；二是"会估"。前者表现为估算意识的发展，后者表现为估算策略的掌握。两者相辅相成，都离不开具体的问题背景。一方面结合具体的情境有助于学生认识估算的现实意义，深化价值体验，从而发展估算意识；另一方面，"想估"又要以"会估"为前提，而估算方法和策略的掌握同样需要借助问题情境，需要在解决问题的过程中逐步感悟和理解。正因为如此，在现行教材中，估算教学主要是围绕问题解决展开的。以人教版为例，其估算教学的编排体系如下表：

年级	教学单元	估算教学例题
二下P96	万以内数的认识	电话机358元，电吹风218元。买这两件商品500元够吗？
三上P15	万以内的加法和减法（一）	巨幕电影院有441个座位。一到三年级来了223人，四到六年级来了234人。六个年级的学生同时看巨幕电影坐得下吗？
三上P43	万以内的加法和减法（二）	护眼灯166元，学习机225元，空调扇558元。买这三种商品：（1）小红爸爸大约应准备多少钱才够？（2）收银员应收多少钱？
三上P70	多位数乘一位数	门票8元/人。三（1）班有29人参观，带250元买门票够吗？
三下P29	除数是一位数的除法	你们住了3天，住宿费一共是267元。每天的住宿费大约多少元？
三下P30	除数是一位数的除法	今天一共摘了182个菠萝，每箱装8个。一共有18个纸箱，够装吗？
五上P15	小数乘法	妈妈带100元去超市购物。鸡蛋小盒装10元/盒，大盒装20元/盒。妈妈买了2袋大米，每袋30.6元。还买了0.8kg肉，每千克26.5元。剩下的钱还够买一盒10元的鸡蛋吗？够买一盒20元的吗？

从本质上说，结合现实背景进行估算是一个推理的过程。上表呈现的教材内容都是很好的载体，且相互之间具有递进的逻辑联系。教学中，可以借助估算帮助学生感悟数学推理的严密性。

二、课堂实践

*教学片段一：估大还是估小

从解决问题的角度看，大量的估算都可以通过估大或者估小来解决。到底是估

②董奇，张红川：《估算能力与精算能力：脑与认知科学的研究成果及其对数学教育的启示》，载《教育研究》2002年第5期。

大还是估小，需要学生在具体的情境中展开数学推理，积累思维经验，进而选择合理的策略。如二下"万以内的加减法估算解决问题"（图1）。

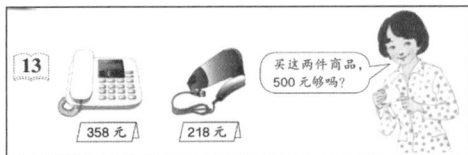

图1

这个问题的背景是学生只学习了整千、整百和整十数的加减法口算，并未学习多位数的加减法笔算。教学中引导学生运用已有知识解决问题，更利于体验估算的价值。

生1：358接近400，218接近200，358+218大约是600——600>500，所以不够。

师：大约是600，比600多还是比600少？

生2：应该比600少，因为358比400少很多，218只比200多一点点。

师：我们还不会计算358+218，就说它算出来等于☆吧。☆比600少，500也比600少，那么☆跟500比，谁大谁小？

生3：我觉得☆肯定比500大。因为我可以把358看成300，218还是看成200，300+200=500。因为358比300大，218比200大，所以☆肯定比500大。

师：你是说把这两个加数同时估小，就可以进行判断了？（板书：同时估小）那么，如果妈妈带了700元，你觉得够不够？怎样判断呢？

生4：肯定够的，可以把这两个数同时估大——把358估成400，218估成300，400+300=700。因为358比400小，218又比300小，所以☆肯定比700小。

师：（板书：同时估大）看来只要方法合理，用估算也能帮我们解决生活中的实际问题。

【意图说明】从上面的讨论中可以看到，估算过程中的推理是非常严密的，这样的推理熟练了之后就能形成对数的大小关系的直观判断。可见，估算从计算层面上讲是方便了，但从思维层面上讲则更深刻了。

*教学片段二：整十还是整百

小学阶段的估算大多是把参与运算的数看成整十数、整百数或整千数来计算的，因而估算必须考虑在哪个数位上进行计算的问题。如三上"万以内的加减法估算解决问题"（图2）教学中，侧重点就在于单位的选择。

图2

教学中，我们对以上数据做了适当的修改：电影院有750个座位，一到三年级378人，四到六年级346人。

生1：把两个数都看成400，400+400=800，坐不下。

生2：但两个加数都比400小，计算结果小于800。750也比800小，这样判断不合理。

师：把精确结果看作☆，☆<800，750<800，所以无法判断☆和750的大小关系。看来同时估大不行，同时估小呢？

生3：同时估小也不行，比如都看成300，300+300=600，但☆>600，750>600，还是不能判断。

师：难道这个问题不能用估算解决吗？

生4：可以的。还是用同时估大的办法，只不过要估得精确一些。把378看成380，346看成350，380+350=730。☆<730，730<750，所以☆比750小，坐得下的。

生5：还有一个办法。378还是看成400，但是346要看成350，这样400+350=750。两个数都估大了，所以☆一定比750小，坐得下的。

师：也就是说两个都看成整百数不能解决问题的时候，我们需要看成整十数进行估算。那如果整十数还不行呢？

生：那就只能把它算出来了。

【意图说明】计数单位的选择离不开具体的问题背景。从某种程度上讲，估算可以看成是对现实问题的一种度量。这种思维经验学生在认识计量单位时已经有所积累。如同样表示时间，计量一个人的年龄用"年"比较合适，计量一个人的睡眠时间用"时"比较合适，而计量一个人的百米速度则要精确到"秒"。类似地，根据不同的实际需要选择合适的计数单位进行计算是体现估算能力的重要方面。

*教学片段三：估算还是精算

并非生活中所有的问题都能用估算来解决。以下两种情况，估算体现出一定的局限性。

1.过大的计数单位无法建立运算结果的大小关系。如三上"多位数乘一位数解决问题"（图3）。

图3

原题中还有一个问题：如果92人参观，带700元买门票够吗？800元够吗？这两个问题都可以通过估成整十数来解决。

教学中，我们还可以继续跟进一个问题：如果65人参观，带500元买门票够吗？分析如下：如估小，60×8=480，☆>480，500>480，无法判断☆与500的大小关系；如估大，70×8=560，☆<560，500<560，依然无法判断☆与500的大小关系。显然，在这个问题背景下估成整十数无法解决问题，只能通过精确计算来判断究竟够不够。

2.现实的需要。如三上"万以内加减法估算解决问题"（图4），分析这两个问题，"爸爸应准备多少钱"可以运用估算，而"收银员应收多少钱"则必须精确计算。这就体现了两种计算方式的适用性。但在这个例题的编排中，两个问题的编排次序存在一定的缺陷，如果先解决了"收银员应收多少钱"这个问题，有了精确计算的结果，那么后面估算的意义就无法得到体现了。在实际教学中，我们可以对教材编排进行灵活处理，如：

图4

（1）出示"销售清单"，呈现信息。

（2）呈现问题②，即"爸爸应准备多少钱"。学生面临着两种选择：一是精算；二是估算，且在估算时适当估大，估成整十、整百数都可以，这些都是符合生活经验的常识性判断。

（3）对比：这些方法是否都能解决当前的问题，哪一种方法更加方便？

（4）呈现问题①"收银员应收多少钱"，思考：要解决这个问题，需要精算还是估算，为什么？

【意图说明】从上述讨论看，认识估算的局限性并不意味着会淡化对估算的认同感，如果引导得当，反而会深化学生对估算的认识，成为促进估算意识发展的有效手段。由此可以看到，在新课程改革背景下估算教学的教育价值有了新的内涵。教学中一方面要立足于问题解决，在具体的情境中逐步引导学生转变以精算为主的思维习惯；另一方面，也要着力挖掘估算教学在培养推理能力上的价值，让学生体验数学的严密性和逻辑的严谨性。

话题2 计数规则的迁移

一、教学分析

这个话题是关于小数的。人教版关于"认识小数"分两个阶段：一是"小数的初步认识"（三年级上册），二是"小数的意义"（四年级下册）。那么，这两节课在课时目标上究竟有什么差别？教多老师对此感到困惑。

从教材的具体内容编排看，两节课所用的学习材料都是米尺，也就是都是结合长度单位来认识的。其中，"小数的初步认识"只涉及一位小数，且小数表示的都是具体的数量（带计量单位）。"小数的意义"则出现了三位小数，并去掉了现实背景，抽象为数。进而认识小数的计数单位。但仅仅关注形式上的差异还不足以准确定位这两节课的目标，我们需要聚焦小数的本质内涵。

小数是"十进分数"。这里有两层含义：其一，小数是"分数"。从内涵来说，小数和分数都是由于"在进行测量和计算时，不能正好得到整数的结果"而出现的，只是表征的方式不同。其二，小数是"十进分数"。即分母为10、100、1000……的分数。这就体现了小数的特殊性。为什么是十进分数？原因在于小数的计数规则是从整数计数规则延伸过来的，两者构成了完整的"十进制"计数系统。基于这样的理解，我们对两节课的目标做如下定位：

"小数的初步认识"沟通小数与分数的联系。教学中，可以给出一个正方形表示1元，让学生在图中表示0.3元。（图5）借助生活经验和货币知识，学生知道0.3元=3角，而要表示3角则必须把1元平均分成10份，1份表示1角，0.3元

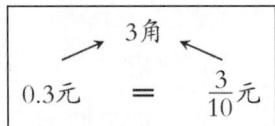

图5

表示这样的3份。链接学生对分数的已有认识，可以从图上直观看到3角也可以用$\frac{3}{10}$元表示，从而建立起分数与小数的关系。

"小数的意义"中重点是沟通小数与整数之间的联系。即把整数的"十进制"计数规则迁移到小数。整数部分"十进制"表现为不断的"累积"，小数部分则是不断的"等分"。两者的规则一致，保持两个相邻计数单位之间的10倍关系，这样就构建了一个协调的、完整的计数系统。具体的课堂实施见下面教学片段的描述。

二、课堂实践

*教学片段一：从整数到小数

师：观察下面的数（图6），说一说，有没有规律？

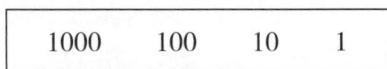

1000	100	10	1

图6

生1：它们之间的进率都是10。

生2：右边的数和左边的数相差10倍。

师：也就是说如果从右往左看，每次都乘几？

生：乘10。

师：从数的写法看，发生了什么变化？

生：从右往左看，每次都是在前一个数后面添1个0。

师：还可以继续添0吗？每添一个0，它的大小会发生什么变化？

生：每添一个0，就扩大10倍，可以无限地添下去。

师：那好，老师这样添0（在1的左边添0，板书：01）——这个数的大小发生变化了吗？

生：没有。因为老师把0添在左边，没有意义，还是1。

师：但我可以变一个魔术（在0和1之间添加一个小数点），这个数认识吗？你觉得现在这个数的大小发生变化了吗？

生1：这是一个小数，读作零点一。

生2：现在这个数变小了。

师：是的，这是一个小数，我们在三年级的时候就已经认识了——大家都认为现在这个数变小了，那这个0.1到底表示多少呢？

*教学片段二：表征0.1的意义，认识一位小数

1.布置任务。（图7）

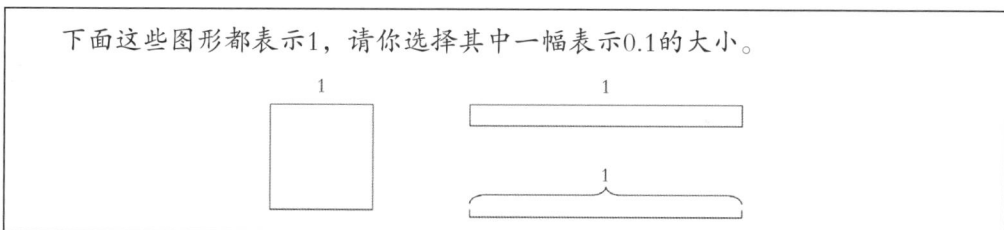

图7

2.反馈。

（呈现学生作品，图8-10）

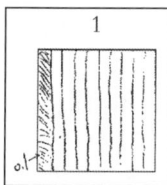 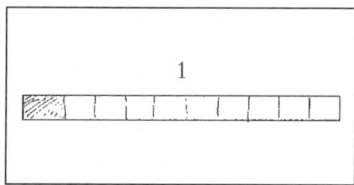 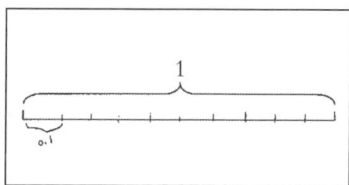

图8　　　　　　　图9　　　　　　　图10

师：认真观察这三幅图，你发现了什么？

生1：这三幅图表示的都是0.1。

生2：他们都是把图形平均分成10份，表示其中的一份。

生3：他们选的图形不一样，但是表示的意思是一样的。

生4：0.1就表示$\frac{1}{10}$。

师：是啊，0.1的意思就是把1平均分成10份，表示这样的1份；这个数的意思就跟$\frac{1}{10}$是一样的，只是写法上不一样。

3.布置任务。在图中你还能找到哪些小数？请你写一写、画一画，再说一说它的意思。

4.反馈。

生1：我涂了3份，表示0.3，0.3=$\frac{3}{10}$，因为它是把1平均分成10份，表示这样的

3份。

生2：我涂了5份，5个0.1是0.5，$0.5=\frac{5}{10}$。

……

【意图说明】这两个教学片段，一方面与整数的计数规则（十进关系）进行链接，另一方面通过多元表征激活学生对小数已有的认知经验。

*教学片段三：认识两位小数和三位小数

1.讨论。

师：老师在1的前面继续添0，并写上小数点（板书：0.01）——这个数你认识吗，表示多少？

生：这个数是零点零一，表示$\frac{1}{100}$。

师：为什么你们认为0.01表示的是$\frac{1}{100}$呢？说说是怎么想的。

生1：因为这里要把0.1平均分成10份，它里面的1份就是0.01。

生2：因为0.1表示$\frac{1}{10}$，把$\frac{1}{10}$平均分成10份，每份就是$\frac{1}{100}$了。

师：为什么要把0.1平均分成10份？

生：因为上面这些数，相邻两个的进率都是10。照这样的规律，刚才把1平均分成10份，变成0.1，那现在就要把0.1分成10份，就是0.01。

（演示，如图11）

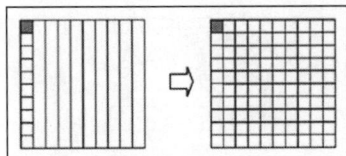

图11

师：如果在图中表示25份，可以用哪个数表示？

生1：可以用0.25表示，因为它表示25个0.01。

生2：也可以用$\frac{25}{100}$表示，它是把1平均分成了100份，表示这样的25份。

师：你还可以表示哪些小数？

……

2.思考：比较黑板上这么多小数，可以怎么分类？

生1：可以分为一位小数和两位小数，比如0.1、0.3这样的都是一位小数，0.01、0.25这样的就是两位小数。

生2：我发现一位小数表示的都是十分之几，两位小数表示的是百分之几。

生3：两位小数比一位小数更精确，因为它每一份表示百分之一，格子更小。

师：还能不能比两位小数更精确？

生：可以，三位小数肯定更精确。

师：三位小数是怎么来的，谁来说一说？

生：可以把0.01再平均分成10份，$\frac{1}{100}$平均分成10份，每份就是$\frac{1}{1000}$，也就是0.001。

师：是的，0.001是一个三位小数，表示$\frac{1}{1000}$。还能举例吗？

生1：0.007表示7个0.001，就是$\frac{7}{1000}$。

生2：0.386表示$\frac{386}{1000}$。

师：还能继续往下分吗？怎么分？

生：能，再往下分就是把0.001平均分成10份，是万分之一。

师：是的，这样不断地分下去，会越来越精确。但在分的过程中要注意什么？

生1：一定要把前一个数平均分成10份。

生2：一定要保证进率是10。

生3：要保证规则不变，和整数一样，是"满十进一"。

师：是的，不管整数部分还是小数部分，计数规则是一样的，都是"满十进一"，我们把这样的计数方法叫作"十进制计数法"。

【意图说明】在"小数的初步认识"中，学生认识的是一位小数。所以这里从一位小数到两位小数是一个认知上的突破。教学中，特别要注意的是0.01这个计数单位的建构过程。0.01并不是直接把1平均分成100份（这样会把几个计数单位割裂开来），而是把0.1平均分成10份。经历这样的过渡，规则就统一起来了，"十进关系"也就建立起来了。后面学生通过演绎，可以进一步建构更小的计数单位。从直观到抽象，经过反复思辨，学生对小数的计数方法感悟非常到位。一方面计数单位越来越小，所表示的数越来越精确；另一方面在创造计数单位的过程中，规则是一致的。这个规则就是整数计数的规则，从而打通了整数与小数之间的关联。

话题3 "优化"的前提

一、教学分析

统筹和优化是人教版教材四年级上册"数学广角"单元的主题。主要涉及三个问题："沏茶问题""烙饼问题"和"对策问题"（田忌赛马）。本单元的教学目标是"通过简单的生活事例，使学生体会运筹学在解决实际问题中的作用"。从本质上讲，运筹学讨论的是如何最大限度地合理利用现有"资源"。其主要的思维过程体现在两个方面：一是对事件做全面了解和整体性把握，寻找可用的资源，这个过程称为"统筹"；二是通过合理安排工作程序把资源充分利用起来，这个过程称为"优化"。可见,统筹是一种意识和习惯,优化表现为具体的手段和方法。但统筹是一个更上位的概念,没有统筹就无所谓优化。教学中,要让学生更好地理解和感悟统筹思想,就需要借助推理。让学生在全盘思考、深入分析的情况下寻找资源,这样才能更好地帮助学生养成良好的思考习惯。下面以"烙饼问题"教学为例,阐述具体的课堂实施过程。

二、课堂实践

*教学片段一:通过"烙3张饼"学会"换饼"的方法

1.烙3张饼,可以怎么烙?用学具(圆形纸片)试着摆一摆,并把过程记录下来。

2.学生尝试操作。

3.反馈讨论。

方法一:

	过程	时间
第一次	1正 2正	
第二次	1反 2反	12分钟
第三次	3正	
第四次	3反	

方法二:

	过程	时间
第一次	1正 2正	
第二次	1反 3正	9分钟
第三次	2反 3反	
第四次		

师:请大家仔细观察这两种方法的烙饼过程,3张饼都烙好了吗?

师:同样完成了任务,前一种方法耗时12分钟,后一种方法只要9分钟——想一想,与什么有关?

生:这两种方法烙饼的顺序不一样。

师:为什么改变烙饼顺序,就能节省时间呢?

生:按照第一种方法,①号饼和②号饼烙好之后,剩下的③号饼正反两面不能同时烙,需要烙两次;第二种方法改变次序后,②号饼和③号饼可以同时烙,这样就节省了时间。

师:是的!烙3张饼,可以通过改变烙饼的次序节省时间。

【意图说明】烙3张饼的关键在于学会"换饼"。"换饼"指的是在烙饼过程中改变烙饼的次序,也就是调整工作的程序。很多教师认为这堂课的核心目标就是掌握"换饼"的操作方法,其实不然。事实上在"烙饼问题"中,"换饼"仅仅是实现优化的一种技术手段。教学中学生能自己想到这样的方法固然好,想不到的话教师手把手地教也没关系。也就是说,重要的不是"换饼"本身,而是理解为什么要

"换饼"。因此，反馈过程中的反思与讨论是必要的。通过两种方法的比较，学生可以初步得到这样的感悟：在一定情况下，调整工作程序可以提高工作效率。

*教学片段二：通过"烙4张饼"感悟优化的本质

1.烙4张饼，你会吗？把烙饼的过程在表格里写出来。

2.学生动手尝试。

3.反馈讨论。

方法一：

	过程	时间
第一次	1正 2正	12分钟
第二次	1反 2反	
第三次	3正 4正	
第四次	3反 4反	

方法二：

	过程	时间
第一次	1正 2正	12分钟
第二次	1反 3正	
第三次	2反 4正	
第四次	3反 4反	

师：再次观察两种方法的烙饼过程，任务完成了吗？这两种方法有什么相同和不同？

生：他们所用的时间是一样的，都是12分钟；烙饼的顺序不一样，第二种方法是通过"换饼"的方法烙的。

师：这就奇怪了！刚才烙3张饼时，我们通过"换饼"不是节省了时间吗？这里也"换饼"了，为什么没有节省时间呢？请大家想一想，也可以讨论一下。

生1：烙4张饼时，锅里是满的，怎么换都没用。

生2：4张饼一共8个面，每次烙2个面，8÷2=4（次），所以至少需要4次。

师：那么，烙3张饼时是什么情况？

生：烙3张饼时，按照第一种方法，后面两次锅里有空出来的位置；后一种方法，改变次序之后，这个空余的位置就可以利用起来，所以节省时间了。

师：也就是说，什么情况下"换饼"才有可能节省时间？

生：在锅里有空余位置的情况下"换饼"才能节省时间，如果锅子里本来就是满的，那么怎么换都没用。

师：说得非常好。在讨论"沏茶问题"时，我们知道"空余的时间"是一种资源，这里"空余的位置"也是一种资源。有了空闲的资源，我们就能想办法进行优化，提高工作效率。

【意图说明】就本节课的价值定位而言，上述教学片段是核心环节。这是因为，"换饼"方法的掌握只是技术层面的，而有关"3张饼"与"4张饼"烙法的对比却指向思想方法层面。是啊，烙"3张饼"时通过"换饼"（调整工序）可以节省时间（实现优化）。但为什么同样是"换饼"，烙"4张饼"却不行呢？这就逼着学生不得不回到原点去展开更深层次的思考，并把思维聚焦于一个关键性的问题——锅里有没有"空位"（空闲的资源）。这样，他们对优化思想又有了更为深刻的感悟：优化是有前提条件的，那就是必须有可供利用的空闲资源。换句话说，"筹"的前提是"统"。从中，我们所得到的启示是，在面临具体问题时首先要善于整体把握，寻找可能存在的空闲资源。有没有空闲资源决定着是否有必要再进行技术处理，这样可以避免实际操作过程中的盲目性。事实上，本单元其他两个典型问题也有必要从这个角度展开讨论。如"沏茶问题"，"小红吃早饭5分钟、手洗衣服10分钟、晾衣服2分钟"，该事件是无法优化的。但如果洗衣服是机洗而非手洗，则有了"资源"（空闲的时间），可以优化。"田忌赛马"也是一样，正因为田忌的上等马、中等马分别优于齐王的中等马和下等马，才有了资源（在诸多的对局策略中存在一种制胜的策略）。假如他的三匹马均劣于齐王的下等马，那么无论孙膑如何神通广大，也无法帮助田忌获胜，因为没有任何资源可用（课堂上可组织讨论哪些情况下田忌无法获胜）。由此可见，故事中第一次比赛田忌输得有价值，实质上是孙膑了解整体情况的过程。显然，这是一种思想方法，是一种思维方式，更是一种数学素养。

*教学片段三：通过"烙更多的饼"实现方法的类化

师：烙更多的饼（5、6、7、8张……），什么情况下可以优化，为什么？

生：饼的个数是单数时可以优化，因为两张两张地烙，到最后剩下一张饼时锅里会空出来。这样就有了空闲资源，可以优化，把这个空位用起来节省时间。饼的张数是双数时锅子里没有空位，没有办法再优化了。

师：是不是任意单数张饼都可以优化呢？

生：1张饼时不行，因为两个面不能同时烙。

师：是啊，优化时我们也要注意合理性。

【意图说明】在"烙饼问题"教学中，一般意义上的数学建模是指发现"饼的个数与烙饼时间之间的关系"，并试图运用数学语言表达这样的关系。如本例中饼的张数为n，则烙饼时间可表示为$3n$分钟（$n>1$）。这一模型的价值主要体现在计算上，有着一定的局限性。因此在本堂课教学中，笔者没有引导学生构建这样的模型，而是强调了思想方法的类化。在前面学习中，学生已经认识到在"烙饼"过程中，通过"换饼"有时可以节省时间，有时不能，关键在于有没有"空位"。把这样的感悟运用于更大的问题背景（更多的饼），学生思考的方向就会指向饼的张数（单数还是双数）与锅里有没有"空位"（空闲资源）之间的联系，并从中发现规律。这样的模型建构过程有助于学生进一步深入感悟优化思想，切合本节课的价值定位。

专题3 **感受数学的"惊诧之美"**

学过数学的人都有这样的切身体会，数学学习的痛苦在于它的"难"，而数学学习的快乐也在于它的"难"。如果一个数学问题毫无挑战性，那么它的解题过程就成了机械的操作，不会带来任何情绪上的波动。当我们在百思不得其解的时候，突然有一种方法可以峰回路转，这才是一种高峰体验。数学，常常表现为一种"惊诧之美"。这种美，隐藏在对数学知识的理解过程中，也隐藏在对数学问题的解决过程中，需要教师去挖掘并引导学生去体验。

话题1 **小数近似数末尾的0能不能去掉**

一、教学分析

这是"小数的近似数"教学中出现的话题。教材上对此只是做了一个规定：小数近似数末尾的0不能去掉，并未做出相关解释。但课堂上学生对这个问题却充满了争议，也充满了困惑。部分学生认为，根据小数的性质，小数末尾添上0或去掉0，小数的大小不变，可以去掉。也有学生认为如果去掉0，并不符合题目的要求（比如，规定保留一位小数，把2.0末尾的0去掉，就变成保留整数了）。可见，争议的双方事实上都没有把握近似数的本质。

从本质上说，近似数并不是一个数，而是与精确数接近的很多数的集合，是一个区间，是一个取值的范围。小数的性质是针对精确数而言的，并不适用于近似数。但是，我们看到反方的观点也只是停留在形式上，并没有涉及近似数末尾0的存在有什么意义。

那么，教学中如何帮学生解惑呢？

二、课堂实践

*教学片段一：尝试，链接学习经验

1.任务：出示0.984，写出它的近似数。

2.反馈。

呈现学生的两种意见：①0.984≈1；②0.984≈0.98。

师：为什么会出现两个不同的近似数？哪个错了？

生1：这两个近似数都是对的，它们只是精确的程度不一样。

生2：前面的近似数是精确到个位，后面的近似数是精确到百分位。

师：精确程度不同，可以得到不同的近似数。精确到个位，也可以说是保留整数。精确到百分位，是保留了两位小数。说一说，你们是用什么办法得到这两个近似数的？

生：用"四舍五入"的方法。

师：具体说一说这两个近似数是怎么得到的。

生1：精确到个位，要看十分位，十分位上是9，大于5，要进一，所以近似数是1。

生2：精确到百分位的话，要看千分位——千分位上是4，所以要舍去，近似数是0.98。

师：也就是说，"四舍五入"看的是哪一位？

生：后一位。

【意图说明】这里选用了教材的素材0.984，但舍弃了教材中测量身高的生活情境。这是因为近似数并不是第一次出现，在"大数的认识"单元的学习中，学生已经认识了近似数。因而，把话题适度聚焦，直接指向取近似数的方法讨论。同样，对"四舍五入"法学生是有学习经验的，只要适当链接一下，把经验复制过来就可以直接用于小数的近似数。因为任务布置的时候并未明确精确到哪一位，所以这里的问题是开放的，学生自然出现两种不同的取法。经过讨论，学生能理解这两个近似数都是正确的，只是精确度不同。

*教学片段二：质疑，展开思维交锋

1.任务：既然可以精确到个位，也可以精确到百分位，那能不能精确到十分位？试一试，写出近似数。

2.反馈。

呈现学生的三种意见：①0.984≈0.9；②0.984≈1；③0.984≈1.0。

师：前面老师没有规定精确到哪一位，出现了两种不同的答案。现在老师规定了精确到十分位，为什么还会出现不同的答案？这三个近似数也都是对的吗？

生：不对。0.9肯定是错的。

师：说明理由。

生：因为精确到十分位，要看百分位上的数。百分位上是8，就要"五入"。如果还是0.9，说明他不是"五入"，变成"四舍"了。

师：看来①号违反了"四舍五入"的规定，是错的。另外两个呢？

生1：我觉得③号是对的，"五入"向十分位进一，0.9变成1.0。

生2：我觉得②号是对的，因为1.0的话，小数末尾的0可以去掉，就是1。

生3：可是如果去掉的话，就不是精确到十分位了，变成整数了。

生4：变成整数也没关系呀，说明这个数精确十分位和个位的结果是一样的，1.0=1。

师：看来对②号和③号的争议还是很大的。关键是1.0和1这两个近似数到底一样不一样？我们分别来讨论一下。

【意图说明】讨论保留一位小数的情况，和前一个环节是有逻辑关联的。教学中，出现三种典型情况，这是在预设范围之内的。从0.9切入，回顾"四舍五入"法的运用。进一步地，围绕1和1.0两个近似数展开思辨，这是很有价值的。但这里的讨论只停留在形式层面，未触及本质。

*教学片段三：直观，理解概念本质

1.讨论：哪些数保留整数会得到近似数1？

学生举例：0.9，0.8，0.7……

师：最小是几？

生：0.5。

师：最大是0.9吗？

生1：不是，是1.4。

生2：比1.4大一点也行，但不能是1.5。

2.直观演示，如图1。

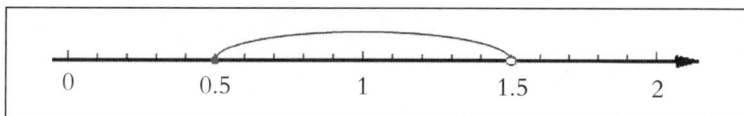

图1

3.讨论：哪些数保留整数会得到近似数1.0？直接说出最小的数和最大的数。

生：最小是0.95，最大是1.04——可以比1.04大一些，但不能是1.05。

师：为什么你说的都是两位小数？

生：因为1.0是一位小数，要看后一位，所以至少是两位小数。

4.直观演示，如图2。

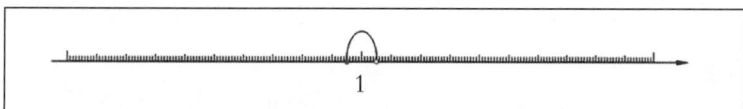

图2

5.讨论：比较两幅图，你发现了什么？

生1：两个近似数表示的范围不一样，1.0的范围更小，精确程度更高。

生2：如果是一个近似数，小数末尾的0不能去掉——如果去掉，它的范围就变大了，就不那么精确了。

师：是的，小数近似数末尾的0是不能去掉的，否则就会改变它的取值范围，影响它的精确程度。那么，如果这两个是精确数，去掉0会不会影响它的大小呢？

（结合学生回答，直观演示，如图3）

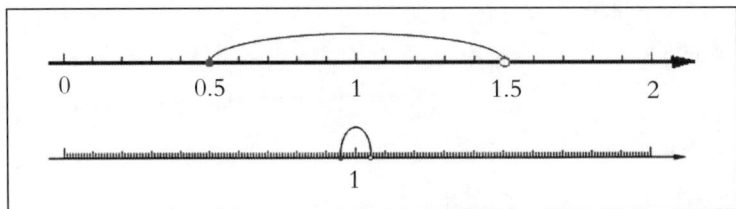

图3

小结：精确数在图中表示的是一个点，1和1.0这两个点的位置是一样的，说明大小相等。去掉1.0末尾的0，不影响小数的大小，所以可以去掉。

【意图说明】为理解和把握近似数的本质，这里安排了两个活动：一是通过举例的办法，逐步得到这两个近似数的取值范围；二是借助几何直观，形象地表征它们的取值范围。当数轴出现在学生面前，学生恍然大悟，谜团破解。在深入了解近似数内涵的基础上，学生也就认识到小数近似数末尾的0存在的意义。

话题2 让分数计算的结果更大

一、教学分析

这个话题源于"分数乘法"和"分数除法"两个单元计算部分的复习课。计算复习课往往比较枯燥，很难激发学生的学习兴趣。为此，我们尝试用一个数学问题切入，引导学生追问分数乘除法计算的本源意义。问题如下：

在○里填上"+""−""×"或"÷"，使这个算式的结果最大。

$1 ○ \dfrac{2}{3}$　　　$2.5 ○ \dfrac{2}{3}$

课堂上，学生围绕这个问题展开了思考和讨论。

二、课堂实践

*教学片段一：为什么不能填"−"和"×"

生：结果最大是$1 + \dfrac{2}{3}$和$2.5 ÷ \dfrac{2}{3}$。

师：有不同意见吗？你们是怎么确定的？

生：我尝试用加法和除法进行计算，前面的算式加法算的得数是 $1\frac{2}{3}$，除法算的得数是 $1\frac{1}{2}$，加法的得数大；后面的算式加法算出来是 $3\frac{1}{6}$，除法算出来是 $3\frac{3}{4}$，除法的得数大。

师：其他同学的结论一样吗？为什么你们只尝试了加法和除法？

生1：要使结果最大，不可能是减法，因为减去一个数结果就变小了。

生2：也不可能是乘法，因为后面的数是 $\frac{2}{3}$，比1小，得数会变小。

生3：加法和除法都可以使结果变大，但是到底是加法还是除法，要试一试。

【意图说明】对于减法和乘法，学生可以结合运算意义的理解展开推理，予以否定。而加法和除法则不然，数感好的学生可以直观判断结果，但更多的学生需要通过计算来确定。基于解决问题的需要，计算操作由被动变为主动。

*教学片段二：到底是加法还是除法

1.探究奥秘。

（1）提问：第二个数都是 $\frac{2}{3}$，为什么一个是"$+\frac{2}{3}$"更大，一个是"$\div\frac{2}{3}$"更大呢？

（2）自主讨论。

（3）借助线段图（图4），对比反馈。

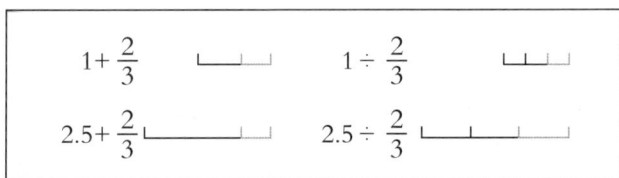

图4

①比较"$\div\frac{2}{3}$"的情况。

生1："$\div\frac{2}{3}$"就是"$\times\frac{3}{2}$"，也就是增加了原数的二分之一。就是把原数平均分成2份，取出一份移过来变成了3份。

师：在分数乘除法中，这部分的大小是由谁决定的？

生：前面的数小，它就变小，前面的数大，它就变大。

②比较"$+\frac{2}{3}$"的情况。

师：在分数加减法中，加上的这部分的大小跟前面的数有没有关系？

生："$+\frac{2}{3}$"加的是1的 $\frac{2}{3}$。不管前面的数是几，就是 $\frac{2}{3}$。

小结：原来一个增加的是原数的二分之一，是以原数为单位"1"，而另一个增加的永远是1的 $\frac{2}{3}$。

③横向比较。

193

师：现在我们来比一比，为什么一会儿加法算出来大一会儿除法算出来大。

生：第一组是因为1的一半<$\frac{2}{3}$；第二组是因为2.5的一半>$\frac{2}{3}$。

2.进一步思考。

（1）问题：有没有可能两边一样大呢？

（2）学生尝试。

（3）交流反馈。

①构建方程"$x+\frac{2}{3}=x\div\frac{2}{3}$"。

②画图，通过几何直观看出来。（图5）

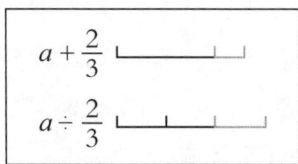

$$a+\frac{2}{3}\ \rule{1cm}{0.5pt}\rule{1cm}{0.5pt}$$

$$a\div\frac{2}{3}\ \rule{1cm}{0.5pt}\rule{1cm}{0.5pt}$$

图5

3.继续提问。

（1）问题：第二个数确定为$\frac{2}{3}$，什么情况下，加法的结果大？什么情况下，除法的结果大？

（2）合作交流。

（3）反馈：如果第一个数比$\frac{4}{3}$小，填"+"算式结果最大；如果第一个数比$\frac{4}{3}$大，填"÷"结果最大。

【意图说明】分数乘除法的意义体现在两个层面：一是运算的意义，即乘除法的意义；二是分数本身的意义。这堂课以分数乘除法计算为起点，以分数四则运算为背景，最终回归分数意义的讨论。"+"和"÷"哪一种运算的结果更大，本质上讨论的是分数作为"量"的意义（加法）还是"率"的意义（除法，其实是乘法）。在加法运算中，分数是一个具体的数量，它的值是恒定的。除法转化为乘法运算后，分数描述的是与第一个因数的关系，它的值由第一个因数决定，是可变的。这里的讨论借助了几何直观，很好地帮助学生理解了内在的原理。

话题3 箱子里最多能装下几个盒子

一、教学分析

这个话题出现在五年级下册"长方体和正方体"单元复习课当中。这个单元知识内容多，除了长方体和正方体的特征外，还涉及棱长、表面积、体积、容积等不同维度的度量。特别是本单元讨论的是立体图形，对学生的空间想象能力要求很高。作为一堂复习课，很难面面俱到，但教学中我们尝试了采用结构化的材料和任务架构整个单元的内容。

二、课堂实践

*教学片段一：关于面、棱和顶点

出示魔方，讨论：如果把魔方沿格子线切开，得到的小正方体中3面涂有颜色的有几个？2面涂有颜色的有几个？1面的有几个？

生1：3面涂有颜色的有8个，2面涂有颜色的有12个，1面的有6个。

生2：只要看它的顶点、棱和面就行了。3面涂色的都在顶点，顶点有8个；2面涂色的都是棱中间那个，有12条棱；1面涂色的看面，在面的中间，一共6个。

师：有没有不涂色的？

生：有，在正中间。

师：正中间你看不到，怎么知道还有一个？

生：算一算就知道了，3×3×3=27，这里加起来只有26个，多出的那个就在正中间，它涂不到颜色。

【意图说明】魔方是学生很常见也很喜欢的玩具。以这个正方体为载体切入，首先要回顾和梳理的是面、棱、顶点的概念。按格子线切割，得到小正方体（思维操作），按颜色的不同分成三类，对应的恰好是面、棱和顶点所在的位置。这样的链接比较自然，也有助于激发学生的兴趣。最后，学生想到了没有颜色的小正方体（正中心），这是借助了空间想象。这里的讨论过程体现了点→线→面→体的维度转换。

*教学片段二：表面积计算

1.任务。魔方棱长为5cm，用包装纸把4个魔方包起来。可以怎样包？分别需要多少包装纸？

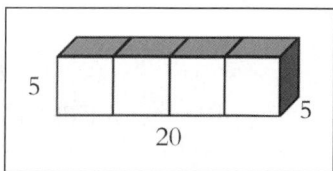

图6

2.独立思考，尝试解决问题。

3.反馈。

生1：可以把4个魔方摆成一排（图6），这个长方体的长是20cm，宽和高都是5cm，求包装纸的面积就是求它的表面积：$20×5×4+5×5×2=450$（cm²）。

生2：还可以摆成两排（图7），长和宽都是10cm，高是5cm，表面积是$10×5×4+10×10×2=400$（cm²）。

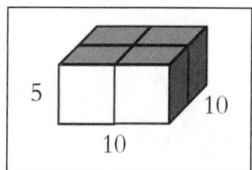

图7

师：同样是4个魔方拼成的长方体，为什么表面积不一样？

生1：因为在拼的时候，有的面在里面，被拼掉了。

生2：他的意思是说，拼起来的面不算在现在的表面积里了。第一个长方体拼掉了6个面，第二个长方体拼掉了8个面。所以现在第二个长方体的表面积更小。

【意图说明】这一环节指向表面积计算的复习。之所以选用4个魔方进行拼组，是考虑了有两种拼法，可以形成结构。不同的拼组方式得到的长方体表面积是不一样的，根源就在于重合的面数量不一样。关于这个操作，学生在正方形拼长方形的过程中有过思维经验。不同的拼法长方形的周长不相等。同样，这里不同的拼法导致表面积不相等。

*教学片段三：棱长之和的计算

1.任务：用彩带对这两个盒子进行"十字"包扎（图8，接头不计），所需的彩带一样长吗？算一算。

2.独立思考，尝试解决问题。

3.反馈。

生1：前面长方体的彩带是由4条高、2条长和2条宽组成的，总和是$20 \times 2+5 \times 2+5 \times 4=70$（cm）。

生1：后面的长方体也是4条高、2条长和2条宽，但是长度不一样，总和是$10 \times 2+10 \times 2+5 \times 4=60$（cm）。

师：计算彩带的长度，要注意什么？

生：算彩带的长度就是算棱长的和，要看清楚它有哪几条棱，再加起来。

师：为什么两个长方体的彩带长度不一样？

生：因为长方体的形状不一样，长、宽、高的长度也不一样。

图8

【教学意图】这里的讨论指向棱长的维度，但所求的并非棱长总和，而是其中一部分棱长。这其实更有挑战性，学生必须借助空间想象理清楚到底计算哪几条棱的长度。

*教学片段四：计算体积和容积

1.出示任务。（图9）

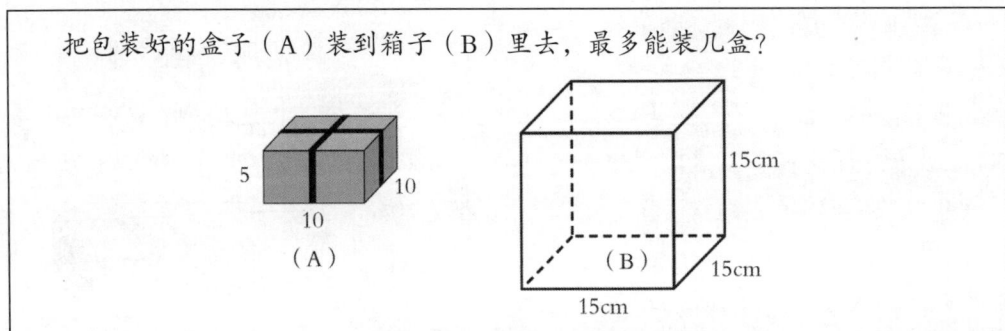

把包装好的盒子（A）装到箱子（B）里去，最多能装几盒？

图9

2.独立思考，尝试解决问题。

3.反馈。

生1：我先算长方体A的体积，$10 \times 10 \times 5 = 500$（$cm^3$），再算正方体箱子B的容积，$15 \times 15 \times 15 = 3375$（$cm^3$）；$3375 \div 500 = 6$（个）……375（$cm^3$），最多可以放6个盒子，还余下375$cm^3$的空间。

生2：我算出来也是这个答案，但是我觉得6个盒子好像放不下。

师：算出来可以装6个，但到底能不能装6个不知道。老师给大家准备了学具，同桌两位同学可以相互合作，试一试。

4.尝试操作。

5.交流。

学生最多放5个，出现两种方法，如图10：

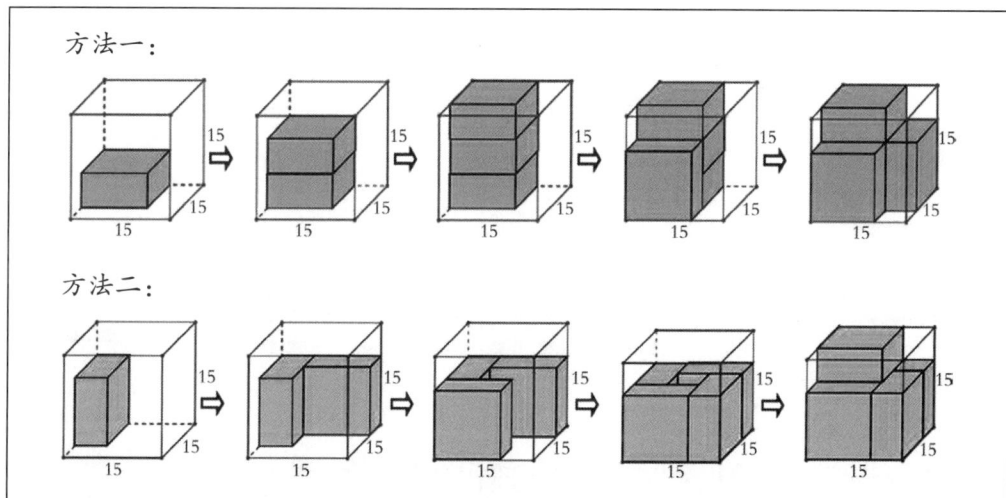

图10

师：这里两种方法都只能放5个。有没有同学想到放6个的方法？

生：没有。

师：老师能放6个，信不信？

（学生半信半疑）

师：我们来想一想，放5个盒子，箱子里明明还有875cm^3的空间，为什么不能再放一个？

生：剩下的空间被分开了，没有完整的500cm^3，又不能把盒子切割，所以放不下。

师：以方法二为例，875cm^3的剩余空间是怎样分开的？

生：上面有一个"7"字形，下面四个盒子中间还有空间。

197

师：能不能想办法通过盒子的移动把这两部分空间合起来？

生：可以把下面两个盒子抬起来。

（直观演示，如图11）

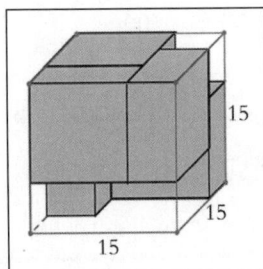

图11

师：如果能抬起来，下面够放一个盒子吗？

生1：可以。

生2：但是怎么塞进去呢？又不能把箱子拆了。（笑）

师：不用拆箱子，只要调整摆放的顺序就行了。

（直观演示，如图12）

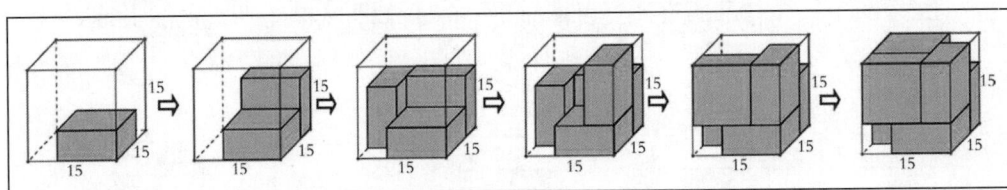

图12

【意图说明】这一环节指向体积和容积的计算，但价值又超越了计算本身。题目的设计源于课本上的一道习题（人教版五年级下册P37）。在这道题目的思考和解决过程中，学生经历了一段不寻常的心路历程。一开始，通过计算发现可以装6个，但直觉又告诉他6个是放不下的（学生有过这样的解题经验）。经过操作、尝试，学生确信只能装5个，但教师又明确告知可以装6个。这时候，学生是半信半疑的，也是求知欲最强烈的阶段。随后，教师引导分析，调整摆放次序，这才柳暗花明、峰回路转。课堂上，学生情不自禁地鼓起了掌。这是对数学魅力最真切的体验。

后记1

　　2017年3月3日是一个值得纪念的日子。我与两位挚友陈国权、宋健泳一起创办了"三峰数学工作室"公众号。创办的初衷是为师生提供教学资源的平台，并一直持续至今。原本起名"三疯"，寓意"三个数学疯子"，后又觉得不雅，才有"三峰"。我们三个人性格上的差异挺大，教学的观念上也不尽相同，但对专业我们似乎都有那么一股子"疯"劲，而且彼此互补。三人行的那些日子常有争论——经常为小学数学争得面红耳赤，但往往是越辩越明，争辩相长。由于在同一区域，虽有"既生瑜何生亮"之叹，更有"金兰可托孤"之意，三人相互扶持、携手前行，徜徉在小学数学的乐趣中。

　　健泳第一部专著即将出版，他提议我写一篇后记，欣然应允，甚为荣幸。

　　我初识健泳是2012年，当时在凤凰小学参加一个市里的教研活动。他白白净净、温文尔雅，文人气息扑面而来，可谓是"腹有诗书气自华"。他懂数学、懂教学，一直非常积极、热心地致力于小学数学的研究工作，初次见面我们甚有相见恨晚之感。从那时起，我们就一直保持联系。2015年人教社微课制作和作业本编写，2016年开始的小学数学课程整合研究……我们一起探讨数学的机会多了，我越发觉得健泳对小学数学认识深刻，想法独特。

　　健泳课上得好。他的课，最大特点是大背景呈现教学内容，大任务驱动学生探索，大问题组织师生思辨，这正体现了结构化教学的基本特征。2018年11月在"成长课堂"第四届小学数学课堂教学观摩活动中他执教了《周长拓展课》，用"3×4"方格为材料，以"怎么拿周长不变"为任务，设计富有层次的问题，在变与不变中，使学生体验到了思维的乐趣。2021年，他代表浙江省参加华东六省一市第二十二届小学数学课堂教学观摩研讨活动，获得一等奖。

　　健泳文章写得好。近几年，他连续在省级以上专业刊物发表论文30余篇，2017年撰写的论文《放大背景·优化结构·深度理解》获浙江省教学论文评比一等奖，2018年11月，该文章被推荐为全国小学数学专业委员会第十八次学术年会宣读论文。2019年他执笔的课题研究报告《"结构化"视角下小学低段数学课程整合的实践与研究》获浙江省教科规划一等奖，2021年他执笔的课题报告《指向结构化的小学数学"单元整体教学"实践》获浙江省基础教育成果一等奖。

他把这些年的所想所思整理成《思维的乐趣——指向思维进阶的数学课堂》一书。这本书分上、下两个部分，在六个章节中以18个专题展开阐述，并提供了大量较为翔实的教学实践案例——都是健泳近年来在课堂上检验、印证后的案例，有着很大的参考价值和借鉴意义。

上篇围绕教材解读展开，由远及近，从教材逻辑的梳理，到单元结构的优化，再到学科本质的追问。这样的结构为教师提供了解读教材的方法和视角。很多青年教师解决教材往往缺少俯瞰的高度，只关注于具体的知识点，"只见树木，不见森林"。忽视前后知识之间的关联，这对于教材的整体性把握是不利的。如何解读教材？或许，教师可以从这本书里得到一些启发。

下篇则聚焦于解读学生。他从三个章节展开：把握认知心理、转变学教方式、培育学习情感。学生研究是备课环节最重要的部分，却是当前数学教学中最缺失的部分。斯苗儿老师常说：数学课要有序、有趣、有挑战。怎样让数学变得"有趣"？前提当然是试图去了解学生的认知心理，转变学习方式是途径，最终让孩子感受数学的魅力，体验思维的乐趣。

斯国平

2021年11月

后记2

终于赶在新年来临之前完成了书稿。写得比较仓促，也比较粗糙。

1996年8月中师毕业后，我分配在长兴实验小学任教，师从姚碧雁老师。学校教研底蕴深厚，姚老师爱生如子。团队的氛围熏陶和师父的言传身教对我之后的专业成长产生了很大的影响。感谢长兴实小！

2003年，我从长兴调到吴兴，先后在湖州新世纪外国语学校、湖州市凤凰小学和湖师附小教育集团任教。在这里，我遇到了我的恩师、我的挚友，还有我亲爱的同事们。我的成长离不开师父们的指导、鼓励和鞭策，离不开兄弟们的协作、切磋和互助，更离不开教育局和学校领导对我的关心和培养。回望这些年走过的足迹，很多场景历历在目。

2004年11月，浙江省第七届小数年会在湖州举行，新世纪外国语学校承办了这次活动。学校给了我学习和锻炼的机会，在活动中我执教了《圆的认识》一课。这是我第一次在省级平台开课。为了借班试教，我师父项法元校长几乎陪着我走遍了中心城的学校。在试教遇到困难的时候，他一再勉励我放下包袱、轻装上阵。正是在他的激励和陪伴下，我迈过了专业成长中最重要的一步。感谢项师父，感谢新世纪学校！

2015年6月，我撰写的论文《小学生几何直观能力发展的四个阶段》被人大报刊资料复印中心全文转载，这件事情对我来说意义重大。因为之前我虽然上了很多公开课，但教科研一直是我的短板。能在这方面有突破，得益于时任凤凰小学校长余仙凤对我的培养。为了让我更专注于教科研，她特意把我的管理岗位调整到学校教科室。她对我说，这个岗位的职责是带领老师们做教科研，首先你要提高自身的教科研水平。感谢给予我专业发展指引的余校长，感谢凤凰小学！

2016年8月，我调到湖师附小教育集团担任副校长。附小是一所百年名校，有着丰厚的人文积淀和良好的学术氛围。这样的环境既是学生成长的乐园，也是教师成长的摇篮。在附小的五年，学校给了我很多学习和锻炼的机会。感谢时任总校长范新林、宗奎林、李成芳以及班子里其他同人对我的支持和帮助；感谢附小的教师们，尤其是我们数学教研团队对我的理解和信任。这几年来我一直在西山漾校区工作，这里我还要特别感谢漾里的小伙伴们，感谢吴俊校长，能与你们共事，何幸如之！感谢湖师附小！

2016年对我来说极不寻常。这一年，我的教学观念发生了很大的转变，专业发展也进入了快速上升期。一个很重要的原因就是我有幸参加了"浙江省小学数学课程整合与拓展"的项目研究。在这里，我要特别感谢项目团队的领衔人斯苗儿老师和杨海荣老师。

斯老师第一次指导我上课，是在前面提到的2004年省年会上《圆的认识》的时候，真正熟识是课程整合项目启动之后。项目推进的过程写满了故事。开始阶段，我们并不完全认同整合的理念。我和陈国权、朱国平总是联合起来跟斯老师"斗智斗勇"，试图在改课的过程中保留一点我们的想法。遗憾的是，我们的胜率实在不高。经过一年多的磨合，有了多次成功体验之后，我们的理念才逐步转变过来，以至于斯老师总是说我们几个惯性太大，改变起来太费劲。也正是在这个过程中，我们深深地体会到了斯老师的"金刚手段，菩萨心肠"。其中印象最深的一次是2018年11月在广西桂林举行的全国小数年会。因为我的一篇文章被评为优秀论文，大会邀请我做专题发言。我本以为既然是论文宣读，只要拿着论文读一遍就行了，没什么压力。在上台发言的前一晚，斯老师临时要求把我论文中的案例替换为更有典型性的《乘法口诀》。斯老师连夜和特级教师俞正强老师一起，帮我一句一句地打磨，结果成就了第二天的精彩——我们的成果引发了广泛关注和积极反响。感谢斯老师！

杨海荣老师是我的授业恩师。2000年我还在长兴工作的时候，杨老师曾听我上了一节数学活动课《设计新校园》。上完后，我弱弱地问他上得怎么样，他给了我两个字：不好。然后他又给了我一条新的思路。这是杨老师第一次给我磨课。2005年，我参加了他组建的市小学数学青年教师研修班，成了他的入门弟子。这届研修班他带了五年，我和他结下了深厚的师徒情谊。此后，他又带着我参与了人教社微课资源的制作，省编《课堂作业本》的编写，省电教馆电子教材的开发等，直到2016年参加课程整合项目研究。近五年多来，因为课题研究的需要，我们相处的时间更多。他带着我做过两个省级课题，指导过多篇文章，研磨过成百上千个课例。可以说，我的专业成长之路是在杨老师的引领和陪伴下走过来的。他对数学教育教学独到而深刻的见解深深地影响了我，他教给我的不只是课堂教学的技巧，更有学科教育的视野。这本书稿中的很多案例都得到过他的指点，凝聚着他的智慧。在此，向我师父表示深深的敬意和由衷的感谢！

另一位对我专业成长产生重要影响的师父是范新林老师。2013年，我加入了吴兴区第二期范新林特级教师工作室。我和师兄妹们跟着师父一起研究"思维经验"，探索"本真课堂"，收获满满。更让人回味的是我们的团队氛围，大家各抒己见，相互争论，共同成长。而这种"匹克威克俱乐部"的气氛正是师父倡导和营造的。

此外，我还要特别感谢特级教师俞正强老师。2013年前后，我曾在他的名师工作室学习了一年，受到他的指导和点拨。这次书稿付梓，我请他帮我作序，他欣然命笔，写了很多勉励我的话。

感谢我的师父们！你们，都是我生命中的"贵人"！

还要感谢我的两位成长伙伴：陈国权和朱国平。号曰"三峰"，实则"三疯"。这些年来，我们在互掐互助、相爱相杀中不断成长，好不痛快！先生有云"人生得一知己足矣，斯世当以同怀视之"，我把这句话送给他俩。

我知道，这本书稿远远称不上是著作。但这毕竟是我从教25年来思考与实践的成果，凝聚了我的心血和汗水。借这个机会，我要感谢所有关心和帮助过我的人。同时，也要感谢文汇出版社的编辑，特别是计策先生对我的帮助。

真诚希望这本书能与广大读者相遇，一起感受数学的美好和思维的快乐！

2021年11月

图书在版编目（CIP）数据

思维的乐趣：指向思维进阶的数学课堂 / 宋健泳著
. — 上海：文汇出版社, 2022.8

ISBN 978-7-5496-3826-0

Ⅰ.①思… Ⅱ.①宋… Ⅲ.①小学数学课—课堂教学
—教学研究 Ⅳ.①G624.502

中国版本图书馆CIP数据核字(2022)第125935号

思维的乐趣

宋健泳 / 著

指向思维进阶的数学课堂

责任编辑 / 汪　黎

装帧设计 / 六艺教育

封面设计 / 李雪萌

出版发行 / 文匯出版社

上海市威海路755号

（邮政编码200041）

印刷装订 / 杭州罗氏印刷有限公司

版　　次 / 2022年8月第1版

印　　次 / 2023年1月第2次印刷

开　　本 / 787×1092　1/16

字　　数 / 256千

印　　张 / 13.5

ISBN 978-7-5496-3826-0

定　　价 / 68.00元